Hitlers Urenkel

*Andreas Marneros*

# Hitlers Urenkel

Rechtsradikale Gewalttäter –
Erfahrungen eines
wahldeutschen Gerichtsgutachters

Scherz

Den Gefolgsleuten
des Xenios Zeus
gewidmet

www.scherzverlag.ch

1. Auflage 2002
Copyright © by Scherz Verlag, Bern, München, Wien.
Alle Rechte der Verbreitung, auch durch Funk, Fernsehen,
fotomechanische Wiedergabe, Tonträger
jeder Art und auszugsweisen Nachdruck,
sind vorbehalten.

# Inhalt

«Wir wissen nicht mehr, wen wir achten sollen und wen nicht. In dieser Hinsicht sind wir gegeneinander Barbaren geworden. Von Natur sind alle gleich, ob Barbaren oder Griechen. Das folgt aus dem, was von Natur aus für alle Menschen notwendig ist. Wir atmen alle durch Mund und Nase und wir essen alle mit den Händen.»

*Antiphon aus «Buch von der Wahrheit», 5. Jhdr. v. Chr.*

«Denn ich bin hungrig gewesen, und ihr habt mir zu essen gegeben. Ich bin durstig gewesen, und ihr habt mir zu trinken gegeben. Ich bin ein Fremder gewesen, und ihr habt mich aufgenommen.»
«Wer euch aufnimmt, der nimmt mich auf. Und wer mich aufnimmt, der nimmt auf, Der mich gesandt hat.»

*Matthäus 25.35 und 10.40*

«Da brachen die Männer auf und wandten sich nach Sodom …
Lot aber saß zu Sodom unter dem Tor. Und als er sie sah, stand er auf, ging ihnen entgegen und neigte sich bis zur Erde und sprach: Siehe, liebe Herren, kehrt doch ein im Haus eures Knechts und bleibt über Nacht; lasst eure Füße waschen und brecht frühmorgens auf und zieht eure Straße. Aber sie sprachen: Nein, wir wollen über Nacht im Freien bleiben.
Da nötigte er sie sehr, und sie kehrten zu ihm ein und kamen in sein Haus. Und er machte ihnen ein Mahl und backte ungesäuerte Kuchen, und sie aßen.
Aber ehe sie sich legten, kamen die Männer der Stadt Sodom und umgaben das Haus, Jung und Alt, das ganze Volk aus allen Enden, und riefen Lot und sprachen zu ihm: Wo sind die Männer, die zu dir gekommen sind diese Nacht? Führe sie heraus zu uns, dass wir uns über sie hermachen.
Lot ging heraus zu ihnen vor die Tür und schloss die Tür hinter sich zu und sprach: Ach, liebe Brüder, tut nicht so übel! …
… diesen Männern tut nichts, denn darum sind sie unter den Schatten meines Daches gekommen.
Sie aber sprachen: Weg mit dir! Und sprachen auch: Du bist der einzige

Fremdling hier und willst regieren? Wohlan, wir wollen dich noch übler plagen als jene. Und sie drangen hart ein auf den Mann Lot. Doch als sie hinzuliefen und die Tür aufbrechen wollten, griffen die Männer hinaus und zogen Lot herein zu sich ins Haus und schlossen die Tür zu.

Und sie schlugen die Leute vor der Tür des Hauses, klein und groß, mit Blindheit, sodass sie es aufgaben, die Tür zu finden …

Die beiden Fremden, die Lot retteten, waren Engel, von Gott gesandt.»

*Genesis, Das erste Buch Moses, 18.16, 19.1–11*

«Jede Gewalttat ist schrecklich, von wem immer und warum immer sie begangen wird. Wenn hinter Gewalttaten gegen Behinderte, Obdachlose oder Fremde aber ausdrücklich nazistisches oder antisemitisches Denken steht, wenn nazistische Symbole oder Ausdrücke benutzt werden, dann alarmiert uns das zu Recht mehr als andere kriminelle Handlungen. Gewalttätiger Rechtsextremismus muss politisch und juristisch bekämpft werden. Jeder und jede muss sich auf unseren Straßen und Plätzen, in U-Bahn und Bus sicher fühlen können. Das ist eine Aufgabe, die uns alle angeht, in Ost und West.»

*Bundespräsident Johannes Rau zum Gedenktag der Befreiung von Auschwitz. Rede vor dem Deutschen Bundestag, 27. Januar 2001*

# Vorbemerkung

Wie nennen wir einen Deutschen, der nicht von deutschen Eltern geboren wurde? Der aber im Erwachsenenalter bewusst die Entscheidung traf, Deutscher zu werden?

«Deutscher Bürger ausländischer Herkunft»?

«Eingebürgerter Ausländer»?

«Kein ‹echter› Deutscher»?

«Ausländer mit deutschem Pass»?

oder

«Wahldeutscher»?

Ich als Betroffener habe mich für die Bezeichnung *Wahldeutscher* entschieden. Es ist eine gute Bezeichnung. Es ist eine Bezeichnung, die eine bewusste Entscheidung beinhaltet. Nämlich die Möglichkeit einer Wahl. Die Freiheit, Deutscher zu werden, zu sein oder es abzulehnen. Oder es nicht anzustreben. Also eine bewusste Entscheidung, die viele Prüfungen überstehen und bestehen muss. Ob man «Wahldeutscher» werden will, ist eine aus der Gesamtbiographie der Person ableitbare Entscheidung. Aber auch das Resultat vieler bürokratischer Prüfungen von Seiten des Staates, von Seiten der deutschen Gesellschaft. Denn der deutsche Staat entscheidet nach vielen Prüfungen ebenfalls bewusst, wer als Deutscher in die deutsche Gesellschaft aufgenommen werden soll. Eine Wahl, die also von beiden Seiten getroffen wird. Der Begriff «Wahldeutscher» meint auch, dass man sich mit der Gegenwart und mit der Zukunft dieses Landes unter Berücksichtigung der Vergangenheit identifiziert. Man verknüpft die eigene Gegenwart, die eigene Zukunft mit der Gegenwart und der Zukunft dieses Landes.

«Wahldeutscher» ist ein guter Begriff. Ein richtiger Begriff.

Und wie nennen wir nun einen Deutschen, der von deutschen Eltern in diesem Land geboren wurde?

«Gebürtiger Deutscher»?

Aber ist nicht auch derjenige ein «gebürtiger Deutscher», der von ausländischen Eltern in Deutschland geboren wurde und die deutsche Staatsangehörigkeit angenommen hat?

Ist nicht ein «gebürtiger Deutscher» auch derjenige, der einen ausländischen Elternteil hat (auch mit ausländischer Staatsangehörigkeit, nicht nur Herkunft) und einen deutschen Elternteil (von seiner Herkunft her)? Er hat von der ersten Stunde an die deutsche Staatsangehörigkeit trotz des ausländischen Elternteils. In seinem weiteren Leben führt er beide «Herkünfte» mit sich.

«Einheimisch»?

Aber sind nicht alle Menschen, die jahrelang und jahrzehntelang in einem Land leben, die sich in diesem Land «heimisch fühlen», egal ob sie von der Herkunft oder durch Einbürgerung «Deutsche» sind, ebenso wie auch «waschechte Ausländer», die seit Jahren hier leben, «Einheimische»? Ist ihr Zuhause nicht hier?

Sollen wir die Deutschen, die von ihrer Herkunft her Deutsche sind, als «echte Deutsche» bezeichnen? Das suggeriert aber, dass es auch «unechte Deutsche» gibt. Wer will denn schon so eine Unterscheidung?

Wie wäre es, wenn wir die «Wahldeutschen» – wie ich sie vorher definiert habe – von den «eingeborenen Deutschen» unterscheiden würden?

«Eingeboren»?

Das Lexikon sagt: «In einem Land geboren und dort lebend, inländisch, einheimisch (jemand, der in einem bestimmten Lande geboren ist und dort lebt), (besonders bei Naturvölkern) Ureinwohner.»

Ich habe beschlossen, beim «eingeborenen Deutschen» zu bleiben. In Anführungszeichen.

Nomen est omen. Bezeichnungen sind wichtig. Wie folgenreich solche Definitionen, solche Unterscheidungen sein können, lehrt uns die Geschichte. Der irrwitzige Versuch, die Deutschen in Arier und Nichtarier zu unterteilen, endete im Unsagbaren. Wir sind heute, Gott sei Dank, weit entfernt davon. Dennoch, seien wir uns unserer Worte bewusst.

# Einleitung:
## Eine Apologie statt eines Prologs

*Apologie* ist ein uraltes Wort. Es begleitet und prägt unsere Kultur seit Jahrtausenden. Die Kultur vieler Nationen. Nicht nur die *Leitkultur* einer Nation. Die «Apologie» des Sokrates ist ein fester Bestandteil humanistisch orientierter Kultur. Spätestens mit der Begründung und Etablierung des Christentums wurde der Begriff Bestandteil jeder christlichen Kultur.

Das Wort *Apologie* bedeutete ursprünglich «Verteidigungsrede vor einem Gericht». So jedenfalls ist die Apologie des Sokrates zu verstehen. Sie war seine Verteidigungsrede vor dem Hohen Gericht in Athen. Dies ist auch die heutige lebendige Bedeutung im Griechischen. Nämlich «Verteidigung und Schlusswort des Angeklagten». In einer weiteren, verwandten Bedeutung heißt Apologie «Verteidigungsrede», «Rechtfertigungsrede» oder «Verteidigungs-» beziehungsweise «Rechtfertigungsschrift», insbesondere bei religiösen oder ideologischen Auseinandersetzungen. So ist der Apologet der Verteidiger eines Bekenntnisses, einer Anschauung, einer Lehre oder eines Glaubens. Wenn man apologetisch spricht, bedeutet das, man spricht verteidigend, rechtfertigend: für eine Idee, für einen Glauben, für die eigene Nation, für die eigene Religion. Für sein eigenes Tun und Lassen. Apologie bedeutet auch «Verteidigung mit Worten».

*Apologie* ist das Gegenwort zu *Kategorie,* also zur Anklage. Das Wort *Kategorie* hat im Verlauf der Jahrtausende im Griechischen zwei Bedeutungen erhalten. Einmal die üblicherweise benutzte Bedeutung «Zuordnung zu etwas», «Einordnung» und «klare Abgrenzung». Die andere, ursprünglichere Bedeutung ist die des «Anklagens», des «Angreifens mit Worten».

Apologie heißt Verteidigen mit Worten, Kategorie heißt Angreifen mit Worten.

Die klare, definitive, energische Sprache der Anklage rückte diese in die Nähe des Imperativs. Und daraus entstanden die Kategorisierung und die Kategorien, die klare Benennung und Zuordnung.

Dieses Buch ist gleichermaßen eine Apologie und eine Kategorie.

Es ist entstanden aus einem Leidensdruck, der Frage nach der Richtigkeit meiner Entscheidung, Deutscher zu werden, und den Begegnungen mit rechtsradikalen Mördern, Totschlägern, Gewalttätern.

Aus Leidensdruck, weshalb ich ein Apologet werden musste, und aus Begegnungen, weshalb ich ein Kategoros, ein Ankläger und energischer Benenner, werden musste.

Am Anfang stand die Apologie. Ich wollte verteidigen, ich wollte rechtfertigen, ich wollte mich für etwas einsetzen. Für Deutschland. Für die Deutschen. Für mich. Für meine Entscheidung, ein «Wahldeutscher» zu werden.

Während meines Studiums in Griechenland, das größtenteils während der schweren beschämenden Jahre der Diktatur stattfand, bildeten wir eine Clique, die sich regelmäßig traf und über Literatur, Philosophie und Politik diskutierte. Doch auch persönliche Perspektiven wurden besprochen, wie etwa: «Wie und wo können wir uns am besten als Wissenschaftler entfalten?»

Ende der 60er- und zu Beginn der 70er-Jahre begannen wir, zunehmendes Interesse für Deutschland zu entwickeln. Wir fanden es beeindruckend, die gelungene Wiedergeburt Deutschlands mitzuerleben. Das so genannte Wirtschaftswunder und der schnelle Aufstieg zu einer der führenden Wirtschaftsnationen nach der totalen Katastrophe zeugten von Kraft und Vitalität. Von Willen sowie von Fleiß und vielen weiteren Tugenden dieses Volkes. Der Mythos des Vogels Phoenix, der sich aus der Asche erhob, wurde in moderner Weise wieder belebt. Doch nicht nur das war für uns faszinierend. Vielmehr waren wir beeindruckt von der Fähigkeit eines Volkes, aus einer schwarzen erdrückenden, totalitären und faschistischen Vergangenheit eine vorbildlich funktionierende Demokratie aufzubauen. Die griechische Presse berichtete damals ständig von den Errungenschaften der Bundesrepublik Deutschland. Wie dort die alte diktatorische Mentalität durch ein neues demokratisches Bewusstsein ersetzt worden war. Wir konnten von immer neuen Beispielen dieser demokratischen Kultur lesen, was ein kluger Seitenhieb gegen die griechischen Diktatoren war. Natürlich hatten England, Frankreich und andere westliche Länder seit Jahrhunderten gut funktionierende demokratische Systeme. Doch diese wurden von uns enthusiastischen jungen Leuten nicht gepriesen. Sie wurden als naturgegeben hingenommen.

Wir bewunderten, dass es Deutschland gelungen war, aus Finsternis Licht zu machen. Aus einem totalitären System eine Demokratie in der ursprünglichen Form dieses Wortes zu schaffen. Aus einem primitiven, menschenverachtenden System ein modernes, sich der Menschenwürde und den Menschenrechten verpflichtet fühlendes System neu zu gestalten. Das Phänomen des Phoenix war für uns junge Leute, und vor allem für mich ganz persönlich, das Erstaunlichste, das Faszinierendste.

Es waren auch die Jahre Willy Brandts. Welche Faszination hat dieser Mann damals auf uns junge Menschen im Ausland ausgeübt! Er war für uns, die wir außerhalb der Grenzen Deutschlands lebten, der Inbegriff des guten Deutschlands. Adenauer hatten wir bewundert. Sein Name stand für uns für den Wiederaufbau und den Willen, ein neues sicheres Deutschland zu schaffen. Willy Brandt aber konnte uns begeistern. Er war das Symbol für demokratische, gerechte Strukturen. In unserer Clique, die sich wöchentlich in meiner kleinen Studentenwohnung traf, wurde Deutschland idealisiert und romantisiert – so wie junge Leute in ihrem Enthusiasmus sympathisch übertreiben. Ganz oben saß *auf seinem weißen Ross der St. Georg der Bewegung,* Willy Brandt. Wir lasen und diskutierten neben den während der Diktatur verbotenen Büchern vieles über Deutschland und Artikel deutscher Autoren, die ins Griechische übersetzt worden waren. Als Deutschland dabei half, einen Führer der Widerstandsbewegung gegen die Diktatur, Professor Georg Magagkis, mit einem Militärflugzeug der Luftwaffe aus einem Natostützpunkt in Griechenland herauszuholen, war unser Jubel himmelhoch! Es lebe Deutschland! Das Land des Phoenix!

Deutschland war für uns, war für mich das Land des gelungenen Paradigmenwechsels.

Es ist nicht verwunderlich, dass die Idee zu diesem Buch im Ausland entstand. Dort, wo ich mich angegriffen fühlte – wegen Vorkommnissen in Deutschland. Vergangenen und aktuellen. Auf den Punkt brachte es die Frau eines Kollegen, die während meines Aufenthaltes am *Institute of Psychiatry* in London zu Beginn der 80er-Jahre zu mir sagte: «Ich verstehe das überhaupt nicht, wie Sie, ein Grieche, in Deutschland leben können.» Ich habe ruhig geantwortet: «Weil ich mich dort glücklich fühle.»

Trotzdem. In den letzten 25 Jahren habe ich unzählige Situationen erlebt, in denen ich mich im Ausland gezwungen sah, meine Entscheidung, ein «Wahldeutscher» zu werden, zu rechtfertigen. Mich zu verteidigen.

Als Mensch, der sich zwar mit Deutschland und den Deutschen in konsequenter Weise identifiziert, sich auf der anderen Seite auch aufs Stärkste mit seiner kulturellen hellenistischen Erbschaft verbunden fühlt, besitze ich manche Privilegien.

Zum Beispiel das Privileg, unverkrampft zur Vergangenheit Stellung beziehen zu dürfen.

Ich habe das Privileg, über das Singuläre von Auschwitz zu sprechen. Aber gleichzeitig auch über meine Erfahrungen. Erfahrungen, die ich mit Konzentrationslagern, Hinrichtungen und Unterdrückung in meiner Kindheit gemacht habe. Es waren keine Erfahrungen mit Deutschen, sondern mit Engländern. Nein, ich vergleiche diese Erfahrungen, Fußnoten in der Geschichte der Inhumanität, nicht mit Auschwitz, aber ich darf sie erwähnen. Auch wenn die Vernichtung der Juden singulär, unvergleichbar in der Geschichte der Menschheit ist.

Ich als «nicht-eingeborener» Deutscher habe das Privileg, die Ankläger von Nürnberg – die Briten, die Amerikaner, die Russen, die Franzosen – anzuprangern für manche Verbrechen ihrer Armeen, ihrer Regierungen, begangen vor, während und nach dem Zweiten Weltkrieg, ohne in Gefahr zu geraten, als Sympathisant der Nazis abgestempelt zu werden.

Ich kann und darf ein Apologet sein.

Ein Apologet für das neue Deutschland. Die neuen Deutschen. Und für mich selbst.

Ich kann und muss aber auch ein Kategoros sein.

Ein Kategoros gegen die rechtsradikalen Deutschen. Und gegen das Schweigen.

Dieses Buch entstand jedoch nicht nur aus Leidensdruck, sondern auch aus Begegnungen. Und auf diesen Begegnungen basiert meine Anklage. Die Anklage gegen Hitlers Urenkel, aber auch die Anklage gegen die Bedingungen, die Zustände, das gesellschaftliche Klima, welches diesen Totschlägern zum Gedeihen verhilft.

Manchmal hatte ich die Phantasie, «meine» Neonazis ins Ausland mitzunehmen. Nämlich die Neonazis, denen ich als psychiatrischer Gutachter begegnet bin. Sie dahin mitzunehmen, wo sie Ausländer sind: nach Amerika, nach England, nach Israel. Sie dort den Menschen zu zeigen: «Seht euch diese Menschen an. Es braucht nicht viel, um ihre geistige Armut, ihre Primitivität zu erkennen. Zu erkennen, dass sie nicht das neue Deutschland, die neuen Deutschen repräsentieren.»

Damit das Ausland die neuen Deutschen richtig beurteilen kann.

Ob ich diese Hoffnung relativieren muss, weil die Totschläger, die Gewalttäter, diejenigen, die morden, brandstiften, Hetzjagden gegen Menschen veranstalten, nur einige wenige von Hitlers Enkeln und Urenkeln sind? Nur eine kleine Minorität aus einer Großfamilie? Was ist mit anderen Teilen der Bevölkerung, die im rechtsextremistischen Sumpf planschen? Auch sie gehören zwar zu jener Großfamilie, zu der «meine» Totschläger gehören. Sie bilden jedoch eine andere Struktur in Hitlers Großfamilie. Sie sind die Drahtzieher, die Finanzierer, die Anstifter. Sie sind der Nährboden, auf dem die Voraussetzungen für rechtsradikales gewalttätiges Verhalten entstehen. Viele von ihnen besitzen Geld, Intelligenz und Möglichkeiten. Andere benutzen die Neonazi-Bühne, um ihr Ego zu pflegen, vom Applaus zu profitieren. Manche von ihnen sind viel gefährlicher als die Mörder, Totschläger und Gewalttäter. Aber sie sind weder Totschläger noch Gewalttäter. Zumindest nicht in der juristischen Bedeutung des Wortes. Sie müssen auf anderer Ebene und mit anderen Mitteln bekämpft werden. Diese Täter – die juristisch keine sind – kann ich nicht vorführen. Ich denke nur, dass trotz der unbestreitbaren deutschen Besonderheit rechtsradikal denkende Nicht-Gewalttäter ein zwar unschönes, aber normales Phänomen jeder Gesellschaft sind. Sie sind in jeder Gesellschaft und zu jeder Zeit anzutreffen. Auch jenen müssen wir Widerstand leisten. Aber das ist nicht Thema dieses Buches.

Ich habe ein weiteres Privileg, das ich ausschöpfen möchte. Nämlich die asymmetrische Beziehung zwischen dem Gutachter und dem zu begutachtenden Angeklagten. Mit «asymmetrisch» meine ich, dass der Gutachter und der Richter vom Angeklagten in einer Position der Stärke erlebt werden, da er sich in dieser Situation als der Schwächere erlebt, der von der Meinung des Gutachters oder des Richters abhängig ist. Diese Situation ermöglicht dem psychiatrischen Gutachter tiefe Einblicke in die Psyche, die Biographie, in die Motivlage des Angeklagten. Dies auch im Falle des rechtsextremistischen Gewalttäters. Ich möchte das für meine Darstellung nutzen, um Realitäten darzustellen. Um zu möglichen Lösungen zu inspirieren und die Menschenwürde zu verteidigen.

In diesem Buch werde ich einen Spagat versuchen: Ich möchte das

Ausland um Verständnis und Milde bitten, indem ich Hitlers Urenkel, wie ich sie kennen gelernt habe, zeige. Ich möchte aber andererseits auch die Deutschen auffordern, mit aller Konsequenz vorzugehen gegen Hitlers Urenkel, die Totschläger, indem ich die Gräueltaten der heutigen Schänder Deutschlands in ihrem erschütternden Umfang darstelle. So, wie ich es als psychiatrischer Gutachter der Täter erfahren habe.

Und ich möchte an die Pflicht jedes anständigen Deutschen erinnern: den Nährboden der rechtsextremistischen Gewalt, also die rechtsextremistischen Einstellungen und Aktivitäten jeglicher Art, trocken zu legen.

Vielleicht wäre es für mich der leichtere Weg gewesen, dieses Buch nicht zu schreiben. Aber dann hätte auch ich eine Pflicht verletzt. Meine Pflicht.

# Kapitel 1:
## San Francisco – Mrs Sarah Whiteberger

Es war in San Francisco. San Francisco liegt zwischen Mölln und Solingen. Dort, in San Francisco, nach den Morden von Mölln und vor den Morden von Solingen, bemerkte ich, dass ich das, was in dem neuen, größer gewordenen Deutschland geschah, nicht ertragen konnte. Dass ich nicht ertragen konnte, was Hitlers Urenkel in dem neuen, größer gewordenen Deutschland anrichten. Dass ich nicht ertragen konnte, was man mir im Ausland über das neue, größer gewordene Deutschland mitteilte. Was man darüber dachte. Wie man sich darüber äußerte, darüber schrieb. Mir persönlich ins Gesicht sagte. Mit der obligatorischen Bemerkung: «Aber du, du bist ja kein echter Deutscher, also betrifft dich das nicht.» Doch, das betraf mich wohl! Das betrifft mich noch immer! Das betrifft mich wahrscheinlich mehr als die «eingeborenen» Deutschen! Mich, den Wahldeutschen.

Es war im Jahr 1993. Ich war in San Francisco zum Jahreskongress der *American Psychiatric Association*. Von dort aus sollte ich weiter nach Brasilien fliegen, um am Weltkongress für Psychiatrie teilzunehmen. Es war eine sehr wichtige Reise für mich. Meine erste längere Reise, nachdem ich im August 1992 den Ruf auf den Lehrstuhl für Psychiatrie und Psychotherapie an der Martin-Luther-Universität in Halle angenommen hatte. Die Aufgabe, die mich in Halle erwartete, war eine sehr harte Aufbauarbeit, die mir keine freie Minute ließ. Ich musste alle Einladungen zu Kongressen, wissenschaftlichen Treffen, Advisory Boards, Vorträgen und Ähnlichem absagen, wenn ich dafür länger als einen Tag von Halle weg sein musste. Es war eine harte Arbeit im neuen Osten der Republik. Auch die psychische Belastung durch die allgemeinen Auswirkungen des Ost-West-Konfliktes war groß. Dieser Konflikt machte sich nach manchen Enttäuschungen und nicht schnell genug erfüllten Erwartungen, die dem ersten Jahr der Wiedervereinigung folgten, bemerkbar. Die «blühenden Landschaften» waren noch nicht sichtbar. Die Arbeitslosigkeit erstickte die Hoffnungen der Bevölkerung. Die «Wessis» wurden als arrogant und fremd erlebt. Und die «Ossis» schlugen mit Ablehnung zurück. Und dazwischen begannen die Blüten des Bösen, der Rechtsradikalismus.

Den Neonazis war ich zum ersten Mal in Westdeutschland begegnet. Aber in Ostdeutschland erlebte ich eine neue Dimension rechter Gewalt.

Meine Mitarbeiter aus Bonn waren mir nach Halle gefolgt. Sie trafen irgendwann Mitte 1993 ein, sodass ich mir zehn Tage San Francisco und Brasilien gönnen konnte.

In San Francisco wollte ich mich mit Frank treffen, dem damals 17-jährigen Sohn einer befreundeten Familie aus Mainz, der sich als Austauschschüler in einer amerikanischen Highschool in New Mexico aufhielt.

Bei dieser Begegnung sprachen wir über Verschiedenes. Unter anderem auch über die deutlichen Anzeichen des zunehmenden gewalttätigen Rechtsradikalismus im wieder vereinigten Deutschland. Über die Neonazis, die Unterschiede zwischen West- und Ostdeutschland und über meine persönlichen Erfahrungen mit den Neonazis. Ich hatte inzwischen einige Erfahrungen mit diesen Leuten gesammelt. Dabei befand ich mich immer in der asymmetrischen Rolle des Stärkeren, nämlich in der ihres Gutachters, und hatte sie so als schwach und ängstlich erlebt; nach Ausreden suchend saßen sie vor mir und versuchten zwanghaft, bei mir einen möglichst guten Eindruck zu hinterlassen. Sie wussten, wie abhängig sie von meiner Beurteilung waren, die für sie verminderte Schuldfähigkeit und damit vielleicht eine geringere Strafe ergeben konnte. Ich lernte viele von ihnen kennen, und bis dahin hatten alle etwas gemeinsam gehabt: zum einen ihre Dummheit (in der Regel auch medizinisch-biologisch gemeint), zum anderen waren sie Verlierer und Verlorene, sozial Randständige, Dissoziale und Verachtete. Jedenfalls die meisten von ihnen. Das war das Bild, das ich mir bis dato von den Neonazis in Deutschland gemacht hatte. Von den Neonazis, die ich kennen gelernt hatte. Von den Neonazis, die abhängig von meiner Beurteilung waren. Die Gespräche, die ich mit ihnen führte, beeindruckten mich nicht nur durch ihre Einfachheit. Vielmehr bemerkte ich auch, dass sie im Grunde genommen außer bestimmten plakativen und primitiven Parolen, derer sie sich bedienten, keinen richtigen politischen Hintergrund und kein theoretisches Gerüst hatten. Die Primitivität ihrer «Thesen» (wenn man überhaupt davon sprechen will) erzeugten auch beim Gutachter, der nach bestem Wissen und Gewissen sein Gutachten zu erstatten hat, viele negative Gefühle. Manchmal auch Mitleid. Mitleid für die unsagbare psychische Armut dieser Menschen.

Eine Frage, die Frank und mich bei diesem Gespräch in San Francisco beschäftigte, war, ob das Ausland – insbesondere Amerika – die Neonazis, deren Taten und deren Wirkung überbewerten würde. Wir fragten uns, ob diesbezüglich eine Voreingenommenheit des Auslands (vor allem von Seiten der Amerikaner) gegen die Deutschen bestünde. Oder ob – eventuell aufgrund offensichtlich noch nicht geheilter Wunden – das Ausland in verständlicher Weise überreagieren und solche Vorkommnisse überbewerten würde? Ob das Ausland aufgrund der schlimmen Erfahrungen der Vergangenheit doch zu mehr oder weniger verständlichen Stereotypen neige? Ich habe im Gespräch mit Frank versucht, diese Vermutung mit Erfahrungen zu untermauern, die ich vor allem in Amerika, aber auch in Großbritannien oder in manchem anderen europäischen Land gemacht hatte. Meine Gesprächspartner in diesen Ländern waren gebildete Leute, Kosmopoliten mit vielen Auslandserfahrungen. Ich sprach mit ihnen darüber während der Kongresse, bei wissenschaftlichen Tagungen oder bei unserer gemeinsamen Zusammenarbeit in verschiedenen wissenschaftlichen Institutionen. Eine gewisse Stereotypie war dabei unübersehbar. Und ist nicht jedes Stereotyp in bestimmter Weise auch ungerecht?

Ich machte die Erfahrung: Nein, die Ressentiments gegen die Deutschen sind noch nicht verklungen.

Nein, die Meinung des Auslandes über die nachkriegsdeutsche Generation ist nicht immer gerecht.

So jedenfalls empfand ich es. Ich erzählte Frank, dass mich das wütend machte. Mehr noch: es verletzte mich. Mich, mit meinem mehr oder weniger ausgeprägten, nicht immer erfolgreich zu kurierendem «Hyperidentifikationssyndrom», das wohl jeder überzeugte Wahldeutsche einmal hat (darüber werde ich später einiges erzählen). Ich fühlte mich davon mehr verletzt, als die meisten «eingeborenen» Deutschen es wohl wären. Ja, ich neigte zu der Überzeugung: Das Ausland reagiert über. Das Ausland benutzt Stereotypen. Das Ausland ist voreingenommen. Die schlimmen Wunden der Vergangenheit diktieren die ungerechte Meinung über die deutsche Gegenwart.

Frank erzählte mir daraufhin eine Episode, die sich in seiner Highschool ereignet hatte und die wie gerufen kam, meine Theorien zu bestätigen:

In der Schule sollte das Thema «Holocaust» behandelt werden. Der Lehrer kündigte an, dass es ihm gelungen sei, eine Überlebende des Holocaust als Gast einzuladen. Das war eine große Sache. Da hatte man jemanden gewinnen können, der die Schrecken und das Unfassbare der deutschen Konzentrationslager selbst erlebt und überlebt hatte. Die Spannung bei den Schülern war groß.

Und sie kam. Mrs Sarah Whiteberger. Frank beschrieb sie als eine alte, zierliche, vom Leben gezeichnete Dame, die an einen Rollstuhl gefesselt war. Sie erzählte von ihren kaum vorstellbaren Erfahrungen aus der Nazizeit. Von den Pogromen, der Reichskristallnacht, den Demütigungen und Verfolgungen. Von der Deportation. Vom Leben in den Konzentrationslagern. Von den Gaskammern, in denen sie alle ihre Verwandten und Freunde verloren hatte, und von den Krematorien, von denen der Geruch verbrannten menschlichen Fleisches ausging; von Erinnerungen, die nicht zu löschen sind. Sie sprach von der Barbarei, für die der Mensch nach der Befreiung, nach dem Zusammenbruch des Atavismus neue Wörter erfinden musste, die früher nicht im menschlichen Vokabular existierten.

Das Schicksal hatte es nicht gut mit ihr gemeint. Sie war als junges Mädchen allein nach Amerika ausgewandert, nachdem sie alles verloren hatte. Dort versuchte sie, das Unvergessliche aus ihrem Gedächtnis zu streichen. Sie heiratete und bekam einen Sohn. Der Sohn fiel Tausende von Kilometern von zu Hause entfernt in einem ihr unbekannten Land, in Vietnam. Ihr Ehemann starb an Krebs, und sie blieb wieder allein zurück. Wieder verloren, alt und krank. Und wenn man allein ist, alt und krank und verloren, werden die Erinnerungen wieder besonders lebendig. Wehe dem, der nicht aus guten Erinnerungen leben kann. Wehe dem, der überwiegend solche Erinnerungen hat, wie sie die alte, kranke, zierliche Dame hatte.

Die Erfahrungen, Erinnerungen und das Schicksal dieser Frau bewegten die Schulklasse. Es machte die jungen Leute betroffen, sprachlos, fassungslos. Denn Bücher, Filme und Bilder sind viel weniger in der Lage, die ganze Dimension des Grauens zu vermitteln. Viel weniger jedenfalls als das persönliche Schicksal und das persönliche Erleben.

Die alte Dame – die bis heute die Hölle ihres Martyriums in ihrer Erinnerung trägt – kam im Anschluss ihrer Schilderungen dazu, über die jetzige Situation im wieder vereinigten Deutschland zu sprechen und diese zu beurteilen. Ihr Urteil war hart:

«Es gibt keinen Unterschied zwischen den heutigen Deutschen und den Deutschen der Nazizeit. Die deutsche Mentalität ist immer diesel-

20

be. Die Deutschen sind unbelehrbar. Die Deutschen haben keine Skrupel, immer wieder das Gleiche zu machen. Sie warten nur auf eine geeignete Gelegenheit. Der Beweis dafür ist, was momentan in Deutschland passiert. Wieder werden Menschen in Deutschland verfolgt, ihre Häuser verbrannt, ihre Geschäfte geplündert, ihre Kinder gedemütigt – ja getötet und verbrannt –, weil sie anders sind. Weil sie eine andere Hautfarbe haben. In einem anderen Land geboren wurden. Eine andere Religion haben. Und nur deswegen. Dies alles tut die heutige Generation der Deutschen.»

Sie meinte mit ihren Worten nicht nur die Neonazis, sondern die Deutschen allesamt, ohne Wenn und Aber.

Das Urteil der alten Dame, die aus der Hölle gerettet worden war, war hart. Frank, ein liberaler, offener, kosmopolitischer, überzeugter junger Demokrat, hatte betroffen zugehört.

Überzeugter Antinazi zu sein ist leicht.

Überzeugter Antinazi zu sein wird erwartet.

Überzeugter Antinazi zu sein ist eine Selbstverständlichkeit. Wer das nicht ist, verletzt die Regeln menschlichen Anstands.

Ein überzeugter Demokrat zu sein, dazu zu stehen und danach zu handeln, verlangt jedoch etwas mehr.

Frank ist ein überzeugter Demokrat. Betroffen hatte er der alten Dame zugehört. Betroffen über ihre Erlebnisse und Erfahrungen. Betroffen aber auch über ihr Urteil. Er meldete sich zu Wort. Der Lehrer stellte ihn der alten Dame vor: «Er kommt aus Deutschland und hält sich derzeit als Austauschschüler in Amerika auf.»

Frank äußerte seine tiefste Betroffenheit über die Erlebnisse der alten Dame und bekundete ihr seine Sympathie. Er erzählte von seiner Bestürzung, solche schrecklichen Dinge direkt von einer Betroffenen des Martyriums zu hören. Er sprach aber auch über seine Erfahrungen mit der neuen deutschen Generation, seiner eigenen Generation. Er erklärte, wie sich diese neue Generation mit den Verbrechen der Großväter und Urgroßväter auseinander setzt und wie sie ihre neue demokratische Gesellschaft gestaltet. Die Generation, die Jahrzehnte nach dem Krieg geboren wurde, sei nicht die Generation der Konzentrationslager, der Pogrome, der Vernichtung, der Barbarei. Sie sei eine demokratische, offene Generation.

Die alte Dame wurde ungehalten. Sie war nicht zu überzeugen. Frank fragte, ob vielleicht das enorme Leid, das sie erlitten hatte und das nie wieder gutgemacht werden könne, sie dazu bringe, die neue, junge Generation des demokratischen Deutschlands ungerecht zu beurteilen. Ob sie aus Handlungen Einzelner auf die Einstellung der Allgemeinheit, der Gesamtbevölkerung schließe.

«Nein», war die kategorische Antwort der alten Dame, «die Deutschen ändern sich nie. In ihrem Herzen führen sie den Holocaust weiter. Sie warten nur auf den geeigneten Zeitpunkt, ihre Hände erneut mit Blut zu beflecken und die Luft der Welt mit Leichengeruch zu verpesten.»

Frank und ich waren uns einig: «Das Ausland urteilt einseitig und ungerecht. Das Ausland ist voreingenommen.»

Am nächsten Tag wollte ich gemeinsam mit Frank essen gehen. Müde vom Kongress legte ich mich erst einmal auf mein Bett und surfte durch die Kanäle der unzähligen amerikanischen Fernsehstationen. Und dann kam es! Solingen!

Eine der wichtigsten Nachrichten auf allen amerikanischen Fernsehsendern. Bilder, die schockierten. Bilder, die sprachlos machten: Neonazis verbrannten türkische Kinder.

Die Bilder vom Ort des Grauens wirkten lähmend. Das brennende Haus. Die Leichen der Kinder. Die verzweifelten Angehörigen. Das Schreien und Weinen türkischer Gastarbeiter. Die Kommentare waren vernichtend. Rückblenden aus Mölln wurden immer wieder gezeigt, und immer wieder kamen die Sätze: «In Deutschland sterben wieder Menschen, die aus einem anderen Land kommen, eine andere Sprache als Muttersprache haben, eine andere Religion oder eine andere Hautfarbe haben. Die deutsche Luft riecht wieder nach verbrannten menschlichen Leichen.»

Ich machte den Fernseher aus. Ich weiß nicht, was ich in diesem Augenblick am liebsten getan hätte.

Einige Zeit später traf ich Frank. Mein Verhalten – ungewöhnlich still und nachdenklich – verriet offensichtlich, dass etwas geschehen war. Ich brauchte lange, ehe ich ihm mit leiser Stimme, ohne ihm direkt in die Augen zu schauen, von dieser Gräueltat erzählen konnte. Er antwortete spontan mit einem leisen, lang andauernden «Oh». Er senkte den Kopf und begann, sich mit seinem Essen zu beschäftigen, um nichts sagen zu müssen.

Solingen liegt im *Westen*, nicht im Osten der Republik. Manche versuchen das Problem des Rechtsradikalismus zu bewältigen, indem sie es zum «Ostproblem» stempeln. «Diese DDR, diese Ostdeutschen, die sind anders, die schaden uns.»

Aber Solingen liegt im Westen der Republik. Ganz in der Nähe der Orte, in denen ich zwölf Jahre lang gelebt habe, nahe Köln und Bonn. Wo ich habilitiert wurde, meine erste Professur bekam (in Köln) und meine nächste Professur (in Bonn). In der Nähe des Ortes, wo meine Kinder in den Kindergarten, in die Schule, ins Gymnasium gegangen sind.

Auch Mölln liegt im Westen Deutschlands, im aufgeklärten Norden.

Ich blieb noch zwei Tage in San Francisco. Die Zeitungen waren voll von Berichten über das Verbrechen, die Kommentare entsprechend. Dann flüchtete ich nach Brasilien zum Weltkongress, wo ich mit anderen deutschen und ausländischen Professoren zusammentraf. Weg von den Berichten der amerikanischen Medien.

Weglaufen? Aber wohin?

## Kapitel 2:
## New York – der Beginn einer Erklärung


Es war im Spätsommer des Jahres 2000 in New York, wo ich alle paar Monate an den Sitzungen eines so genannten *Safety Advisory Board* teilnehme. Dieses Gremium hat die Aufgabe, die Studien zur Entwicklung eines neuen Medikamentes in regelmäßigen Abständen zu kontrollieren. Es handelt sich um Studien, die an verschiedenen Zentren in der ganzen Welt durchgeführt werden, um die Sicherheit und Wirksamkeit eines Medikamentes zu prüfen. Falls das Gremium der Auffassung ist, dass dieses Medikament gefährlich sein könnte, muss die Entwicklung unverzüglich gestoppt werden. Zu diesem Gremium gehören sechs Wissenschaftler aus verschiedenen medizinischen Disziplinen: vier Amerikaner und zwei Europäer (ein Franzose und ich). Ich bin «the German» in der Gruppe. Alle wissen natürlich, dass ich kein «eingeborener» Deutscher bin. Und doch bin ich für sie schon immer «the German» gewesen. So fühle ich mich auch. Ein hellenischer «German».

Soweit meine Herkunft und die Verbundenheit mit meinen Wurzeln es zulassen.

Ich fühle mich als «the German» in der Gruppe nicht nur, weil ich ein Wahldeutscher bin, sondern auch, weil meine Wirkungsstätte Deutschland ist und ich die deutsche Psychiatrie bei diesen Treffen repräsentiere.

Diese Gruppe trifft sich inzwischen seit über zwei Jahren. In regelmäßigen Abständen kommen wir für einen Tag in New York zusammen, um unsere Ansichten über die Studien auszutauschen und Schlussfolgerungen zu ziehen.

Eine angenehme Seite dieser kurzen, strapaziösen Sprünge über den Atlantik ist der Abend vor der Sitzung. Wer schon da ist, trifft sich mit den anderen zum Essen in einem schönen französischen Restaurant im Zentrum von Manhattan. Vier von uns waren bisher bei jedem Treffen dabei. Daraus entwickelte sich mit der Zeit eine Art Vertrautheit und Freundschaft.

Einer, der bisher immer dabei war, war Rob. Rob ist ein «waschechter» Amerikaner. Er erzählte uns, dass er bereits Amerikaner in der dritten Generation sei. Seine Vorfahren waren aus Mittel- und Osteuropa eingewandert. Aus Orten, die abwechselnd in Österreich, in Polen, in Deutschland, in der Sowjetunion und dann wieder in einem anderen Staat gelegen hatten.

Immer dabei war auch George. George ist ein «Neu-Amerikaner». Er hat eine Top-Position in der amerikanischen Pharmaindustrie inne. George ist ursprünglich Kopte aus Ägypten.

Bei unseren inzwischen traditionell gewordenen Abendessen fragte ich ihn jedes Mal neugierig über seinen kulturellen Hintergrund aus. Er erzählt auch immer wieder bereitwillig über die Geschichte der koptischen Kirche, über ihre Entwicklung durch die Jahrtausende und ihren jetzigen Zustand. Es war stets ein Genuss, ihm zuzuhören.

Immer dabei war auch Nancy, unsere Statistikerin. Nancy ist Jüdin und trägt eine Halskette mit einem großen silbernen Davidstern. Sie arbeitet an der Universität von Seattle an der Westküste der USA.

Vor unserem letzten Treffen ging ich, da ich ein paar Stunden früher da war, zum *Metropolitan Museum of Art*. Es liegt ganz in der Nähe meines Hotels, und ich wollte die Gelegenheit nutzen, mir noch einmal mein Lieblingsgemälde im Original anzusehen. Es ist das Gemälde *Sturm über Toledo* von El Greco. «El Greco», der Grieche, der auf Kreta geboren ist, in Italien studierte und in Spanien weltberühmt wurde. «El Greco» nannten ihn die Italiener und die Spanier. Er fühlte sich auch so. Bis zuletzt signierte er seine Gemälde auf Griechisch: *Domenicos Theotokopoulos, aus Kreta*. Es war damals sicher keine leichte Sache, im tiefkatholischen Italien und im tiefkatholischen Spanien als Grieche zu leben. Die Griechen litten zu dieser Zeit unter den Türken, und sie machten den Papst und den Katholizismus mitverantwortlich für den Verlust Konstantinopels und der christlichen Ostgebiete. Die Katholiken dagegen betrachteten die Griechen als Konkurrenten und Abtrünnige. Keine große gegenseitige Liebe also.

El Greco lebte in Italien und in Spanien, wie viele andere griechische Künstler und Gelehrte nach dem Verlust der Heimat. Das Werk El Grecos, des spanischen Griechen, wurde zum Kulturgut der ganzen Menschheit.

Nun stand ich vor seinem Meisterwerk – wie auch schon früher wieder sehr ergriffen –, das Toledo im Kampf mit den Elementen zeigt. Toledo, seine Heimatstadt, in der er nicht geboren wurde.

Abends trafen wir uns, wie gewohnt, in «unserem» französischen Restaurant. Dieses Treffen fand sieben Jahre nach meiner Erschütterung in

San Francisco und wenige Monate nach dem Mord an Alberto Adriano in Dessau statt, wenige Tage nachdem die Mörder verurteilt worden waren.

Ich war ihr Gutachter gewesen.

Ich hatte viele Stunden mit den Mördern von Alberto Adriano verbracht, um sie begutachten zu können.

Den Mord, die Reaktionen darauf und den Prozess hatten die Medien mit Interesse verfolgt. Im Inland und im Ausland. Beim Prozess war nicht nur die *New York Times* präsent, sondern auch Dutzende anderer Medien aus der ganzen Welt.

Als Rob mich höflich und vorsichtig fragte, was ich über die Entwicklung des Rechtsextremismus in Deutschland denke, richtete Nancy, die Jüdin, ihren Blick schweigend auf mich. Mit halb gesenktem Kopf schaute sie mich über den oberen Rand ihrer schmalen Brille erwartungsvoll an – betreten, aber auch prüfend. George, der Kopte, dessen Volk über die Jahrhunderte manche Diskriminierung von den Moslems erfahren musste, ließ, als Rob diese Frage stellte, seine Hand sinken, mit der er gerade sein Rotweinglas zum Mund führte. Er saß neben mir und schaute mich mit seinen Augen genauso betroffen, erwartungsvoll und prüfend an wie Nancy.

Und ich erzählte. Ich wollte erzählen. Ich hatte seit langem vor, das zu tun. Und nun war der Moment gekommen. Jetzt, nachdem ich als Gutachter innerhalb von neun Wochen neun Mörder gesehen hatte.

*Neun Mörder in neun Wochen!*

Alle neun waren sich ähnlich. Alle ihre Taten waren sich ähnlich. Und doch waren ihre Motive völlig verschieden. Sie hatten nur eines gemeinsam: das grausame Verbrechen. Die Verachtung menschlichen Lebens!

# Kapitel 3:
## Mein Kollege Heinz

Mein Kollege Heinz ist Psychiater. Er lebt in Bayern und wir kennen uns seit vielen Jahren. Er ist politisch sehr interessiert, ein überzeugter konservativer Demokrat und Mitglied der CSU.

Wir haben häufig auch über Politik diskutiert, wobei ich seinen, meines Erachtens strengen, Konservatismus nicht teile. Zum ersten Mal unterhielten wir uns zu Beginn des Jahres 1991 über Rechtsradikalismus und rechtsradikale Gewalttäter. Damals begann die Republik bereits, sich intensiver mit dem Phänomen zu beschäftigen. Damals begann die «Anreicherung» des rechtsradikalen Tuns durch die Aktivitäten in Ostdeutschland. Die Republik begann aufzuwachen, nachdem der Rausch der Wiedervereinigung allmählich verflogen war. Der Rechtsradikalismus wurde allmählich zum Thema.

Wir saßen in einem zyprischen Restaurant in Bonn, und ich führte Heinz in die Spezialitäten der Küche meines Heimatlandes ein. Er lobte die zyprische Küche und den zyprischen Wein. Unausweichlich kamen wir auch auf das Thema des kulturellen Austausches und der gegenseitigen Befruchtung und natürlich auch auf die aktuellen Diskussionen über Rechtsradikale zu sprechen. Er hatte die Diskussion begonnen und fragte mich: «Was denkst du denn darüber? Du, der ... der ...» Dann war er erleichtert, das geeignete Wort gefunden zu haben, und sagte: «Du, der du ursprünglich aus einem anderen Land kommst?» – «Sehr umständlich», habe ich gedacht.

«Ach, ich finde, es ist ein ganz normales Phänomen, was wir zurzeit erleben. Was wir im Grunde genommen bereits seit den 50er-Jahren erleben. Die deutsche Gesellschaft begann nach dem Schock des Zweiten Weltkrieges, schon zu Beginn der 50er-Jahre, sich neu zu formieren. Und wie in jeder anderen Nation in Europa und in der Welt hat diese neue deutsche Gesellschaft viele Facetten. Eine von diesen vielen Facetten ist die rechtsradikale. Eine schlimme Facette. Aber so, wie Schweden und Norwegen, wie Dänemark und Frankreich, wie England und die USA, wie Italien und Holland, wie Portugal und Griechenland, wie Belgien und die Schweiz ihre rechtsradikalen Facetten haben.»

Heinz schien zufrieden: «Ich bin sehr froh, dass du das auch so siehst. Ich meine», sagte er, «dass wir allmählich zur Normalität zurückkehren müssen. Es kann nicht jedes Mal, wenn in Deutschland etwas passiert, etwas, was auch in anderen Ländern passiert, besonders kritisiert werden und schon bei den geringsten Vorkommnissen mit der ‹Holocaustkeule› nach uns geschlagen werden.»

Heinz sprach von der «Holocaustkeule» schon Jahre bevor Walser mit diesem Ausdruck die Öffentlichkeit irritierte. Damals war ich fast einverstanden. Damals wollte ich, dass das Ausland endlich begreift, dass die Vergangenheit Vergangenheit ist. Dass diese Vergangenheit den Deutschen nicht mehr wie ein ewiger Spiegel morgens, mittags und abends vorgehalten werden sollte. Ich erwiderte natürlich, dass *das* ständig in Erinnerung bleiben müsse. Dass *das*, was damals geschah, singulär in der Geschichte der Menschheit ist. Und dass *das* nie, auch nicht ansatzweise, wiederholt werden dürfe. Aber das mit der Keule, ja, das muss doch allmählich, ein halbes Jahrhundert danach, aufhören.

Damals, zu Beginn des Jahres 1991, dachte ich so.

Kurz bevor ich im September 2000 nach New York flog, traf ich mich wieder einmal mit Heinz. Er wusste, dass ich oft Gutachter bei rechtsradikalen Gewalttätern war, und wollte von mir Näheres darüber erfahren.

Es hat sich viel geändert in Deutschland, Heinz. Es hat sich viel geändert in diesen letzten zehn Jahren.

Leider hat es sich tatsächlich zum Schlimmeren geändert, so wie es Bundestagspräsident Wolfgang Thierse in seinen Interviews und Reden immer wieder feststellt. Trotzdem und gerade aufgrund der persönlichen Erfahrungen, die ich mit den Neonazis, den Skinheads, den rechtsradikalen Gewalttätern machte, bleibe ich dabei, dass diese verschwindende Minderheit, die andere Menschen demütigt, verletzt, verbrennt und tötet, nicht *die* Deutschen repräsentiert. Rechtsradikale Gewalttäter sind Kriminelle. Wie jeder andere Mörder, Totschläger und Brandstifter auch. Gemeine Kriminelle.

Und ich erzählte Heinz von den Morden und den Mördern, die ich kennen gelernt habe.

Manche der nachfolgenden Erfahrungen habe ich mit Heinz besprochen, andere mit meinen ausländischen Kollegen des *Safety Advisory Board* in New York diskutiert. Manche mit beiden. Jetzt habe ich das Bedürfnis, vielen Menschen davon zu berichten.

## Kapitel 4:
## Neun Mörder in neun Wochen. Der erste Mord

Ich beginne, über die Mörder und Morde zu erzählen. Vollendete und unvollendete Morde; Morde im juristischen Sinne, oder auch nicht.

Ich beginne mit dem ersten Mord. Der Name des Opfers ist vielen bekannt: Alberto Adriano. Ich kann diesen Namen nicht ändern, wie ich es mit den anderen Namen tat. Jeder kennt diesen Fall. Alberto Adriano ist zum Symbol geworden.

Alberto Adriano wurde in Dessau ermordet. Am Pfingstsonntag des Jahres 2000. Dessau liegt im Osten Deutschlands. In den neuen Bundesländern. Oder in der früheren DDR. Der Weg von Mölln über Solingen ist nicht weit. Nur die Kilometer sind es viele. Alberto Adriano wurde genau zehn Jahre nach der Wiedervereinigung ermordet. Die offizielle Statistik sagt, dass während dieser zehn Jahre im wieder vereinigten Deutschland 93 Menschen von Rechtsextremisten getötet wurden. Man vermutet jedoch, dass es viel mehr sind. Man spricht von 128 Morden oder Tötungen, eventuell auch mehr. Nach dem ersten Toten zu Beginn der 90er-Jahre erschienen die ersten Lichterketten. Tausende von Menschen gingen auf die Straße, um gegen die neue Barbarei zu protestieren. Rührend, schön, begrüßenswert. Aber auch effizient?

Nach dem Mord an Alberto Adriano gab es keine großen Lichterketten wie zu Beginn der 90er-Jahre. Doch offensichtlich ging eine tief greifende Erschütterung durch die ganze Republik. Rechtsextremismus wurde *das* politische Thema des Sommers 2000. Endlich! Das politische Thema des Sommers? Oder des Sommerlochs? Wir werden sehen, wie der Herbst, wie der Winter, wie der Frühling und wie die nächsten Sommer werden.

Alberto Adriano wurde ermordet, weil er schwarz war. «Ich habe ihn getötet, weil ich ihn gehasst habe. Und ich habe ihn gehasst, weil er ein Schwarzer war», so sagte der erste Mörder von Alberto Adriano. Er und die zwei anderen Täter kannten Adriano gar nicht. Sie waren ihm erst wenige Minuten, bevor sie ihn töteten, begegnet.

Und so spielte sich das Drama ab: Der erste Mörder, Adrian, traf sich mit dem zweiten Mörder, Bastian, um gemeinsam mit ihm den Tag zu verbringen. Sie entschlossen sich, eine Freundin Bastians in einer benachbarten Stadt zu besuchen. Das taten sie auch und verbrachten einige Zeit gemeinsam mit dieser Freundin im Park der Nachbarstadt. Den Zug nach Hause verpassten sie. Deshalb fuhren sie mit einem anderen Zug nach Dessau, in der Hoffnung, dort einen Anschlusszug zu finden. Sie verpassten auch dort den Zug, wodurch sie gezwungen waren, bis vier Uhr morgens auf dem Bahnhof von Dessau zu warten. Adrian rief seine Schwester an und bat, abgeholt zu werden. Das ging jedoch aus verschiedenen Gründen nicht. Auch Bastian rief zu Hause an und bat seinen Vater, sie abzuholen. Auch das war nicht möglich, weil der Vater Alkohol getrunken hatte. So blieben die beiden am Bahnhof in Dessau und tranken selbst Alkohol.

Wenig später kam der dritte Mörder, Christoph, hinzu. Outfit, kurz geschorene Haare und Springerstiefel, Benehmen und Sprüche signalisierten, dass alle drei der rechtsextremistischen Szene angehörten. Die weißen Schnürsenkel der Springerstiefel von Christoph zeigten, wie er selbst vor Gericht aussagte: «Ich bin gewaltbereit.» Die drei tranken Alkohol und tauschten dabei Gift aus: «Ausländer raus, Jude verrecke!» und weitere Sprüche der Sorte, die Hirn und Herz vergiften und verdunkeln.

Alles, was folgte, kann als «schicksalhafte Begegnung» bezeichnet werden. Wie in einer griechischen Tragödie. Das Schicksal begann seinen Lauf zu nehmen. Doch es kam kein «Deus ex Machina», um es abzuwenden. Alberto Adriano lief diesem Schicksal in die Hände.

Die drei entschlossen sich, durch die Stadt zu ziehen, um «die Zeit totzuschlagen». Sie zogen durch die nächtlichen Straßen von Dessau, wie sie selbst sagten, neonazistische Parolen brüllend, grölend und schreiend. Parolen wie: «Ausländer raus!», «Hier marschiert der nationale Widerstand!», «Heil Hitler!», «88!» (die doppelte 8 steht für den achten Buchstaben des Alphabets, also die Initialen von ‹Heil Hitler!›), «Jude verrecke!». Dazu sangen sie rechtsextremistische Lieder. Sie kannten viele davon. So etwa «Zehn kleine Negerlein» von der Gruppe *Zillertaler Türkenjäger* mit folgenden Worten:

«Zehn kleine Negerlein, die kamen nach Deutschland rein,
einer hatte Beulenpest, da waren's nur noch neun.
Neun kleine Negerlein, die haben Drogen mitgebracht,
Russenmafia macht bumm bumm, da waren's nur noch acht.

Acht kleine Negerlein, die wären gern geblieben,
da kam ein Rudel Henkerskins, da waren's nur noch sieben.
Sieben kleine Negerlein, die spielten mit der Flex,
doch Neger nix von Technik weiß, da waren's nur noch sechs.
Sechs kleine Negerlein, die rappten ständig live,
doch nachts um drei wird Spaß gemacht, da waren's nur noch five.
Fünf kleine Negerlein, die stinken dir und mir,
drum wurde einer aufgeknüpft, da waren's nur noch vier.
Vier kleine Negerlein, die war'n bei 'nem Bruch dabei,
einer wurde abgeknallt, da waren's nur noch drei.
Drei kleine Negerlein, die waren öfters high,
einer hat zu viel geschluckt, da waren's nur noch zwei.
Zwei kleine Negerlein, die schrien: Nazischwein!,
'ne Wehrsportgruppe kam vorbei und Bimbo war allein.
Da stand es nun, das Negerlein
ganz verlassen und allein,
voll Trauer und voll Schmerz
war erfüllt sein ganzes Herz.
Ha ha ha ha, oh hallo, bald waren's wieder zehn.
Zehn kleine Negerlein, den' wird's genauso gehen,
denn hier bei uns im deutschen Land, da will sie keiner sehn.»

Die drei kannten auch das Afrika-Lied der Gruppe *Landser:*

«Deutschland ist ein schönes Land, wir lieben es so sehr,
doch für Affen ist bei uns längst schon kein Platz mehr.
(Refrain:)
Afrika für Affen, Europa für Weiße,
steckt die Affen in ein Boot und schickt sie auf die Reise.
Im Hafen geht die Party ab, die Stimmung ist famos,
alle Affen sind an Bord, jetzt geht die Reise los.
(Refrain)
Das Boot, das ist auf hoher See, da gibt's 'nen großen Schreck,
im Schiffsrumpf da dringt Wasser ein, der Kahn der hat ein Leck.
(Refrain)
Das Boot, das sinkt unweigerlich, den Affen hilft kein Schrei'n,
und weil keiner schwimmen kann, werden sie wohl ersoffen sein.
(Refrain)

Die Fische auf dem Meeresgrund beginnen gleich zu zechen,
doch Affenfleisch ist ungesund, drum müssen alle brechen.
(Refrain)
Der Haifisch und der Tintenfisch, der Stör und die Muräne,
die hatten von dem Affenfleisch drei Tage lang Migräne.
(Refrain)
Und die Moral von der Geschicht', Leute, hört gut her:
passt euch irgendjemand nicht, dann schickt ihn raus aufs Meer.
(Refrain)
Afrika für Affen, Europa für Weiße,
steckt die Affen in ein Klo und spült sie weg wie Scheiße.

Die Frage ist: Wer ist hier der Affe?

Wer ist hier der Primitive?

Offensichtlich hat sich niemand in dieser Pfingstnacht gestört gefühlt. Niemand hat die drei gestoppt.

Später ermittelte das Gericht, dass dieser Spuk fast drei Stunden dau-
erte. Niemand hat sie aufgehalten. Niemand hat die Polizei gerufen.
Wurde die nächtliche Ruhe nicht gestört? Oder der Ruhe zuliebe die
Ruhestörung hingenommen?

Aus der entgegengesetzten Richtung machte sich die andere Gestalt
der Tragödie, Alberto Adriano, auf den Weg. Die Übertragung der Fuß-
balleuropameisterschaft war zu Ende. Alberto verließ die Wohnung seiner Freunde, mit denen er gemeinsam das Fußballspiel angesehen hatte,
und machte sich auf den Weg zu seiner Familie, seiner deutschen Frau
und seinen drei deutschen Kindern. Sein Weg führte ihn durch den
Zentralpark von Dessau, ebenso wie der seiner drei späteren Mörder.
Die Wege des Afrikaners und derer, die das Afrika-Lied sangen, kreuz-
ten sich. Das Lied mit den Worten: «Afrika für Affen, Europa für Weiße, steckt die Affen in ein Klo und spült sie weg wie Scheiße.» Da kam
ihnen Alberto Adriano entgegen. Nun standen sie sich gegenüber, von
Angesicht zu Angesicht. Adrian, Bastian, Christoph – die drei Neonazis – und Alberto Adriano. Der Schwarzafrikaner des Liedes.

Die drei brüllten: «Was willst du hier in Deutschland, du Nigger?
Verschwinde aus unserem Land!» Und sie schlugen ihn mit den Fäusten. Und sie traten ihn mit den beschuhten Füßen. Und sie brüllten ihn
an. Alberto Adriano fiel zu Boden. Einer der Mörder, der mit den Springerstiefeln und den weißen Schnürsenkeln («Ich bin gewaltbereit»), trat

mit den gepanzerten Stiefeln wahllos auf den Körper des Opfers ein. Die anderen taten es ihm gleich mit ihren festen Turnschuhen. Alberto Adriano wurde durch den Park geschleift und weiter geschlagen und getreten. Auch dann noch, als Anwohner die Täter anschrien aufzuhören. Wahllos schlugen und traten sie auf den am Boden liegenden Körper ein, wobei einer der drei Täter gleichzeitig die Umgebung absicherte, damit niemand sie dabei störte. Dann zog einer der Täter dem regungslosen Opfer Hose und Unterhose aus. Zuvor hatten sie ihm das Hemd weggerissen.

Als ich diesen Mörder fragte, warum er das getan habe, antwortete er: «Um ihn zu demütigen.»

«Warum?», wollte ich wissen.

Zuerst gab er darauf keine Antwort.

Ich fragte: «Weil er schwarz war?»

«Ja, das haut hin», gab er zur Antwort.

Die Anwohner hatten inzwischen die Polizei benachrichtigt. Die drei wurden unmittelbar am Tatort gefasst.

Alberto Adriano starb im Krankenhaus. Er hinterließ eine Frau und drei Kinder. Seine Frau ist eine Weiße, eine Deutsche. Er lebte seit vielen Jahren in Deutschland. Alberto Adriano hinterließ auch eine Familie in Mosambik, in einem armen Dorf. Er war der Stolz dieser Familie. Er war der Erste der Familie, der zur Schule gegangen war und eine Ausbildung gemacht hatte. In den letzten zwanzig Jahren hatte er mit seinem Verdienst in Deutschland seine Familie in Mosambik unterstützt. Nicht nur der Vater einer deutschen Familie, sondern auch der Stolz und die finanzielle Stütze einer afrikanischen Familie war auf einmal weg. Der Vater Adrianos, ein einfacher Mann in einem abgelegenen afrikanischen Dorf, sagte: «Ich kann nicht verstehen, wieso in einem reichen und zivilisierten Land Menschen so grausam sein können.»

# Kapitel 5:
## Adrian – der erste Mörder

Der erste Mörder ist Adrian. Adrian hat Adriano getötet, gemeinsam mit dem zweiten und dritten Mörder.

Er sagte mir und später dem Gericht: «Ich habe es getan, weil ich ihn gehasst habe.»

«Warum haben Sie ihn gehasst?», wollte der Vorsitzende Richter Hennig wissen.

«Weil er schwarz war», explodierte es aus dem Mund, aus dem Herzen und aus der Brust Adrians.

Danach war plötzlich Totenstille im Gerichtssaal. Richter, Bundesanwälte, Verteidiger und psychiatrischer Sachverständiger saßen gelähmt und wie vom Blitz getroffen da. Die Stille im Gerichtssaal war erdrückend, würgend, unerträglich. Der Vorsitzende Richter Hennig rettete die Prozessbeteiligten, indem er mit leiser, stockender Stimme kommentierte: «So. So …» Es war für ihn schwierig, weitere Worte zu finden. Und für uns andere war es schwierig, unsere geschlossenen, versteinerten Lippen zu öffnen. So viel Hass! So viel unbegründeter Hass! So viel Hass von einem jungen Menschen, der nie mit Schwarzen zu tun gehabt hatte. Der nie mit Menschen aus anderen Ländern zusammengetroffen war. So viel Hass aus einem jungen Herzen hatten wir in dieser Art an diesem Ort alle nicht erwartet.

Über den Mord an Alberto Adriano wusste ich vor der Begegnung mit Adrian bereits vieles. Die Zeitungen waren nach dem grausamen Verbrechen voll mit Berichten darüber. Es war eines der wichtigsten Themen in den Fernsehsendungen des Sommers 2000. Es war der Mord, der die Politik bewegte. Landes- und Bundespolitiker waren mobilisiert.

Über den Mord hatte ich inzwischen viel gehört. Über Adrian nicht das Geringste. Ich lernte ihn in der Jugendhaftanstalt kennen. Ich saß im Untersuchungszimmer und wartete auf ihn. Ehrlich gesagt war ich nicht sehr gespannt. Ich konnte mir vorstellen, was für einem Menschen ich begegnen würde. Ich hatte inzwischen viele rechtsradikale Gewalttäter gesehen und untersucht. Die Bilder wurden zu Abbildern. Die Menschen, die Biographien, die Herkunft, die Ansichten, die Bildung, der

Lebenshorizont waren bei diesen Menschen immer gleich, fast wie Kopien. Nein, ich war nicht gespannt.

Die Gefängniswärter brachten ihn bis zur Tür des Untersuchungszimmers. Er kam und stand verlegen vor mir. Ein kleiner, untersetzter junger Mann, kahl geschoren und mit einem feinen, fast unsichtbaren Oberlippenbart in seinem Marmorgesicht. Er war mit einer engen Bluejeans bekleidet. Der breite Ledergürtel, den er trug, hatte nur eine optische Bedeutung. Er trug hohe Turnschuhe. Das langärmelige T-Shirt hatte er in die Hose gesteckt und die langen Ärmel bis zum Ellenbogen hochgezogen, sodass er trotz seiner kleinen Figur einen athletischen Eindruck machte. Das Auffällige an diesem T-Shirt waren Großbuchstaben, die das Wort «LONSDALE» ergaben. Dieses T-Shirt trug er im Gefängnis, während der Gerichtsverhandlungen, vor den Augen der Ehefrau des Ermordeten. In der Mordnacht trug er ein ähnliches Polohemd mit der Schrift «CONSDAPLE». Ich erfuhr, dass der Name «CONSDAPLE» wie auch «LONSDALE» für die Neonazis eine symbolische Bedeutung hat, ein Zeichen der Erkennung ist. Mit ein bisschen Phantasie kann man darin das Kürzel «NSDAP» erkennen. Für die Kenner ein Zeichen. Für die Wissenden eine Provokation. Für den Staat keine Eingriffsmöglichkeit nach dem Gesetz, welches die Verwendung von nationalsozialistischen Bezeichnungen und Emblemen verbietet. Es ist ja nur der Name einer Stadt.

Adrian saß aufgeregt vor mir. Er hatte Angst. So, wie ich das bei fast allen rechtsradikalen Gewalttätern, die vor mir saßen, erlebt habe. Die Farbe seines Gesichts, die feuchten Hände, der unruhige Blick, die Art des Sitzens verraten dem Experten die hohe Aufregung. Die Ängstlichkeit. Der Unterschied zwischen Adrian und anderen rechtsradikalen Gewalttätern, die ich untersucht habe, bestand darin, dass er versuchte, diese Gefühle mit allen möglichen Strategien zu verstecken. Es gelang ihm aber nicht. Während der gesamten Untersuchung war er zurückhaltend und angespannt. Er war leicht zu irritieren und zu reizen. Als wir über den Mord sprechen mussten, über das Tatvorfeld und über seine Gedanken nach dem Mord, hatte er große Schwierigkeiten, seine Aggressivität zu verbergen. Als wir über das rechtsradikale Gedankengut, die Lieder, die Parolen, die Ziele sprachen, schaute er in die Ferne, verschränkte die Arme unter der Brust und zog seinen Körper zurück. So, als ob er sich von etwas zurückhalten wollte oder etwas abwehren müsste. Sein versteinertes Gesicht war kälter als Marmor. Auch während wir über Hitler, die Nazis und die Neonazis sprachen, hatte er eine abwehrende, eine averbal-aggressive Haltung.

Ich dachte: «Er steht auf verlorenem Posten.»

Ich dachte weiter: «Einer Diskussion ist er nicht gewachsen. Er hat keine Argumente. Er hat nur Parolen. Leere Parolen, die sich nach der ersten Frage in Luft auflösen.»

Als wir dann über den Mord und den Ermordeten, über die potenziellen Morde, die potenziellen Mordopfer und die potenziellen Mörder sprachen, war keine Gefühlsregung zu spüren. Es war Kälte im Raum. Eine unnatürliche Kälte. Dieser junge Mensch mit dem jungen Herzen war nicht in der Lage, Bewegung zu zeigen. Er schien auch nicht in der Lage, menschliche Wärme zu empfinden. Die Kälte im Raum hatte nicht nur mit seinem Marmorgesicht zu tun, sondern vielmehr mit seinem Marmorherzen.

Adrian war zu diesem Zeitpunkt erst 17 Jahre alt.

Er hat Alberto Adriano nie mit Namen genannt, obwohl er den inzwischen wusste. Er sprach immer von «dem» oder «dem Schwarzen». Als Gutachter sprach ich immer bewusst vom «Opfer». Seine Antworten auf meine Fragen zum Ablauf der Tat waren sehr kurz, wortkarg. Manchmal war es nur ein Wort, nur eine Bewegung des Kopfes oder der Hand. Aber kein einziges von diesen Worten war ein Wort des Bedauerns für das Opfer, für dessen Familie, für das Geschehene. Keines von diesen wenigen Worten war ein Wort der Reue. Adrian zeigte keinerlei Traurigkeit. Keinerlei Betroffenheit. Im Gegenteil: Er versuchte, mich davon zu überzeugen, dass der Getötete der Angreifer gewesen sei. Er versuchte, mich davon zu überzeugen, dass das Opfer der Provokateur war. Die Provokation selbst konnte er aber nicht beschreiben. Auch an diesem Tag, Wochen nach dem Mord, sprach er geringschätzig über das Opfer. Das ihm unbekannte Opfer.

Adrian empfand keine Scham für seine Tat. So wie alle rechtsradikalen Gewalttäter, die ich bisher untersucht habe.

Seit seinem 14. Lebensjahr gehörte Adrian der «rechten Szene» an. Er beschrieb mir diese rechte Szene als eine Gruppe von etwa zehn Leuten, die er als «ganz normale Leute» bezeichnete.

«Was sind Ihre Aktivitäten?», wollte ich von ihm wissen.

«Was für Aktivitäten? … Na, saufen … rechte Musik hören.»

«Was ist ‹rechte Musik› …?», fragte ich.

«Na zum Beispiel ‹Ausländer raus!› ... das Afrika-Lied, so gegen Schwarze ... Was sollen wir sonst den ganzen Tag machen?»

«Könnten Sie mir erklären, was rechte Ideologie ist?», fragte ich weiter.

«Rechte Ideologie ... hm ... hm. Nee, ich kann es nicht», war seine Antwort.

«Könnten Sie mir sagen, warum Sie dann zu diesen Kreisen gehören?», versuchte ich es noch mal.

«Nee, dazu will ich nichts sagen. Dann werde ich vom Gericht zum Affen gemacht», war sein ganzer Kommentar dazu.

«Okay, ich respektiere das. Aber sagen Sie mir bitte, was Sie mit der Parole ‹Ausländer raus!› meinen», versuchte ich es weiter.

«Sie sollen alle dorthin gehen, wo sie hergekommen sind», kam seine Antwort wie aus der Pistole geschossen.

«Alle?», fragte ich betroffen.

Er meinte trotzig: «Jawohl, alle.»

«Also auch die ausländische Industrie, das ausländische Kapital, die ausländische Intelligenz und die ausländischen Fachkräfte?», war meine Nachfrage.

«Hm, hm ... Wie meinen Sie das?»

«Entschuldigen Sie», meinte ich und versuchte die gestellte Frage einfacher zu formulieren. «Vielleicht habe ich mich zu kompliziert ausgedrückt. Ich werde es anders sagen: In Deutschland, wie auch in allen anderen Ländern der Welt, gibt es viele ausländische Firmen, die den Deutschen Brot und Arbeit geben. Nehmen wir nur als Beispiel die Firmen ‹Ford› oder ‹Opel›. Die bauen Autos. Kennen Sie die Firmen? Kennen Sie die Autos Ford und Opel?»

«Ja, ich kenne die Autos», meinte er.

«Wussten Sie, dass diese Firmen ausländische Firmen sind?», fragte ich.

«Nee.»

Darauf wollte ich von ihm wissen: «Also sollten auch solche Firmen wie ‹Ford› und ‹Opel› gehen?»

Seine knappe Antwort darauf war nur: «Wenn sie ausländische Firmen sind, dann ja.»

«Aber die geben vielen, vielen tausend Deutschen, die dort oder in der Zulieferungsindustrie arbeiten, die Wagen verkaufen, die Wagen reparieren und andere Aufgaben zu erledigen haben, Arbeit und Brot. Was geschieht mit diesen Leuten, wenn wir die Firmen nach Hause schicken?», versuchte ich, ihn zum Nachdenken zu animieren.

«Die hätten sich ja gar nichts erst hier aufbauen brauchen», war das Einzige, was ihm dazu einfiel.

«Ja gut, aber was passiert mit den Tausenden von Arbeitslosen, wenn wir die Firmen nach Hause schicken?», ging ich noch einen Schritt weiter.

Er meinte nur: «Wie soll ich das wissen?»

«Okay, machen wir es anders», begann ich erneut. «Ich möchte noch etwas von Ihnen wissen. Essen Sie gerne bei McDonald's?»

«Ja.»

«Aber das sind auch Ausländer», sagte ich.

«Ja, aber es sind ‹Weiße›.»

«Pizza essen Sie auch?»

Verlegen auf den Boden schauend und sichtlich gereizt gab er zur Antwort: «Ja.»

«Aber das ist eine ausländische Spezialität», gab ich zu bedenken.

Seine Antwort darauf war: «Pizza gibt es auch als deutsches Erzeugnis. Da muss ich nicht erst zum ‹Itaker› gehen.»

«Aha. Die Italiener sind keine ‹Weißen›?», fragte ich ihn weiter.

«…» (sichtliches Unbehagen)

«Chinesisch essen Sie auch?», wollte ich weiter wissen.

Mit Empörung und Verachtung gab er mir zur Antwort: «Nee, nee.»

«Warum?», fragte ich mit Unverständnis.

«Darum», war das Einzige, was er darauf erwidern konnte.

«Okay, lassen wir das», sagte ich. «Ich wollte Sie noch fragen, ob Sie mal im Ausland waren.»

Seine kategorische Antwort war nur: «Nee.»

«Kennen Sie persönlich Ausländer?»

«Nee.»

«Sagen Sie mir, wenn Sie in Frankreich wären und dort von den Leuten so behandelt würden, wie Sie es mit Ausländern tun, wie wären dann Ihre Gefühle und Ihre Gedanken darüber?»

«Was will ich in Frankreich?», war das Einzige, was er darauf sagen konnte.

Ich begann erneut: «Sie sagen, Sie hassen die Ausländer. Warum? Können Sie mir das erklären?»

«Nein, ich kann und will es nicht erklären», meinte er nur.

«Haben Sie irgendwelche Hobbys?», fragte ich, um irgendetwas über seine Neigungen zu erfahren.

«Ja.»

«Welche?», wollte ich wissen.

«Rechte Musik hören», sagte er.

«Lesen Sie etwas?», fragte ich, worauf er mir zur Antwort gab: «Hier im Gefängnis lese ich Comics.»

«Schauen Sie auch gern fern?», fragte ich weiter.

«Ja.»

«Welche Sendungen?», wollte ich wissen.

«Am liebsten Trickfilme.»

Ich versuchte, das Gespräch in eine andere Richtung zu lenken: «Arbeiten Sie oder gehen Sie in die Lehre?»

«Nein», meinte er, «ich tue nichts.»

«Warum denn nicht?», fragte ich nach.

Seine lapidare Antwort war nur: «Keinen Bock.»

«Wie verbringen Sie denn dann den Tag?»

«Mit Kumpels.»

«Wie?»

«Mit Singen, Saufen und dem Hören rechter Musik, die wir laut mitsingen und mitschreien.»

«Welche Lieder singen Sie da so?», fragte ich und Adrian gab nur zur Antwort:

«Weiß ich nicht.»

«Warum hassen Sie Deutschland und die Deutschen so stark?», fragte ich plötzlich und unerwartet.

Wie durch einen heftigen Elektroschock drehte sich Adrians Gesicht schlagartig in meine Richtung, und er schaute mich mit erschrockenen Augen an.

«Wie? ... Was meinen Sie damit? ... Die Deutschen hassen? ...»

«Ja, ich meine», antwortete ich ruhig, «ist Ihnen bewusst, dass, wenn jemand ein solches Verbrechen begeht und solche Ansichten vertritt, er Deutschland und den Deutschen schlimmen Schaden zufügt? Also ist es so, dass der, der so etwas tut oder solche Ansichten vertritt wie Sie, dieses Land und die Deutschen sehr hassen muss. Oder?»

Adrians Gesicht drehte sich langsam in eine andere Richtung. Der Blick war unbewegt in die Ecke des Zimmers gerichtet, die Lippen waren fast zerstörerisch zusammengepresst und das Gesicht war wieder wie aus Marmor. Aus härterem Marmor als zuvor.

Adrian kommt aus einer zerrütteten Familie. Der Vater starb an einer Krebserkrankung, als Adrian 13 Jahre alt war. Die schon vorhandene schwere psychische Erkrankung der Mutter wurde danach schlimmer. Er und seine Schwester waren auf sich selbst gestellt. Er beschreibt die Mutter im Rahmen ihrer Erkrankung als «entweder in einer psychiatrischen Klinik lebend oder zu Hause nur vor dem Fernseher sitzend». Den Haushalt versuchten die beiden Kinder einigermaßen selbst in den Griff zu bekommen. Nach dem Tod des Vaters und mit der Erkrankung der Mutter änderte sich das Verhalten des kleinen Adrian. Bis zu diesem Zeitpunkt war er ein guter Schüler gewesen und hatte kaum Probleme gehabt, weder mit den Mitschülern noch mit den Lehrern. Mit dem Tod des Vaters jedoch begannen Verhaltensauffälligkeiten. Er fing an, längere Zeit die Schule zu schwänzen, und vernachlässigte alle schulischen Pflichten.

Es kam zu Grausamkeiten im Umgang mit Tieren. So berichtete er selbst, dass er einmal aus Spaß eine Maus auf einer Rakete befestigt habe und diese explodieren ließ. Ein anderes Mal habe er eine Katze im Sandkasten vergraben und dann mit einem spitzen Gegenstand auf sie eingestochen. Adrian erzählte bereitwillig darüber und lachte dabei.

Er besuchte die Schule bis zur 8. Klasse, im Anschluss daran begann er ein berufsvorbereitendes Jahr. Doch dort blieb er nur für zwei Tage, da er «keinen Bock» darauf hatte. Viel lieber ging er zu seinen Kumpels, trank mit ihnen und schrie Parolen gegen Ausländer, für Hitler und den nationalen Widerstand sowie gegen die Juden. Obwohl er noch keinen einzigen Juden in seinem Leben kennen gelernt hatte. Er marschierte gemeinsam mit den Neonazis. Er wurde von ihnen aber auch verprügelt. Ja, von seinen Neonazi-Kameraden wurde er sogar recht häufig verprügelt. So etwas sei nicht ungewöhnlich in jener Szene, sagte er mir. Prügeleien, Verdächtigungen und noch Schlimmeres sind offensichtlich an der Tagesordnung bei den «Kameraden». Doch darüber wollte er nicht sprechen. Von diesen Dingen haben mir andere berichtet. Auf meine Bemerkung: «Ich dachte, es gibt dort Kameradschaft und Solidarität untereinander», konnte er nichts erwidern.

Nach dem Mord an Alberto Adriano verlor seine Familie die Wohnung, weil seine Mutter, nachdem sie davon erfahren hatte, eine Krise bekam und in ein Landeskrankenhaus für Psychiatrie eingeliefert werden musste. Dort musste sie für voraussichtlich viele Monate untergebracht werden. Die Schwester Adrians war bereits zu einem Freund gezogen, und Adrian selbst musste ins Gefängnis. Die Wohnung wurde gekündigt.

«Ein Mädchen» hatte er bis jetzt noch nie. «Wozu?» Trotz seines jungen Alters hatte er bereits wiederholt vor Gericht gestanden und war auch verurteilt worden. Zwei Jahre vor dem Mord an Alberto Adriano war er wegen Beihilfe zur Körperverletzung (zusammen mit einem Kumpel hatte er einen zwölfjährigen Jungen verletzt, «weil der die Freundin des Kumpels beleidigt hatte») zu 50 Arbeitsstunden verurteilt worden. Da er diese aber nicht ableistete, wurde er erneut angeklagt. Wenige Monate vor dem Mord wurde er zum dritten Mal wegen «Verwendung von Kennzeichen verfassungswidriger Organisationen» zu drei Wochen Arbeitsleistung verurteilt. Dieses Mal hatte er ein großes SS-Zeichen auf seinen Hinterkopf gemalt. Außerdem standen Adrian zum Zeitpunkt des Mordes an Alberto Adriano weitere Verhandlungen wegen Ladendiebstahls und Fahrens ohne Fahrerlaubnis bevor.

Nach wissenschaftlichen Kriterien kann Adrians Persönlichkeit so beschrieben werden:

Er ist ein introvertierter, sozial unsicherer und ängstlicher junger Mann. Trotzdem besitzt er ein hohes Aggressionspotenzial, das vor allem in so genannten «asymmetrischen Situationen» zum Ausdruck kommt. Also wenn er mit Schwächeren zu tun hat. In Situationen, in denen er der Schwächere ist, zeigt sich die Aggressivität in ihrer passiven Form. Also knappe Antworten, Blockierung, Unwilligkeit und Ähnliches. Leistungsorientierung und Ehrgeiz, etwas zu tun oder zu erreichen, sind bei ihm wenig ausgeprägt. Erschreckend gering ist auch seine Empathiefähigkeit, also die Fähigkeit, sich in die Gefühle anderer Menschen hineinzuversetzen und entsprechende Mitgefühle zu entwickeln. Er ist ein junger Mensch mit vielen unbewältigten Konflikten und Problemen, die er durch so genannte «Externalisierung» zu kompensieren versucht. Mit «Externalisierung» ist die Tendenz gemeint, andere Personen, Faktoren, Situationen und Umstände, die außerhalb der Person liegen, für das eigene Versagen und die eigene missliche Lage verantwortlich zu machen. Die Verantwortung wird nicht bei der eigenen Person gesucht. In diesem Sinne ist auch seine Tendenz zu sehen, in apersonifizierter Art und Weise

Hass zu erleben. Das heißt, er entwickelt Hass nicht gegen eine bestimmte Person, zu der er in Beziehung steht, sondern gegen völlig unbekannte Menschen. Er entwickelt den Hass gegen diese Personen nicht wegen ihrer Persönlichkeit, ihrer Haltung, Handlungen oder ihrer Beziehung zu ihm, sondern wegen ihrer Zugehörigkeit zu einer bestimmten Gruppe. Er entwickelt Hass ohne Ansehen der Person.

Diese Persönlichkeitsstruktur zeigt zwar bestimmte Abweichungen von der Normalität, ist aber nicht als krank zu bezeichnen. Auch andere krankhafte psychische Störungen fanden sich bei ihm nicht. Seine Persönlichkeitsstruktur, auch in der Form, wie ich sie beschrieben habe, hätte ihm trotzdem viel Raum gelassen, in dieser tragischen Nacht anders zu handeln, als er gehandelt hat. Als er Alberto Adriano tötete, wusste er, was er tat. Und er war in der Lage, sein Tun und Handeln zu steuern. Auch der Alkohol, den er konsumiert hatte, war sowohl nach Einschätzung des Rechtsmediziners als auch aus psychiatrischer Sicht nicht entscheidend für die Tat.

Als psychiatrischer Gutachter empfahl ich dem Gericht, Adrian als voll schuldfähig für diese Tat am Pfingstsonntag des Jahres 2000 anzusehen. Das Gericht folgte dieser Empfehlung. Über die Psyche, die Motive und die sozialpsychologischen Faktoren, die bei Adrian – bei allen rechtsextremen Adrians – als Basis für sein Handeln zu verstehen sind, werde ich später noch zu sprechen kommen. Ich werde dann noch einiges über Adrian und seine Mittäter erzählen.

Adrian bekam die volle Härte des Gesetzes zu spüren. Das Oberlandesgericht Sachsen-Anhalt verhängte eine Jugendstrafe von neun Jahren. Also ein Jahr unter der Höchststrafe.

Drei Tage vor Weihnachten 2000 – nach seiner Verurteilung – habe ich ihn noch einmal im Gefängnis besucht. Er kam im gleichen Outfit wie bei unseren früheren Begegnungen und wie bei der Gerichtsverhandlung: rasierter Kopf, schwarzer Pullover mit der Aufschrift «LONSDALE». Ich streckte ihm meine Hand entgegen. Adrian war zunächst leicht überrascht, nahm dann aber meine Hand und grüßte mich mit einem fast unsichtbaren Lächeln. Ich erzählte ihm, dass ich nun als Privatperson zu ihm käme: «Die Beurteilung, die ich für Sie schriftlich abgegeben und dem Gericht erläutert habe, kennen Sie ja. Nichts hat sich geändert. Sie haben Ihre gerechte Strafe bekommen. Ich finde es auch richtig so. Aber jetzt komme ich zu Ihnen als Privatperson. Brauchen Sie etwas? Kann ich für Sie oder für Ihre kranke Mutter etwas tun?»

Adrian, der zuerst sichtbar irritiert meine Einführung hörte, schaute plötzlich mit anderen Augen auf mich, nachdem ich ihm meine Hilfe angeboten hatte. Er schaute mir diesmal direkt in die Augen, öffnete ein wenig seine bis dahin kraftvoll zusammengepressten Lippen und fragte mit leiser Stimme: «Ob ich etwas brauche? Weiß ich nicht genau. Meine Mutter ... weiß ich nicht ganz genau.»

«Gut. Egal wann, wenn Sie das Gefühl haben, dass ich etwas für Sie tun kann, bitte melden Sie sich», bot ich Adrian erneut an.

Den Blick vom Fußboden langsam auf mich richtend, den Kopf aber noch nach unten gesenkt, schaute er mich an und sagte mit leicht zitternden Lippen und sehr leiser Stimme: «Ja ... danke.»

Ich fragte ihn, ob er jetzt bereit sei, eine andere Frage zu beantworten. Diese Frage hatte ich ihm bereits während der Untersuchung gestellt, und sie war auch vom Gericht sinngemäß formuliert worden.

«Welche?», wollte Adrian wissen.

«Ob Sie Deutschland und die Deutschen so stark hassen, dass Sie so etwas tun konnten und solche Ansichten vertreten?»

Wieder eiskalter Blick. Wieder Marmorgesicht. Wieder die energische Antwort: «Können wir diese Frage überspringen?»

«Könnten Sie mir eine andere Frage, die Richter Hennig stellte, beantworten?», fragte ich Adrian weiter.

«Welche?»

«Ob Sie tatsächlich die Zeit des Hakenkreuzes, der SS und der Nazis zurückhaben wollen und ob Sie wissen, was das bedeutet? Wissen Sie, dass dies erneut Diktatur, Massenvernichtung, Konzentrationslager, Krieg und Zerstörung für Europa, Zerstörung, Demütigung und Besetzung Deutschlands durch fremde Heere und unsagbares Leid für Millionen von Menschen bedeuten würde? Das war die Frage des Vorsitzenden Richters Hennig, was sagen Sie jetzt dazu?»

Keine Antwort.

Der eiskalte Blick richtete sich in eine Ecke des Raumes. Das kalte Marmorgesicht war von mir abgewandt. Die Arme hatte er gekreuzt. Die Muskeln waren gespannt. Seine Haltung war abwehrend. Keine Antwort.

Wir beendeten das Gespräch mit der Vereinbarung, dass, wenn er lange über seine Taten und Ansichten nachgedacht hätte oder wenn er mich einfach brauche, ich zu seiner Verfügung stünde.

Adrian hat seine gerechte Strafe erhalten. Die Härte des Strafmaßes ist richtig. Jetzt soll auch er das menschliche Antlitz erfahren. Das menschliche, Anteil nehmende Antlitz, das er vor seiner Tat selten in seinem Leben erlebt hat. Das menschliche Antlitz, das er bei seiner Tat nicht hatte.

## Kapitel 6:
## Bastian – der zweite Mörder

Der zweite Mörder ist Bastian. Er ist erst 16 Jahre alt. Bastian ist Adrians bester Freund. Sie verbrachten viel Zeit zusammen. So, wie es Adrian bereits beschrieb: saufen, rechte Musik hören, Lieder schreien wie «Ausländer raus!», «Jude verrecke!», «Afrika den Affen!» und so weiter.

Bastian ist körperlich das Gegenteil von Adrian. Er ist hoch gewachsen, schmal und weiß nicht, was er mit seiner Körpergröße und seinen langen, langen Armen anfangen soll. Er geht gebeugt. Seine dünnen Arme hängen neben seinem Körper und bei jedem Schritt schaukeln sie langsam hin und her.

Verlegen und ängstlich kam er zu mir, gab mir schwunglos die Hand, saß vor mir und versuchte, seine langen Beine irgendwo unterzubringen. Doch mit den Händen hatte er Schwierigkeiten. Mal bewegten sie sich zu seiner Nase, streiften diese schnell, erkannten, dass es die falsche Gegend war, und versuchten dann, sich in den Hosentaschen zu verstecken. Wenige Sekunden später ging die eine Hand zum Ohr, um wieder schnell in der Hosentasche zu verschwinden. Manchmal strichen beide Hände langsam über die kurz geschorenen Haare, sprangen beide erneut in die Luft oder verschränkten sich vor seiner Brust, wenn er etwas zu sagen hatte.

Einen Tag vor unserem Treffen hatte er von uns einige testpsychologische Fragebögen erhalten, die er ausfüllen sollte. Als er zu mir kam, bat ich ihn, mir diese zu übergeben. Er schaute verlegen im Raum umher, seine Hände wurden unruhig, sprangen vom Ohr zur Nase, von der Nase zu den Haaren und versuchten sich dann wieder in der Hosentasche zu verstecken. Er sagte zurückhaltend: «Hm … ach … hm … Ich habe es noch nicht fertig … So.»

Als ich die Gründe dafür wissen wollte, erklärte er mit sehr leiser Stimme, dabei verlegen hin und her auf den Boden schauend: «Na ja, ehm, mit Schreiben und Lesen, hm … habe ich noch Schwierigkeiten … hm.»

Wenn man diesen Bastian in seinem ganz gewöhnlichen Trainingsanzug außerhalb des Gefängnisses sähe, könnte man ihn von vielen anderen Jugendlichen seines Alters überhaupt nicht unterscheiden. Auch das kurz geschorene Haar macht ihn noch nicht zum Neonazi. Seine Hilflosigkeit, Unsicherheit, Ängstlichkeit, seine sichtbaren Minderwertigkeitsgefühle erwecken Mitleid. Manchmal motivieren sie das Gegenüber auch zu einer Art Hilfsbereitschaft.

Auftreten und Sprache waren das Gegenstück zum Verhalten seines besten Freundes Adrian.

Die Ermordung von Alberto Adriano schilderte er sehr kurz. Er wollte es wohl schnell abgehakt wissen. Mit knappen Antworten begegnete er meinen bohrenden Fragen. Er versuchte, die Bedeutung seiner Rolle bei der Tötung Albertos herunterzuspielen, zu bagatellisieren. Sich selbst als eine Art Mitläufer darzustellen. Doch er gab es recht schnell auf, dem Opfer die Rolle des Provokateurs zuzusprechen. Im weiteren Gespräch gab er zu, dass Christoph, der dritte Mörder, zuerst grundlos auf «den Schwarzen» eingeschlagen und eingetreten hatte. Er gab zu, dass das Motiv, welches zur Ermordung Adrianos geführt hatte, reiner Ausländerhass gewesen ist. Er erzählte mir, während des Martyriums von Adriano «musste ich mich ein bisschen ausruhen, weil mir schwindlig gewesen ist und schwarz vor Augen». Das habe er immer bei schnellem Aufstehen, Bücken und Ähnlichem. Auf meine Frage berichtete er, dass er bemerkt habe, dass «der Betroffene» bewusstlos war, weil «der keinen Ton mehr von sich gegeben hat und leblos war», als Christoph ihn durch den Park schleifte. «Auch dann haben die anderen weitergeschlagen», erzählte er. Er selbst sei daran nicht beteiligt gewesen. Erst dann, als sie bemerkt hätten, dass Adriano leblos war, hätten sie ihm Hose und Unterhose ausgezogen. *«Um ihn zu demütigen. Weil er ein Schwarzer war.»*

Während unseres Gesprächs nahm er nie den Namen Adriano oder Alberto in den Mund. Auch nicht die Bezeichnung «Opfer». Er sprach von «dem Betroffenen». Kein Wort des Bedauerns für das Schicksal des Opfers und dessen Familie. Seine eigene Verantwortung für den Tod «des Betroffenen» sei nur gering. Er habe nicht die Hauptrolle gespielt. Natürlich bedaure er, dass er jetzt als Mörder vor Gericht stehe und dafür bestraft werde. Nicht aber die Tötung.

«Glauben Sie, dass Sie durch die Tötung von Alberto Adriano etwas erreicht haben?», fragte ich.

«Nein, hm … ha … ‹Ausländer raus!›, ja, aber wegen einem … Das nützt doch nichts, wenn man den einen umbringt. Da landest du im Knast und hast nichts gekonnt.»

«Herr Adriano musste sterben, weil er Ausländer war?», wollte ich wissen.

«Hm … ja», war sein ganzer Kommentar dazu.

Ich fragte weiter: «Haben Sie ihn vorher gekannt?»

«Nee, nie gesehen.»

«Wussten Sie, wer er war?», wollte ich wissen.

«Nee», entgegnete er.

Ich gab zu bedenken: «Es hätte auch ein Student sein können, der in unserem Land ein Stipendium hatte, oder ein Gastprofessor oder sogar ein ausländischer Botschafter. Konnten Sie das unterscheiden?»

«Hm … eh … nein … nee, konnte ich nicht», stammelte er.

«Also was sagen Sie dazu? Sie haben einen Ihnen völlig unbekannten Menschen getötet, weil er schwarz war. Was sagen Sie dazu?», fragte ich verständnislos.

«Hm … eh, ich weiß nicht, was ich dazu sagen soll», war alles, was ihm dazu einfiel.

«Ja, ich gehöre zur rechten Szene», sagte er nach einer Weile.

Darüber wollte ich mehr wissen und bat ihn: «Können Sie mir beschreiben, was die ‹rechte Szene› ist?»

«Man geht mit denen zu Demos gegen Drogen und so.»

«Wie groß ist die Szene?», fragte ich weiter.

«Ja, unsere Gruppe besteht aus sieben bis acht Mann», gab er bereitwillig Auskunft.

«Was tun Sie so zusammen?»

«Alkohol trinken, unterhalten, ‹rechte Musik› hören», erklärte er.

«Was ist rechte Musik?», wollte ich erfahren.

«Na so Musik … Es wird über viele Dinge gesprochen», war alles, was er darauf antworten konnte.

Ich fragte weiter: «Worüber zum Beispiel?»

«So über den Krieg von damals und was früher gemacht wurde.»

«Gutes über den Krieg?», wollte ich wissen.

«Ja, Gutes über den Krieg.»

«Was denn Gutes zum Beispiel?», fragte ich, und seine knappe Antwort darauf war nur:

«Flugzeuge und so … Bomben abgeworfen und so was.»

«Und gegen die Juden?», fragte ich weiter.

«Ja, auch.»

«Was haben Sie denn gegen die Juden?»

«Weiß ich nicht … Will ich nicht sagen … Was soll ich gegen die haben?»

Ich wollte weiter von ihm erfahren: «Was wird denn noch so in der Szene gesprochen und gesungen?»

«Na, so gegen Ausländer.»

«Sie sind also gegen Ausländer?»

«Hm, ja … ja.»

«Aus welchem Grund?», fragte ich.

«Na, sie kommen hier rein und kriegen einen Haufen ‹Kohle›.»

«Was meinen Sie damit?», fragte ich ihn. Er versuchte zu erklären: «Arbeitsplätze oder Lehrstellen bekommen die Ausländer, weil sie ein paar Mark weniger verdienen als Deutsche.»

«Wenn die Ausländer rausfliegen sollen», gab ich zu bedenken, «wie sollen wir das machen?»

«Rausschmeißen», war die knappe Antwort.

«Warum?», wollte ich erfahren.

«Damit wir wieder arbeiten können.»

«Wussten Sie», versuchte ich einzuwenden, «dass ca. 40 Prozent der Deutschen abhängig sind von ausländischen Firmen, ausländischem Kapital und ausländischer Intelligenz?»

Doch darauf meinte er nur : «Nee, das interessiert mich nicht.»

«Wenn wir die Ausländer alle rausschmeißen, bleibt fast die Hälfte der Deutschen arbeitslos. Wussten Sie das?», erklärte ich ihm weiter.

«Nee, glaub ich nicht.»

Ich ging noch einen Schritt weiter wie bei Adrian: «Man muss Deutschland sehr hassen, um so etwas zu wollen. Wollen Sie Deutschland so schaden?»

«Nee, ich glaube nicht, dass Schaden für Deutschland entstehen kann, wenn wir die ausländischen Firmen rauswerfen», sagte Bastian trotzig.

«Glauben Sie, dass die Ausländer in ihren Ländern dann die deutschen Produkte kaufen werden?», fragte ich, bemüht, ihn zum Nachdenken zu bewegen.

Doch Bastian meinte darauf nur: «Weiß ich nicht. Warum nicht?»

«Kennen Sie persönlich einen Ausländer?», war meine nächste Frage.

«Ja, einen.»

«Welchen denn?»

«Er ist in unserer Schule. Ich glaube, seine Eltern kommen aus Polen.»

«Sonst kennen Sie keinen anderen Ausländer?», fragte ich weiter.

«Nee, keinen.»

«Gehen Sie manchmal in einen ausländischen Imbiss oder in ein ausländisches Lokal?», fragte ich.

«Nee.»

«Pizza essen Sie nicht?»

«Ich esse deutsche Pizzas. Ich gehe nicht zum Italiener», antwortete Bastian trotzig.

«Gehen wir davon aus», lenkte ich das Gespräch in eine andere Richtung, «dass Sie verurteilt werden und viele Jahre im Gefängnis sitzen werden. Was denken Sie, werden Sie nach Ihrer Entlassung wieder der rechten Szene angehören?»

«Ja, ich glaube schon.»

«Der Mord an Alberto Adriano hat Ihre Einstellung nicht geändert?», fragte ich.

«Nee ...»

Bastian hat seinen leiblichen Vater nie kennen gelernt. Als er zwei Jahre alt war, kam sein jetziger Stiefvater in die Familie, ein Bauarbeiter. Der Stiefvater trinkt nicht übermäßig, ist nicht gewalttätig, hat ihn nie ungerecht behandelt und ist ein arbeitsamer Mann, so beschreibt Bastian seinen Stiefvater. Seine Mutter beschrieb er ebenfalls positiv, und auch mit der 10-jährigen Schwester hatte er nie Probleme. Sie waren eben eine «ganz normale Familie».

Ich habe die Familie von Bastian kennen gelernt. Sie war besorgt, aufgeregt, eine ganz normale deutsche Familie. Bastians Kindheit verlief, trotz der Abwesenheit des Vaters, ohne Besonderheiten. Bastians Kindheit wurde nur dadurch getrübt, dass bei ihm in der Grundschule eine Lese-Rechtschreib-Schwäche festgestellt wurde, weshalb er für die Dauer von drei Jahren eine entsprechende Sonderschule besuchen musste. Einmal ist er sitzen geblieben. Das Problem mit dem Lesen und Schreiben hat er bis heute. Nach der 7. Klasse verließ er die Schule, weil er nicht mitkam und keine Lust hatte, das jeden Tag erleben zu müssen. Während der letzten Zeit schwänzte er die Schule häufig. Er hatte «keinen Bock mehr». Die Eltern waren damit nicht glücklich, akzeptierten es jedoch. Kurz vor seiner Inhaftierung hatte er mit einem berufsvorbereitenden Jahr begonnen. Dieses musste er jedoch schon nach wenigen Monaten aufgrund seiner Inhaftierung unterbrechen.

Trotz seiner 16 jungen Jahre hat auch Bastian bereits zweimal vor Gericht gestanden. Einmal hatte er auf die Schulter eines Schulkameraden ein Hakenkreuz gemalt. Dieser protestierte dagegen, worauf es zu einer Auseinandersetzung und zur Anzeige kam. Bastian wurde zu einer Woche Jugendarrest und zu 30 Arbeitsstunden verurteilt. Das zweite Mal stand er vor Gericht, weil er die Arbeitsstunden nicht geleistet hatte. Nun steht er zum dritten Mal vor Gericht – weil er getötet hat.

Bastian hat Interesse an Mädchen, im Gegensatz zu seinem besten Freund Adrian. Auch er trinkt Alkohol. Vor allem dann, wenn er mit den anderen aus der Szene zusammen ist.

Bastians Intelligenz liegt im unteren Durchschnittsbereich, wobei er jedoch eine gute praktische Begabung besitzt. Er hat ebenfalls keine andere psychische Störung, die die Tat erklären könnte. Auch sein Alkoholisierungsgrad zum Tatzeitpunkt war nicht so hoch, dass seine Fähigkeit, anders handeln zu können, beeinträchtigt war.

Dieser junge Mörder, der die Ausländer hasst und die Juden «verreckt» wissen möchte, ist ein sehr labiler Mensch, wechselt von einem Stimmungszustand in den anderen und hat große Unsicherheiten und Ängstlichkeiten im sozialen Kontakt. Er pendelt stetig zwischen Reizbarkeit und Mattigkeit. Bastian ist kaum in der Lage, Stress angemessen zu bewältigen. Seine Bereitschaft zu aggressiven Handlungen ist überdurchschnittlich hoch. Wut und aggressive Impulse werden kaum unterdrückt. Die zahlreichen Konflikte, die vor allem durch seine Lernbehinderung und schulischen Misserfolge entstanden sind, versucht er – wie auch Adrian, wie auch alle anderen rechtsextremistischen Gewalttäter, die ich untersucht habe – durch *Apersonifizierung* und *Externalisierung* zu bewältigen. Damit ist gemeint, dass Personen und Situationen, die mit seiner eigenen Problematik nicht das Geringste zu tun haben, zum Ziel und Inhalt seiner Wut und seines Hasses werden.

Wie eben die Ausländer, die Juden, die Linken.

Um diese Schwäche auszugleichen, versucht er, sich über Gruppen zu definieren, die seiner Vorstellung nach Kraft ausstrahlen. Wie etwa die Skinheads und die Neonazis mit ihrer Kleidung, den Stiefeln und mit ihrem Groll. «Und der Krieg gegen die anderen Völker, war das

nicht auch ein Ausdruck der Stärke?» Er möchte dazugehören. «Und die
Bomben und die Vernichtungslager? Haben das nicht die Stärkeren getan?» Also: «Heil Hitler, wir gehören dazu.» Und selbst jetzt noch, wie
kraftvoll scheinen diese Neonazis. Die Schwachen, Benachteiligten, unintelligenten Verlierer erscheinen in den Augen des eingeschränkten, benachteiligten, unintelligenten Verlierers als die Rettung. Endlich mal
zur anderen Seite gehören. Zur Seite der Starken.

Bastian hörte und sang Lieder wie «Stolz» von der Gruppe *Volkszorn*:

«Tausend kleine Punker schlagen,
tausend Kümmeltürken jagen,
das ist das, was mir gefällt,
das ist das, was uns erhält.
Stiefel gegen Fresse knallen,
Stiefel gegen Leiber knallen,
Blut, das auf der Straße spritzt,
Bilder, die man nie vergisst.»

Oder das Lied «Scheißpunks» der Gruppe *Kraftschlag:*

«Ich geh eines Abends die Straße lang,
da entdeck ich auch gleich so einen dreckigen Punk,
ich trete ihn zu Boden, rotz ihm ins Gesicht,
denn dreckige Scheißpunks, die mag ich nicht.

Punks sind dreckige Schweine,
Punks sind der Abschaum der Stadt,
Punks sind dreckige Schweine,
Ihr rotes Scheißpack, ich hab euch satt.
Sein Kiefer zersplittert durch die Doc-Stahlkappe,
jetzt noch 'nen Eiertritt und dann liegt er auf der Matte,
er blutet aus dem Schädel und bewegt sich noch,
da tret ich noch mal rein mit meinem 14-Loch,
mit meinem 14-Loch immer auf den Kopf,
Skinhead.»

Die tiefe Gestörtheit, die diese Lieder ausdrücken, kann den Ekel, den
sie erzeugen, nicht verhindern, nicht einmal abmildern.

Nein, Bastian – wie alle Bastians und alle Adrians der «rechtsradikalen Welt» – hat noch nicht begriffen, dass die Addition von Schwäche keine Stärke macht, sondern größere Schwäche. Er hat nicht begriffen, dass das Zusammenrücken von Verlierern keinen Gewinner macht, sondern viele Verlierer. Das gemeinsame Brüllen vieler Ungebildeter macht nicht einen Gebildeten, sondern einen Mob. Nein, die Bastians und die Adrians dieser Welt versuchen aus der Verliererrolle auszubrechen und bedienen sich dabei primitiver Pauschalisierungen und archaischer Muster. Und dies macht sie zu noch größeren Verlierern. Sie tun das mit undifferenzierten, einfach strukturierten und primitiven Verhaltensmustern. Die Bastians und die Adrians der «rechten Welt» suchen nach Anerkennung, nach einer Rolle. Und sie werden zu Statisten der Tragikomödie des Abstrusen. Eines tragischen, blutigen Affentheaters.

Weder psychische Problematik noch Intelligenzstand oder Grad der Alkoholisierung reichten aus, um sagen zu können, dass Bastian an diesem schrecklichen Abend nicht anders hätte handeln können, als er es getan hat. Er hätte anders handeln können.

Meine Empfehlung als psychiatrischer Gutachter an das Gericht lautete deshalb, seine volle Schuldfähigkeit anzuerkennen. Das Gericht folgte dieser Empfehlung.

Bastian erhielt ebenfalls seine gerechte Strafe. Nur ein Jahr unter der Höchststrafe.

Auch ihn besuchte ich noch einmal drei Tage vor Weihnachten, sechs Monate nach der blutigen Pfingstnacht. Wenige Monate nach seiner Verurteilung. Bastian hatte denselben Gang, dieselbe gebeugte Körperhaltung, dasselbe leblose Handgeben bei der Begrüßung und dieselbe Unsicherheit und Ängstlichkeit wie damals.

Ich stellte ihm ähnliche Fragen und machte ihm ähnliche Angebote wie Adrian eine Stunde zuvor. Bastian konnte auf die Fragen nicht antworten. Er bemühte sich aber. Es war mir ganz klar, dass bei ihm das Nachdenken begonnen hatte. Offensichtlich hatte auch die missbilligende Haltung der Eltern dazu beigetragen. Er versuchte, eine Antwort zu geben. Doch er kam nicht weiter als bis zu einem: «Hm … na ja … nicht gut … nein …»

Ich hielt ihm die Ekel erregenden Lieder vor und fragte ihn, was er jetzt dazu meine.

«Nee, nicht gut. Nicht gut. Weiß nicht», meinte er nur.

Auch die Frage, ob er Deutschland und die Deutschen hasse, versuchte er zu beantworten. Auch hierauf konnte er nur ein klägliches «Ja» und «Hm» herausbringen. Doch er hat es zumindest versucht. Er ist nachdenklich geworden, wenigstens ansatzweise, nachdem er seine gerechte Strafe bekommen hatte.

Mein Angebot, dass ich für ihn da sei, wenn er mich brauche, nahm er zunächst ungläubig auf. In diesem Augenblick brachte er es das erste Mal zuwege, über eine Sekunde in meine Augen zu schauen. Dankend.

# Kapitel 7:
## Christoph – der dritte Mörder

Christoph ist der dritte Mörder. Er trägt den Hauptanteil an der Ermordung von Alberto Adriano. Christoph war, anders als seine Mittäter, kein Jugendlicher mehr. Zum Zeitpunkt der Tat war er bereits 24 Jahre alt. Er war verheiratet und ist bereits wieder geschieden.

«Ich wollte den Geschädigten nicht töten. Ich wollte ihn nur verletzen», versuchte er mir zu erklären.

Ich fragte: «Verletzen? Warum denn?»

«Na ja, weil er ein Schwarzer war.»

Weil er schwarz war? «Nur» verletzen?

Dieses «nur verletzen» bedeutete wahllose Schläge mit den Fäusten von drei wild gewordenen «Glatzen». Bedeutete unzählige Tritte mit den beschuhten Füßen. Es bedeutete, dass die gepanzerten Springerstiefel von Christoph unzählige Male den Bauch, die Brust, das Gesicht, den Kopf, den Rücken und die Rippen von Alberto Adriano trafen. «Nur verletzen» bedeutete weiter, dass der fast leblose Körper durch den Stadtpark gezerrt und dann weiter auf ihn eingetreten wurde. Mit den gepanzerten Stiefeln. Mit den Stiefeln, die weiße Schnürsenkel hatten. Weiße Schnürsenkel, die bedeuten: «Ich bin gewaltbereit.»

Dieses «nur verletzen» erschütterte mich so, wegen der Art, wie es ausgesprochen wurde. Wie es gemeint war. Es erschütterte mich fast so wie das Resultat dieser Absicht: der Tod von Alberto Adriano.

«Warum haben Sie dem leblosen Menschen Hose und Unterhose ausgezogen?», fragte ich Christoph.

«Um ihn zu demütigen.»

«Warum?», wollte ich wissen.

«Hm ... warum? ... hm.»

«Weil er ein Schwarzer war?»

«Ja, das haut hin.»

Auch Christoph gehört zu den Verlierern. Er hätte auch zu den Gewinnern gehören können. Doch das hat er in seinem jungen Leben nicht gemeistert.

Christoph kommt aus äußerlich intakten familiären Verhältnissen.

Der Vater war Hausmeister, die Mutter betreibt eine Kantine. In der Familie sind keine besonderen Probleme bekannt. Allerdings fällt auf, dass Christoph nur wenig über seine Eltern und seine Geschwister berichten kann. Er pauschalisiert, bezeichnet die Beziehung als gut, problemlos, ohne jedoch mehr darüber erzählen zu können. Eine genauere Beschreibung seiner Eltern und Geschwister will ihm nicht gelingen. In der Schule ist er durch wenig Ehrgeiz und geringe Begabungen aufgefallen, sodass er die 10. Klasse nicht geschafft hat. Er bezeichnete sich als Einzelgänger. Manchmal wurde er von anderen Mitschülern gehänselt. Eigentlich hatte er keinen einzigen Freund in seiner Klasse. Nach der Schule hat er den Beruf eines Bäckers erlernt, doch in seinem Beruf hat er nie gearbeitet. Er folgte einer Freundin in eine andere Stadt. Dort arbeitete er als Hilfsarbeiter und war dann für längere Zeit arbeitslos. Er meldete sich bei der Bundeswehr, ja, er drängte sogar darauf und wollte längere Zeit dort bleiben.

Aus der Bundeswehr wurde er unehrenhaft entlassen, weil er Fahnenflucht begangen hatte. Eine Karriere bei der Bundeswehr war sein Traum gewesen. Es war ein ziemliches Desaster, dass er als fahnenflüchtig galt und unehrenhaft entlassen wurde. Die Schuld sah er nur bei seinen Vorgesetzten, die ihn nicht gut verstanden hätten. Er habe keine Schuld gehabt. Während der Bundeswehrzeit heiratete er seine Freundin und ebenfalls während der kurzen Bundeswehrzeit ist die Ehe geschieden worden. Nach der Fahnenflucht wurde er arbeitslos und verkehrte nun nur noch mit Neonazis. Schon dreimal wurde er zu Geldstrafen verurteilt. Einmal wegen Körperverletzung, einmal wegen Fahrens ohne Führerschein und ein drittes Mal wegen Fahrens ohne Fahrerlaubnis unter Alkohol.

Zur rechtsradikalen Szene kam er durch einen Freund.

«Warum haben Sie sich der rechtsradikalen Szene angeschlossen?», fragte ich Christoph.

«Es hat mir gefallen, wie die alle mit den Stiefeln und den Haaren rumrennen. Das hat mich irgendwie fasziniert», schwärmte er.

«Auch die Ziele dieser Leute?», wollte ich wissen.

«Ja, ich habe die gleiche Meinung wie die.»

«Nämlich?»

«Dass man sich um die Leute hier richtig kümmern sollte», antwortete er.

«Was meinen Sie damit?»

«Na, manche Leute», führte er aus, «ich meine damit Ausländer, rennen zum Sozialamt und bekommen mehr Geld als die Deutschen.»

«Ist das so?», fragte ich nach.

«Ja, manche Ausländer bekommen mehr Geld als ein normaler Deutscher.»

«Welche anderen Ziele können Sie mir nennen?», wollte ich erfahren.

«In Deutschland gibt es Obdachlose. Aber bei den Ausländern nicht. Die sind alle untergebracht.»

«Also Sie meinen», fuhr ich fort, «dass es in Deutschland Obdachlose gibt, weil die Ausländer die Wohnungen bekommen?»

«Ja.»

«Also: Ausländer raus?»

«Ja, Ausländer raus. Weil sie beim Sozialamt oder auf irgendeinem anderen Amt bevorzugt werden vor den Deutschen.»

«Können Sie auch andere Gründe nennen, warum Ausländer raus sollen?», wollte ich weiter wissen.

«Ja, die Kriminalität.»

«Also Sie meinen», fragte ich, «dass die Kriminalität in Deutschland durch Ausländer verursacht wird?»

«Hm … hauptsächlich», meinte er.

«Aber gerade haben Sie mir über Rechtsradikale berichtet, die andere Mitglieder der Gruppe verprügeln, verletzen, verfolgen und tyrannisieren.»

«Ja, das stimmt schon», sagte Christoph, «aber das Schlimmste an der Kriminalität sind ja die Drogengeschäfte. Die Drogen kommen ja aus dem Ausland. Also: Ausländer raus.»

«Sie haben mir erzählt», fragte ich weiter, «dass Sie viele Filme über Hitler, über die SS und den Zweiten Weltkrieg sehen. Was bedeutet Hitler für Sie?»

«Er ist faszinierend», äußerte er.

«Wie meinen Sie das?»

«Wenn man in der Geschichte zurückgeht, ist es faszinierend, dass er ein Mensch war, der Arbeit durch den Straßenbau geschaffen und sich mehr um sein Volk gekümmert hat.»

«Das ist das Einzige, was Sie bei Hitler faszinierend finden?», wollte ich wissen.

«Er hat nicht nur Arbeit geschaffen, damit alle Leute beschäftigt waren, sondern auch mit der Industrie ist es aufwärts gegangen.»

«Hatte Hitler auch schlechte Seiten?», fragte ich provozierend.

«Hm … na ja … natürlich.»

«Könnten Sie mir einige nennen?»

«Natürlich hat Hitler auch viele Sachen gemacht, die ich nicht gut finde.»

«Welche zum Beispiel?»

«Na diese ganze Massenvernichtung», meinte er, «das hätte nicht sein müssen.» Das sprach er mit leiser Stimme. Er war nicht überzeugt von dem, was er gerade sagte. Und er war nicht überzeugend in seiner Ablehnung.

«Noch etwas?», fragte ich weiter.

«Na, auch der Krieg gegen die ganze Welt war nicht richtig und dass er einfach irgendwelche Länder angriff.» Halbherzig, sehr halbherzig sagte er das dahin.

«Aber Sie rufen ja ‹Heil Hitler!›, ‹Jude verrecke!›, ‹88!› und viele andere Parolen. Ihre Akten sind voll davon», gab ich zu bedenken.

«Hm … hm …»

«Kommen wir zurück zu Ihrem Hauptpunkt: ‹Ausländer raus!›», führte ich das Gespräch weiter. «Sollten wir alle Ausländer rauswerfen?»

«Das würde nicht gehen», meinte Christoph.

«Warum nicht?»

«Weil unsere Wirtschaft dann auch kaputtginge.»

«Welche sollten denn raus?», fragte ich ihn.

«Die Kriminellen, die Parasiten. Es gibt viele Kriminelle.»

«Wie viele?», wollte ich wissen.

«Ich kann das nicht in Prozentzahlen sagen.»

«Also nicht alle Ausländer?»

«Nein, nur die, die hier rumrennen und ihre Drogen an kleine Kinder verkaufen.»

«Und was machen wir mit den Deutschen», gab ich zu bedenken, «die Drogen verkaufen? Die sind nicht viel besser.»

«Ich denke», antwortete Christoph, «alle Drogen kommen aus dem Ausland. Früher haben wir dieses Problem mit den Drogen hier in der DDR nicht gehabt. Die Einbrüche werden auch von rumänischen Banden gemacht.»

«Welche Probleme sehen Sie noch bei den Ausländern?», fragte ich weiter.

«Na ja, dass sie sich einfach hier in unserem Land auf die Straße setzen und sich abbrennen, nur weil sie in ihrem Land irgendwelche Probleme haben. Ich verstehe das irgendwie nicht.»

«War Alberto Adriano einer von denen, die hier rumrennen und Drogen an kleine Kinder verkaufen?», fragte ich.

«Hm … hm … ehm.»

«Er war ein arbeitsamer, verheirateter Mann, der sich um seine Familie kümmerte und Stütze seiner Eltern war. Was sagen Sie dazu?»

«Hm … eh.»

«Würde es Sie stören», fragte ich ihn, «wenn ich Ihnen sage, dass ich Ihnen kein Wort davon glaube, was Sie mir zu Ihrer Einstellung über Hitler und über die Ausländer gesagt haben?»

«Was meinen Sie damit?», fragte er erschrocken.

«Ich meine, dass in den Akten, die ich vorher studiert habe, etwas ganz anderes steht. Und auch Ihre eigenen Freunde haben etwas ganz anderes über Sie erzählt.»

«Was zum Beispiel?», fragte er kleinlaut.

«Dass Ihnen alle zutrauten, einen Ausländer zu töten.»

«Vielleicht wollen die mir eins auswischen», versuchte sich Christoph zu rechtfertigen.

«Die Kameraden?»

«Ja.»

«Ihr Freund und Mitbewohner und Neonazikumpan?»

«Vielleicht hat er darin eine Chance gesehen, weiter dort wohnen zu können, wenn ich weg bin», suchte er weiter nach einer Erklärung.

«Wo bleibt die Kameradschaft bei den Neonazis?», fragte ich weiter.

«Tja, es hat viele Prügeleien in der Gruppe gegeben, und ich habe auch tagelang jemanden vor anderen Kameraden verstecken müssen.»

«Und die Kameradschaft?», fragte ich erneut.

«Ja, die ist wohl nicht so groß gewesen», meinte er kläglich.

«In der Akte steht nicht nur, dass Sie bei vielen Gelegenheiten ‹Ausländer raus!› gebrüllt haben, sondern auch ‹Ausländer raus, alle abschlachten!›», hielt ich ihm vor.

«Alle abschlachten?»

«Ja. So sollen Kameraden bei den polizeilichen Vernehmungen über Sie berichtet haben.»

«Hm … ehm.»

Ich wollte weiter von ihm wissen, ob er irgendeine Resonanz bei der

Bevölkerung bemerkt habe, worauf er mir sagte, dass dies bei einem kleinen Teil der Fall gewesen sei.

«Könnten Sie etwas konkreter werden?», sagte ich.

«Es ist schon vorgekommen», meinte er, «dass ältere Leute auf mich oder andere Kumpels zugekommen sind und gesagt haben, dass sie die gleiche Meinung vertreten würden. Das ist für mich und die anderen eine Bestätigung.»

Nachdem Christoph zu lebenslanger Haft verurteilt worden ist, habe ich ihn ebenfalls privat besucht. Von Mensch zu Mensch. Es war der Tag nach Neujahr 2001. Christoph hatte die gleiche Haltung wie zu Beginn. Gebeugt, dem Gesprächspartner selten direkt ins Auge schauend, fast immer den Blick auf den Boden gerichtet. Während unseres Gesprächs sah er mich nur zweimal direkt an. Das erste Mal ganz zu Anfang, als ich ihm sagte, dass ich ihn einfach privat besuche. Für ein Gespräch von Mensch zu Mensch. Und das zweite Mal am Ende dieses Gespräches, als ich ihn fragte, ob ich etwas für ihn tun könne.

Christoph war verbittert über seine Kameraden. Er klagte, dass sie ihn im Stich gelassen hätten. Sie wohnten weiter in seiner Wohnung, ohne Miete zu bezahlen. Deshalb musste er ein Zivilgerichtsverfahren über sich ergehen lassen. Auch andere Dinge taten sie, für die er geradestehen musste.

Ich fragte ihn, ob er begonnen habe nachzudenken, wie es zu der Tat kommen konnte. Beide wussten wir, was ich damit meinte.

«Ja», antwortete er, «die anderen haben mich dazu gebracht. Die Kreise, in die ich geraten bin.»

Christoph war sehr beeindruckt von der Höhe der Strafe. Sein Hauptziel ist es, sich gut zu benehmen, um nach 15 Jahren rauszukommen.

«Was denken Sie über die Tötung von Alberto Adriano jetzt, nachdem der Prozess vorbei ist?», fragte ich Christoph.

«Na ja … so weit durfte es nicht kommen.»

Ja! Christoph ist äußerst beeindruckt von der Höhe der Strafe.

# Kapitel 8:
## Wo liegt eigentlich Sebnitz?

Nichts hat wohl so blitzartig und tief greifend die Republik geschockt (zumindest in den letzten 30 Jahren, die ich miterlebt habe) wie die Nachricht vom 23. November 2000:

«Neonazis ertränken Kind am helllichten Tag im Schwimmbad. Keiner half. Und eine ganze Stadt hat es totgeschwiegen.»

So stand es in der *BILD-Zeitung* an diesem trüben Novembertag. Auf der Titelseite. Alle Rundfunksender und Fernsehanstalten verbreiteten die Nachricht blitzartig in der ganzen Welt. Die Deutschen waren geschockt. Das Ausland war geschockt. Ich war geschockt. Ich überlegte, ob ich meine Apologie revidieren und meine Kategorie, meine Anklage, verschärfen sollte. Die Bilder, die die Medien zeichneten, waren unfassbar:

Ein kleiner Junge, sechs Jahre alt, Joseph, der Sohn einer deutschen Apothekerin und eines irakischen Apothekers, lag an einem heißen Sommertag im Juli 1997 auf der Wiese des städtischen Schwimmbades. 15 jugendliche Neonazis grölten fremdenfeindliche Parolen, zerrten den auf seinem Badetuch liegenden Jungen hinter ein Gebüsch, quälten ihn mit Elektroschocks, stopften ihn mit Psychopharmaka voll, warfen ihn dann mit Parolen wie «Ausländerschwein» und Ähnlichem ins Schwimmbecken und ertränkten den Jungen. Die Badegäste schauten zu.

So schilderte es die *BILD-Zeitung*. So wiederholten es die anderen Medien in der ganzen Welt.

Niemand hat zum Tatzeitpunkt geholfen. Niemand hat nach der Tat darüber gesprochen, schrieben die Zeitungen. Die Staatsanwaltschaft stellte bald die Ermittlungen ein. Die Eltern reagierten darauf mit eigenen Initiativen, auf eigene Kosten. Sie veranlassten eine Exhumierung von Josephs Leichnam. Ein Gerichtsmediziner aus einem westlichen Bundesland erstellte ein Gutachten. Die Leiche wurde in einem westlichen Bundesland beerdigt, damit das Grab nicht von Neonazis geschändet werde. Und in diesem November des Jahres 2000, nach drei Jahren des großen Schweigens, brach die Nachricht wie ein Gewitter über Deutschland herein: Drei Tatverdächtige wurden verhaftet. Zeugen wurden gefunden, die endlich ihr Schweigen brachen und die Szene schilderten, sodass die drei jungen Leute verhaftet werden konnten. So schrieb die *BILD-Zeitung*. Wiederholten die anderen Medien.

Diese Berichte waren nicht nur schockierend, sondern diktierten Handlungen. Die Republik reagierte sofort. Es gab Sondersendungen, Talkshows und Kommentare. Kaum ein Deutscher sprach in diesen Tagen nicht über «das Ereignis».

Und ich? Konnte ich noch verteidigen, rechtfertigen, Apologet sein? Apologet, wovon und für wen? Ich dachte in Kategorien. Auch als Kategoros, also als Ankläger. In ähnlichen Kategorien dachten fast alle Deutschen in diesen Tagen. Kurt Biedenkopf, Ministerpräsident von Sachsen, sagte alle Termine ab, fuhr zum Tatort und appellierte an die Bewohner der Stadt, ihr Schweigen zu brechen. Darüber zu sprechen. Die Schuldigen zu benennen. Ein bewegter, ein schockierter, ein fassungsloser Kurt Biedenkopf.

Edmund Stoiber äußerte seine Betroffenheit mit den Worten: «Diese Tat geht mir so unter die Haut wie kaum ein anderes Ereignis und entsetzt mich zutiefst. Genauso wie dieses Wegschauen und Nichthandeln so vieler.» Was viele Deutsche – Wahldeutsche und Ausländer – dachten, wurde vom Berliner *Tagesspiegel* formuliert: «In einem Land, in dem ein Sechsjähriger von politisch motivierten Gewalttätern ermordet werden kann, weil Menschen nicht eingreifen, möchte man nicht leben.»

Aber auch Folgendes gehörte dazu: Am selben Abend, als die Nachricht Deutschland entsetzte, zogen an der Apotheke der Familie betrunkene Neonazis vorbei, ein Lied grölend: «Auf dem Rasen liegen Leichen, in den Rücken stecken Messer mit der Aufschrift: ‹Wir sind besser.›»

Am nächsten Sonntag fand in der Peter und Paul Kirche der Stadt ein Gottesdienst zu Josephs Gedenken statt. Vertreter aller gesellschaftlichen Gruppen und Parteien nahmen daran teil. Kurt Biedenkopf weinte während des Gottesdienstes.

Der Gottesdienst fand in Sebnitz statt. In Sebnitz starb Joseph.

Wo liegt eigentlich Sebnitz?

Als ich von dem Entsetzlichen zum ersten Mal hörte, dachte ich, Sebnitz liege im Louisiana oder im Mississippi oder im Tennessee der früheren Jahre. Liege in Orten der öffentlichen «Nigger»-Verfolgung durch den Ku-Klux-Klan. Oder irgendwo im Europa des untergegangenen «Tausendjährigen Reiches». Aber so ein Reich existiert nicht mehr.

Und dann …

Joseph wurde nicht von Neonazis ertränkt!

Die Badegäste haben nicht schweigend zugeschaut, wie der Junge ertränkt wurde!

Die Bewohner von Sebnitz haben nicht drei Jahre lang geschwiegen! Sebnitz ist unschuldig!

Die Nation reagierte, wie sie reagieren musste. Mit Erleichterung und mit Empörung. Erleichterung, dass es das Sebnitz vom 23. November 2000 so nicht gibt.

Erleichterung, dass man doch in diesem Land leben kann und leben will.

Empörung über die unhaltbaren Beschuldigungen gegen eine ganze Stadt.

Empörung über die Medien, die um der Sensation willen die ungeprüfte Nachricht verbreiteten, obwohl bereits zum damaligen Zeitpunkt viele Indizien gegen die Richtigkeit der Beschuldigung sprachen. Obwohl manche anderen Medien die Nachricht zurückgehalten hatten, weil sie keine offizielle Bestätigung erhalten konnten.

Kurt Biedenkopf reagierte entsprechend. Man konnte seine Gefühle auf seinem Gesicht ablesen. Erleichterung und Empörung, Enttäuschung und Wut. Jetzt nahm er die Bewohner der Stadt in Schutz.

Bundeskanzler Gerhard Schröder, der einige Zeit vorher an den Ort der Ermordung Alberto Adrianos gepilgert war, empfing, als man noch dachte, auf Sebnitz laste große Schuld, Josephs Mutter. Nachdem erste Zweifel an den Vorwürfen aufgetaucht waren, konnte er es in der letzten Minute abwenden, sie als der Kanzler zu empfangen; vielmehr empfing er sie als SPD-Vorsitzender, da sie in Sebnitz als Stadträtin der SPD amtierte. Er formulierte diese Entscheidung mit den Worten: «Sie hat das Recht, gehört zu werden.»

Josephs Familie musste aus der Stadt ausgeflogen werden, um mögliche Reaktionen und Repressalien gegen sie zu vermeiden. Neonazis zogen vor das Haus der Familie und grölten ihre Lieder.

Die Neonazis waren die einzigen Gewinner dieser mehrfachen Tragödie.

Bundespräsident Johannes Rau kam in die Stadt, um die deutsche Erleichterung mit der deutschen Empörung zu versöhnen.

Eine Mutter, die ihre Trauer über den Verlust des geliebten Sohnes nicht anders bewältigen konnte, als sie es tat, geriet in die negativen Schlagzeilen. Und doch führte sie der Nation ungewollt auch deren Sensibilisierung und neurotische Reaktionen vor Augen.

Die Reaktionen auf den – wie sich später erfreulicherweise herausstellte – falschen Verdacht waren richtig. Es war gut, dass die Nation so empfindlich reagierte. Es war gut, dass auf diese Nachricht jeder mit Entsetzen reagierte. Es war richtig, dass Kurt Biedenkopf sofort seine Termine absagte und nach Sebnitz fuhr. Und es war richtig, dass der Bundeskanzler aus dem Ausland, wo er sich gerade aufhielt, sofort seine Empörung und Solidarität kundgab.

Denn die Reaktionen zeigten, wie die Nation zu Nazis und Neonazis steht.

Die Apologie eines Wahldeutschen ist damit gerechtfertigt. Die Rechtfertigung der Rechtfertigung.

Sebnitz hat jedoch auch gezeigt: Die Nation hält das Unmögliche für möglich. Es hat gezeigt: Die Nation befürchtet, dass das Unmögliche möglich sein könnte.

Eine Neurose ist das Ergebnis einer unbewältigten Konfliktsituation. Und die neurotischen Reaktionen in diesen Tagen zeugten von einer Sensibilisierung im positiven Sinne, aber auch von einer noch nicht bewältigten Konfliktsituation. Doch besser eine neurotische, eine hysterische Reaktion als gar keine.

Es war gut, *dass* die Nation reagierte. Aber es war nicht gut, *wie* die Nation reagierte. Neurose und Hysterie zeigten die noch existierende Spaltung der Nation und die mangelhafte Bewältigung des Problems «Rechtsextremismus» auf: Schuldzuweisung, Suche nach Schuld, die doch immer die anderen hatten. Suche nach Ursachen, die bei den anderen liegen. Es war, als ob die Westdeutschen auf der einen Seite der imaginären Mauer stünden und die Ostdeutschen auf der anderen. Und es war, als ob sich beide Seiten gegenseitig beschimpften und die Schuld zuwiesen. Die Mutter des Kindes, die die Trauerarbeit so leistete, wie sie sie geleistet hat, ging so weit, dass sie das Kind nicht in ostdeutscher Erde begraben wollte, um einer von ihr befürchteten Schändung des Grabes vorzubeugen. Aber auch, um ihre Gefühle gegenüber dem Osten zu demonstrieren.

Viele Westdeutsche fühlten sich als die besseren Deutschen und beschimpften die Ostdeutschen. Viele Westdeutsche vergaßen, dass Mölln und Solingen, München und Düsseldorf im Westen liegen. Viele der Westdeutschen haben «vergessen», dass sich die Zentralen der rechten Parteien und Neonazibewegungen in Westdeutschland befinden. Dass Geld, Planung und Logistik hauptsächlich aus dem Westen kommen.

Das Internet-Gästebuch der Stadtverwaltung Sebnitz wurde zu einem Schlachtfeld zwischen «Wessis» und «Ossis». Die Neurose der Nation tobte in diesem elektronischen Gästebuch: «Mauer hoch, eine Hälfte der Zone als Parkplatz, der Rest als Müllhalde und Ossi-Knast.» Oder: «Deutschland könnte so schön sein ohne Ossis.» Und die Ossis antworteten: «Alles nur Hetze der westdeutschen Medien gegen die ehemalige DDR.» Oder: «Ihr seid alle herzlose Schweine.»

Die Prognose einer Neurose ist nur dann gut, wenn man das Problem erkennt. So auch hier. So muss unter anderem auch erkannt werden, dass die Wurzeln des Rechtsextremismus im Westen liegen. Kurt Biedenkopf hat das in einem Brief an die Zeitung *DIE WOCHE* vom 15. Dezember 2000 ausgedrückt:

«Politisch ist der Rechtsextremismus in Westdeutschland wesentlich stärker als in Ostdeutschland. Nur 5 % der Mitglieder der DVU und 10 % der Mitglieder der NPD leben in Ostdeutschland. In den letzten Landtagswahlen hat die NPD in Sachsen 1,4 % erzielt. Die Republikaner sind in Baden-Württemberg schon in der zweiten Legislaturperiode mit Abgeordneten im Landtag vertreten. Die DVU hat ihr Hauptquartier in München. Der riesige Aufwand, den sie während der letzten Landtagswahl in Sachsen betrieben, ist ausschließlich aus dem Westen finanziert worden. Die NPD hat ihr Hauptquartier ebenfalls im Westen. Das Geld, das sie hier einsetzt, um Skinheads und andere für ihre politischen Zwecke zu gewinnen, stammt aus Westdeutschland. Wir sind praktisch hilflos, wenn es darum geht, die Quellen der Aktivitäten zu erreichen, die sich dann hier in Form von Gewalttätigkeit und Ausländerfeindlichkeit äußern.»

Das ist richtig. Der Westen tut gut daran, diese Stimme zu hören. Aber richtig und wahr ist auch, was das Oberlandesgericht Sachsen-Anhalt wenige Wochen vor Sebnitz in einem Urteil dargestellt hat:

«Das Risiko für Ausländer, Opfer eines Überfalls zu werden, stellt sich in den neuen Bundesländern erheblich höher als in den alten Bundesländern dar. Rechtsextreme Straftäter sind überdurchschnittlich gewaltbereit; besonders gering ist die Hemmschwelle bei 16- bis 18-Jährigen.

Rechtsextremismus in Deutschland ist kein ideologisch geschlossenes Gebilde. Die Wurzeln aller rechtsextremistischen Aktivitäten sind

Nationalismus und Rassismus. Die eigene, nur ‹völkisch› verstandene Nation wird als ein so wichtiges, absolutes Gut angesehen, dass sich die Interessen aller Nationalitäten, aber auch die Rechte des Einzelnen dem unterzuordnen haben. Die nordische ‹Rasse› wird höherwertig gegenüber anderen bewertet. Daher soll – so die rechtsextremistische Vorstellung – das deutsche Volk vor ‹rassisch minderwertigen› Ausländern und vor einer ‹Völkervermischung› bewahrt werden. Derzeit sind den Verfassungsschutzbehörden rund 120 rechtsextremistische Organisationen bekannt. Ihnen gehören über 53 000 Personen an. Hinzu kommen gewaltbereite Rechtsextremisten, deren Zahl zunimmt:

1996    6400
1997    7600
1998    8200
1999    9000 (davon 670 in Sachsen-Anhalt)

und über 2500 Neonazis.

Mehr als die Hälfte dieser Personen lebt in den neuen Ländern, deren Bevölkerung 21 % der Gesamtbevölkerung darstellt. Dabei sind 90 % der Rechtsextremisten zwischen 15 und 24 Jahre alt, weder arbeitslos noch leben sie in ärmlichen Verhältnissen.

Die weitaus größte Gruppe innerhalb der gewalttätigen Rechtsextremisten bilden die rechtsextremistischen Skinheads, deren Zahl sich allerdings nicht eindeutig beziffern lässt, da organisatorische Strukturen in der Skinheadszene schwer zu ermitteln sind. Obwohl die rechtsextremistischen Skinheads in der Masse an theoretischen Auseinandersetzungen mit Ideologien wenig Interesse zeigen, ist auch ihre Weltanschauung von wesentlichen Elementen des Nationalsozialismus wie Rassismus und, damit verbunden, Antisemitismus geprägt.»

Zum Kurieren der deutschen Neurose ist es erforderlich, dass auch die Ostdeutschen erkennen und dazu stehen, dass der Rechtsextremismus in Ostdeutschland eine ganz besonders schlimme Dimension hat. Es ist ihre Pflicht, dagegen zu kämpfen, um den Ruf Ostdeutschlands zu retten. Es ist die Pflicht der Ostdeutschen, genau wie die der Westdeutschen, laut, energisch und entschlossen die Schande des Rechtsextremismus, die auf ihnen lastet, zu beseitigen. Das ist die Verantwortung der Westdeutschen wie auch der Ostdeutschen. Gegenseitige Schuldzuweisung stärkt nur diejenigen, die Menschen verbrennen und töten, die Deutschland als barbarisches Land vorführen.

Bundespräsident Johannes Rau kam nach Sebnitz, um die deutsche Erleichterung mit der deutschen Empörung zu versöhnen. Um die Mauer zwischen dem imaginären Guten und dem imaginären Bösen abzureißen. Er kam nach Sebnitz in der heiklen Mission des Psychiaters der Nation.

Wo liegt eigentlich Sebnitz?

Sebnitz liegt irgendwo zwischen der hoffnungsvollen deutschen Sensibilisierung und der behandlungsbedürftigen Neurose der unbewältigten deutschen Konflikte.

# Kapitel 9:
## Der zweite Mord

Der zweite Mord geschah an einem geistig Behinderten. Er wurde verübt von einem extremen Neonazi, einem «milderen» Rechtsradikalen und einem Nicht-Neonazi, einem depravierten Alkoholiker (das heißt einem durch Alkoholmissbrauch verwahrlosten Menschen, dem die moralischen und ethischen Vorsätze abhanden gekommen sind).

Auch dieser Mord war wieder ein Mord an einem «zufälligen Opfer», einem Behinderten.

Daniel, Fabian und Eugen, die Täter, hatten sich erst wenige Wochen vor der barbarischen Tat auf der Straße kennen gelernt. Sie tranken gemeinsam Alkohol und verbrachten ihre Freizeit miteinander. Freizeit war für sie gleichbedeutend mit Alkoholtrinken. Zwei Tage vor Silvester trafen sie sich wieder einmal und tranken gemeinsam Bier. Eugen hatte gerade eine Alkoholentziehungskur hinter sich und war noch abstinent. Das Bier war ausgetrunken, der Durst bestand jedoch weiter. So beschlossen sie, zum Hauptbahnhof zu fahren, um noch mehr Bier zu konsumieren. Das heißt nur Daniel und Fabian. Am Bahnhof angekommen tranken die beiden Bier, aber alle drei pöbelten gemeinsam herum. Nachdem sie die Warnungen des Bahnhofwachschutzes missachteten, griffen Beamte des Bundesgrenzschutzes ein. Die drei wurden auf die Wache gebracht. Eine halbe Stunde später konnten sie den Bahnhof jedoch bereits wieder verlassen. Sie stiegen in eine S-Bahn, um zu einem anderen Stadtteil zu gelangen. Dort in der S-Bahn bemerkte Eugen den geistig behinderten Herrn Dänicke. Niemand von ihnen kannte ihn, nur Eugen wusste von seiner Existenz. Ihm war bekannt, dass dieser geistig behindert war und deshalb ironisch den Spitznamen «Professor» trug. Die drei umkreisten Herrn Dänicke und begannen, ihn zu drangsalieren. Ein junges Paar verließ fluchtartig das Zugabteil, weil sie erkannten, «dass es jetzt Ärger gibt». Der arme Herr Dänicke blieb allein mit ihnen zurück. Zuerst entwendeten sie ihm sein Bier und tranken es aus. Dann begannen sie, ihm mit den Fäusten ins Gesicht zu schlagen, bis er zu Boden fiel. Daniel, der sein Neonazi-Outfit trug – mit den gepanzerten Springerstiefeln und den weißen Schnürsenkeln («Ich bin gewaltbereit») –, trat den Mann mit voller Wucht ins Gesicht.

Sicherheitsbeamte näherten sich dem Abteil, weshalb die drei ihr barbarisches Werk vorübergehend unterbrachen. Die Beamten machten jedoch vor dem Abteil kehrt. Im Gerichtsurteil konnte man später lesen: «Der Schaffner und die ihn begleitenden Sicherheitsbeamten machten jedoch, eingedenk des von ihren Kollegen erhaltenen Rates (dass nämlich die drei gewalttätig sind), vor dem Abteil kehrt.»

Zu diesem Zeitpunkt blutete Herr Dänicke bereits so stark, dass sich auf der Sitzbank, über die er sich beugte, eine tellergroße Blutlache bildete. Seine Brille war kaputt, sie war ihm von der Nase geschlagen worden.

Sein Versuch, bei der nächsten Haltestelle aus der S-Bahn zu steigen, wurde von den drei Tätern verhindert. An der Endstation stiegen dann Opfer und Täter gemeinsam aus. Direkt nach dem Aussteigen forderten sie das Opfer zunächst auf, sein Geld herauszugeben. In seinem Portemonnaie waren jedoch nur Papiere. Fabian schlug nun mit der Faust so kräftig in Herrn Dänickes Gesicht, dass dieser zu Boden ging. Fabian begann, mit dem beschuhten Fuß mehrfach auf den am Boden Liegenden einzutreten. Das Opfer schrie vor Schmerzen und konnte sich nicht mehr wehren. Fabian zog seine Lederjacke aus, um besser zuschlagen zu können. Eugen hielt diese fest, und nun konnte Fabian leichter auf den am Boden Liegenden einschlagen und eintreten. Plötzlich bemerkte Daniel eine Überwachungskamera und machte die anderen darauf aufmerksam. Daraufhin zerrten sie den blutenden und schwer verletzten Herrn Dänicke aus dem Bahnhofstunnel, zogen ihn eine Treppe hoch, fanden eine wenig beleuchtete Ecke hinter hohen Sträuchern und setzten ihre Barbarei fort. Fabian wurde dabei durch einen Anruf auf seinem Handy unterbrochen. Während Fabian etwa fünf bis zehn Minuten mit seiner Schwester telefonierte, setzte Daniel das Werk fort. Fabian telefonierte und beobachtete. Eugen hielt die Jacke von Fabian und beobachtete ebenfalls. Daniel schlug und trat mit seinen gepanzerten Springerstiefeln gegen Kopf und Oberkörper des regungslos und wehrlos am Boden liegenden Mannes. Dieser konnte nur noch ein einziges Mal kläglich aufschreien.

Nun trat Eugen zu dem in einer großen Blutlache am Boden liegenden Herrn Dänicke und vollzog eine Körpervisitation. Er entdeckte in einer Tasche des Opfers 2,50 DM und nahm diese an sich. Inzwischen beendete Fabian das Telefonat mit seiner Schwester und ging zurück zu den beiden anderen. Er begann erneut, auf Herrn Dänicke – den Regungslosen, den Wehrlosen – einzutreten. Durch die Tritte wurde dessen Kopf nach hinten geschleudert (so steht es trocken im Gerichtsurteil). Die Täter machten darüber Scherze. «Ups, da bin ich wohl gestolpert», sagte der auf den Kopf des Opfers tretende Fabian zu den anderen, die kräftig mitlachten.

Die Täter ließen den bewusstlosen, in seiner Blutlache liegenden, aber noch lebenden Herrn Dänicke zurück. Sie gingen gemeinsam in Fabians Wohnung und tranken dort etwas. Im Anschluss daran fuhren Eugen und Daniel mit einem Taxi zu sich nach Hause.

Kurz danach wurde Herr Dänicke bewusstlos aufgefunden. Die Wiederbelebungsmaßnahmen waren erfolglos. Er starb wenige Minuten später.

Die Rechtsmedizinerin sagte während des Prozesses: «Mit dem Kopf von Herrn Dänicke haben die Angeklagten Fußball gespielt.»

# Kapitel 10:
# Daniel – der vierte Mörder

Der vierte Mörder ist Daniel. Er war es eigentlich, der mich dazu bewogen hat, ein Buch zu diesem Thema zu schreiben. Als ich ihn zum ersten Mal traf, dachte ich: Wie wichtig ist es, dass die Leute wissen, wer die sind, die Neonazis.

Daniel will alle Juden vergasen.

(Als ich das während des Abendessens in New York sagte, zuckte plötzlich die vor mir sitzende Nancy zusammen. Nancy, die jüdische Statistikprofessorin aus Seattle. Sie schaute mich mit überraschten Augen an und wusste nicht, was sie mit dem Weinglas anfangen sollte, das sie gerade zum Mund führte. Ihre Lippen bebten. Dann richtete sie den Blick auf ihren fast leeren Teller und hörte, was ich erzählte.)

Daniel ist zwei Meter hoch gewachsen, hat kurz geschorene blonde Haare, blaue Augen und ein narbenübersätes Gesicht. Ich lernte ihn in einem Jugendgefängnis kennen. Er trug militärisch wirkende Hosen, Springerstiefel mit weißen Schnürsenkeln («Ich bin gewaltbereit») und ein kurzärmeliges T-Shirt. Sein gesamter Körper war ausschließlich mit Naziemblemen tätowiert. In riesigen Lettern hatte er die SS-Buchstaben, Hakenkreuze, die Reichsfahne, einen Totenkopf, das Wort «HASS» und Ähnliches auf seinen Körper zeichnen lassen.

Daniel wartete auf seinen neuen Prozess. Er war erst kurze Zeit zuvor aus dem Gefängnis entlassen worden, wo er wegen Körperverletzung gesessen hatte. Er war inhaftiert worden, weil er eine junge ausländische Frau misshandelt hatte. Jetzt saß er in Untersuchungshaft wegen der Tötung von Herrn Dänicke. Die Tötung des jungen, geistig zurückgebliebenen Herrn Dänicke war keine planmäßige Tötung. Nein, sie «passierte zufällig».

Ich fragte Daniel zunächst einmal, warum er damals die junge Frau misshandelt und verletzt habe. Er gab mir zur Antwort: «Weil das mit meiner Meinung zu tun hat … Ich bin nämlich der Meinung, dass Ausländer nicht hierher gehören. Die sollen raus aus diesem Land.»

Ich fragte ihn, ob seiner Meinung nach alle Ausländer aus Deutschland verwiesen werden müssten. Er zögerte ein wenig, vermutlich weil er an meinem Akzent bemerkte, dass ich kein «eingeborener» Deutscher bin. Er lächelte verlegen und sagte vorsichtig: «Ja, natürlich alle!»

«Sie meinen also», entgegnete ich, «dass zum Beispiel auch die ausländische Industrie nicht mehr in Deutschland erwünscht ist?»

«Ja, natürlich!», antwortete er.

«Aber ist es nicht so», gab ich zu bedenken, «dass, wenn die ausländische Industrie ausgewiesen würde oder nicht mehr nach Deutschland käme, wir hier eine gewaltige Arbeitslosigkeit hätten und Deutschland in Armut verfallen würde?»

«Wieso warum das?», fragte er mich.

«Na, denken Sie darüber nach», sagte ich, «oder lesen Sie ein bisschen darüber nach.»

Verlegener Blick, verlegenes Lächeln. «Essen Sie gern bei McDonald's?», fragte ich.

«Ja, sehr gerne», antwortete er.

«Das ist aber eine ausländische Restaurantkette. Soll die auch weg?»

«Wieso ausländisch? So etwas machen wir doch selbst», meinte er.

«Pizza essen Sie auch gerne?», fragte ich weiter.

«Ja», sagte er mit leiser Stimme, «Sie würden sicherlich wieder sagen, auch das ist ausländisch.»

«Ja, das würde ich tun», meinte ich.

«Ausländer raus! Und zwar alle! Aber was machen wir mit den Juden?», wollte ich wissen.

Er antwortete: «Ich würde sagen, wir schieben die in eine Gaskammer und vergasen sie dort alle.» (Dabei machte er eine langsame Bewegung mit beiden Händen, so als ob er eine Menge von Menschen oder eine Masse schöbe, die Widerstand leistet.)

Nancys Hand zitterte, und sie atmete plötzlich schwer.

«Aus welchen Gründen?», fragte ich.

«Weil Adolf Hitler das schon so gemacht hat», gab er zur Antwort.

«Aber warum müssen wir das jetzt wieder machen?», wollte ich von ihm wissen.

«Na ja, weil die Juden so ‹körchliche› Leute sind. Die glauben an so ‹komische› Menschen wie diesen Jesus Christus.»

«Also Sie meinen, die Juden glauben an Jesus Christus?»

71

«Ja klar», antwortete er, «so wie die anderen ‹körchlichen› Leute.»

«Sie sind also der Meinung, dass die Juden, weil sie an diesen ‹komischen› Menschen Jesus Christus glauben, vergast werden sollten?», fragte ich noch einmal, um mich zu vergewissern, dass ich seine Antwort richtig verstanden hatte.

«Jaja», sagte er, «wie auch alle anderen ‹körchlichen› Leute.»

«Was meinen Sie denn mit anderen kirchlichen Leuten?», wollte ich von ihm erfahren, worauf er mir zur Antwort gab:

«Na die Katholiken und die Protestanten.»

«Habe ich Sie richtig verstanden», fragte ich, «auch die Katholiken und die Protestanten sollen vergast werden?»

«Ja», antwortete er.

«Aus welchen Gründen denn?»

«Weil Sie ‹körchliche› Leute sind», war sein ganzer Kommentar.

«Aber wieso stören Sie denn diese ‹kirchlichen Leute›?»

«Weil Kirchen nicht in die Stadt gehören. Es sind hässliche Gebäude und die sollten aus der Stadt verschwinden», erklärte er mir.

«Aber wer bleibt denn übrig in Deutschland, wenn wir die Juden, die Katholiken und die Protestanten vergasen und die Ausländer rauswerfen?», wollte ich wissen.

«Was weiß ich», meinte er, «es soll eben wieder so sein, wie es zu DDR-Zeiten war. Damals gab es keine Ausländer und Juden.»

«Aber ich lernte doch viele Ausländer kennen, die damals hier in der ehemaligen DDR lebten», hakte ich nach.

«Ja, aber sie lebten getrennt von uns Deutschen. Sie waren in einer Art Kaserne untergebracht …»

Solange Daniel über seine Tat sprach, tobten in meiner Brust Gefühle der Wut, der Abscheu und des Entsetzens. Dieser Mann zeigte keine Spur von Empathie, keine Spur von Reue, kein Wort des Bedauerns. Kaltblütig war er.

Im Beruf habe ich aber gelernt, das, was sich in meiner Brust abspielt, darin verschlossen zu halten. Den Gefühlen keinen Zugang zum Gehirn zu geben. Herz und Hirn zu trennen. Empfinden und Beurteilen voneinander fern zu halten. Entsetzen also: wegen der Tat, wegen des Verbrechens. Doch als Daniel mir über die Juden erzählte, die vergast werden sollten, «weil sie an den komischen Menschen Jesus Christus glauben», überfiel mich ein unendliches Mitleid mit ihm. So ein Unwissen! So eine

Dunkelheit! Ideologie? Ideologie im substanzfreien Raum? Ideologie heißt: die theoretische Fundierung von richtungbestimmenden Ideen.

Von Ideologie kann hier wohl keine Rede sein. Schlicht und einfach Finsternis im Kopf. Eine Finsternis im Kopf, die eine Finsternis im Herzen bewirkt.

Ich begann Mitleid zu haben mit dem, der «Fußball mit dem Kopf des Getöteten spielte».

Nachdem die Exploration – die psychiatrische Untersuchung also – vorbei war, hatte ich mit Daniel eine gemeinsame Strecke durch den langen Korridor des Gefängnisses zu gehen. Ich sagte zu ihm, sehr persönlich, die Gutachterrolle ablegend: «Ich hätte Lust, Sie einmal ins Ausland mitzunehmen und Sie den Amerikanern, den Engländern, den Franzosen, den Israelis, den Griechen oder den Italienern zu zeigen.»

Er lächelte überrascht und sagte: «Ja? Das ist … Ich war noch nie im Ausland.»

«Sie sollten aber», beendete ich dieses Gespräch und wechselte das Thema.

Dann gingen wir beide schweigend den langen Korridor des Gefängnisses entlang. Als wir vor der vergitterten, eisernen Tür standen und warteten, bis die Gefängnisbedienstete mit ihren langen schweren Schlüsseln und mit vielen Handgriffen die Türen geöffnet hatte, fragte er mich vorsichtig, verlegen und doch neugierig: «Fahren Sie häufig ins Ausland?»

«Ja, sehr häufig», antwortete ich. «Mein Beruf verlangt, dass ich sehr häufig ins Ausland muss.»

«Was meinten Sie damit», fragte er mit derselben Verlegenheit und demselben scheuen Lächeln, «als Sie mir sagten, dass Sie mich mit ins Ausland nehmen möchten?»

Darauf erklärte ich ihm: «Ich habe die Hoffnung, dass, wenn ich Sie und Ihresgleichen dem Ausland zeigen würde, es uns besser verstünde und nicht so viel auf uns, auf die Deutschen, schimpfen würde.»

Diese Antwort verstand er nicht und sagte empört: «Mit Ihnen schimpft doch niemand. Sie sind doch ein Professor.»

«Ein ausländischer Professor hier in Deutschland», erwiderte ich, «aber im Ausland bin ich ein deutscher Professor.»

«Ich war noch nie im Ausland», erzählte er mir teils traurig, teils neugierig und teils erwartungsvoll.

«Na ja», meinte ich, «dann wären Sie dort der Ausländer. Dann könnte es passieren, dass man das Gleiche mit Ihnen tun würde, was Sie hier mit den Ausländern machen. Dann würden auch Sie vielleicht einmal angegriffen.»

«Jaja», entgegnete er, «aber ich kann mich zur Wehr setzen.»

Daniel war 19, als ich ihm begegnete.

Wenn ich Rechtsextremisten und rechtsradikale Gewalttäter im Auftrag des Gerichts untersuche, verspüre ich häufig Gefühle, die ich zu unterdrücken versuche. Ich weiß: Der psychiatrische Gutachter muss sich emotional neutral verhalten und seine Gutachten nach bestem Wissen und Gewissen ausstellen. Bisher schaffte ich es zwar immer, meine Gutachten nach bestem Wissen und Gewissen zu erstellen. Doch es gelang mir nicht immer, in meinem Inneren neutral zu bleiben. Das wäre auch übermenschlich. Es würde den menschlichen Anstand verletzen. In einige meiner Explorationen, wie in die von Daniel, mischte sich auch manchmal etwas Tragikomisches. Wie kann es anders sein, wenn einem zum Beispiel über die Juden erzählt wird, dass diese an Jesus Christus, diesen «komischen Menschen», glauben würden. Obwohl es sich lustig anhören mag, ist doch niemandem zum Lachen zu Mute.

Solange ich über dieses Gespräch mit Daniel erzählte, spielte Nancy verlegen mit ihrem silbernen Davidstern. So, als ob sie ihn in ihrer Hand festhalten wollte. So, als ob dieser sie halten könnte. Die anderen drei – Rob, der Amerikaner in dritter Generation, George, der Kopte, und Bernard, der Franzose – schüttelten ungläubig die Köpfe. «Die Juden, die an Christus glauben ... und deswegen vergast werden sollen?» Ein schwaches Lächeln, erzeugt durch die komische Tragik der Situation, blieb halbwegs stecken. «Wie dumm», sagte George.

«Aber ist es denn dümmer als die Sprüche der zwölf Jahre nach 1933?», fragte Nancy.

Daniel und ich sprachen lange über seine Tat. Kein Wort des Mitleids mit dem Opfer, keine Betroffenheit, keine Reue. «Was soll ich dazu sagen ... es ist halt passiert.»

Nein, es stand kein Ziel, auch keine Ideologie dahinter. Der Mörder fühlte sich nur stärker als sein Opfer. Vor allem, als er mit den anderen

beiden zusammen war. Außerdem war das Opfer «minderbemittelt».
«Eben doof.» («Viel dümmer als er?», würden manche fragen.)

Nein, er wusste nicht, welche Behinderung sein Opfer hatte. Er hatte ihn auch nicht danach gefragt. Bevor er sein Opfer mit Faustschlägen und Tritten mit den gepanzerten Springerstiefeln (mit den weißen Schnürsenkeln, die signalisieren: «Ich bin gewaltbereit») tyrannisierte, hatte er nicht nach einem Behindertenausweis gefragt. Er erkannte nur, dass Herr Dänicke zu den Schwachen der Gesellschaft gehörte.

«Ob Sie mir noch mehr über Ihre Gefühle sagen könnten?», fragte ich Daniel.

«Welche Gefühle?»

«Die Gefühle, die Sie nach der Tötung von Herrn Dänicke hatten.»

«Was für Gefühle? Nein, ich kann nichts darüber sagen.»

«Können Sie mir sagen, ob Sie sich betroffen fühlen?»

«Hm …» (Daniel sah lächelnd im Raum umher.)

«Können Sie nichts zum Tod eines Unschuldigen, eines Unbekannten sagen?»

«Es hätte nicht passieren dürfen», war das Einzige, was er darüber zu sagen wusste.

Daniel hat praktisch keinen Vater kennen gelernt. Sein Vater war ein gewalttätiger Mensch, der sowohl Frau als auch Kinder verprügelte. Die Ehe wurde geschieden, als Daniel noch ein Kleinkind war. Nach dem Auszug des Vaters aus der gemeinsamen Wohnung hatte die Mutter sehr viele Männerbeziehungen. Mindestens vier Männer hat Daniel als Partner der Mutter kennen gelernt. Von allen fühlte er sich abgelehnt. Auch zu seinen zwei jüngeren Geschwistern entwickelte sich keine gute Beziehung. In der Schule zeigte er erhebliche Leistungs- und Verhaltensauffälligkeiten, sodass er in eine Sonderschule versetzt werden musste. Kurz darauf zog er aus der mütterlichen Wohnung aus und wohnte bei seiner Großmutter. Nach der Schule begann er ein Berufsvorbereitungsjahr. Er schaffte es jedoch nie, dieses abzuschließen. Man versuchte, ihm zu helfen. Im Rahmen von Rehabilitationsmaßnahmen wurde er internatsmäßig in einem Kolpinghaus untergebracht. Hier nahm er an einer Förderungsmaßnahme mit anschließender Ausbildung als Landschafts- und Gartengestalter teil. Auch diese Maßnahme musste ihm gekündigt werden, weil er die Angebote nicht wahrnahm und unentschuldigt von der Arbeit fern blieb. Das Sozialamt besorgte ihm dann eine Wohnung. Er lebte von Arbeitslosenhilfe, gelegentlich hatte er Aushilfsjobs.

Bis zur jetzigen Inhaftierung war er trotz seines jungen Alters bereits mehrfach verurteilt worden:

Diebstahl, mehrere Einbrüche, Fahren ohne Fahrerlaubnis, gefährliche Körperverletzung (die bereits erwähnte mit teilweise rassistischem Hintergrund), dann eine erneute Körperverletzung.

Daniel ist ein Sonderschüler. Es war keine gute Zeit für ihn, die Zeit in der Sonderschule. Die anderen, ebenfalls lernbehinderten und verhaltensgestörten Schüler waren älter als er. Daniel wurde von Anfang an gehänselt und tyrannisiert. Er erzählte mir, dass er häufig von anderen Schülern mit Schlägen bedroht worden sei, wenn er kein Geld mit in die Schule brachte, um ihnen etwas zu kaufen. So begann er bereits als Kind mit Diebstählen. Zuerst bestahl er seine Oma und seine Mutter. «Um die Schläge zu verhindern», wie er sagte. Auch zu Hause war es schlimm. Obwohl er bei der Großmutter aufwuchs, bekam er bei Besuchen seiner Mutter mit, dass auch die neuen Lebensgefährten der Mutter gewalttätig waren. Am Wochenende und in den Ferien, wenn er seine Mutter besuchte, wurde auch er Opfer dieser Übergriffe. Er berichtete zum Beispiel, dass er ein ganzes Wochenende von einem der Lebensgefährten seiner Mutter mit einem Eimer und ein wenig Essen in ein Zimmer eingesperrt wurde. Die Diebstähle nahmen zu, er bestahl nun nicht mehr nur die Oma und die Mutter, sondern auch andere Leute. Bereits während der Schulzeit hatte er begonnen, Alkohol zu konsumieren.

Daniels ganzer Stolz ist seine rechtsradikale Zugehörigkeit.

Alles, was er darüber dachte, erzählte er mir mit großem Stolz. Mit leuchtenden Augen und einem leichten Lächeln, ja Amüsement im Gesicht. Er sprach ruhig darüber. Nie mit Pathos. Auch Hass, der immerhin ein Gefühl ausgedrückt hätte, war nicht zu erkennen. Obwohl auf einen Arm das Wort «HASS» tätowiert war. Er sprach von seiner rechtsradikalen Zugehörigkeit so, als ob er sie wie ein Schild trug. Ein Identifikationsschild. Alle sollten es sehen. Alle sollten sehen, dass er ein Rechtsradikaler ist, dass er zu den rechtsradikalen Kreisen gehört. Dass er «sooo ein starker Mann» ist. «Sooo ein Kerl.» Ja, alle sollten sehen, dass er gepanzerte Stiefel mit weißen Schnürsenkeln trug, durch die er mitteilen konnte: «Ich bin gewaltbereit.»

Die gepanzerten Springerstiefel mit den weißen Schnürsenkeln trug er überall, auch im Gefängnis. Er trug sie während unserer Gespräche. Auch während der Hauptverhandlung vor Gericht. Ich hatte den Eindruck, dass seine einzige Sorge war, dass irgendjemand dieses imaginäre Identifikationsschild, das er vor seine Brust hielt und nach allen Seiten schwenkte und zeigte, nicht sehen oder übersehen könnte. Über politische Definitionen machte er sich hingegen keine Gedanken.

«Können Sie mir sagen, was politisch rechts ist?», wollte ich wissen.

«Hm … was soll ich sagen? Hm … was politisch rechts ist? Hm … Na ja, wie soll ich das sagen …»

«Dann versuchen wir es anders. Sagen Sie mir bitte, was politisch links ist.»

«Politisch links?», meinte er, «nee, das kann ich nicht.»

«Warum nennen Sie sich dann rechtsradikal?», fragte ich.

«Weil ich den rechtsradikalen Kreisen angehöre und NPD wähle.»

«Und was wollen die rechtsradikalen Kreise?», wollte ich weiter wissen.

«Dass Ausländer nicht nach Deutschland gehören.»

«Was soll mit denen geschehen?», fragte ich, und er meinte nur: «Nach Hause schicken.»

«Alle?»

«Ja, alle.»

Ich fragte weiter: «Die Arbeiter in der Industrie?»

«Ja, natürlich», sagte Daniel.

«Die Manager der Industrie?», wollte ich weiter wissen.

«Ja.»

«Auch die Studenten?», bohrte ich nach.

«Ja.»

«Aber auch die, die in Fabriken investieren?»

«Ja, natürlich», meinte er nur knapp.

«Und diejenigen, die hier Restaurants betreiben?», fragte ich weiter.

«Alle», äußerte er.

«Also kein Ausländer in Deutschland», ließ ich verlauten, «eine krankenhaussterile, reine Kultur?»

Und Daniel entgegnete: «Nur Touristen dürfen nach Deutschland. Keine anderen. Alle anderen, aus Afrika, Kanada, Amerika und ich weiß nicht, woher die alle kommen, die sollen verschwinden.»

«Warum?», wollte ich weiter wissen.

«Die bringen so viel Unheil nach Deutschland.»

«Welches denn?»

«Diebstähle, Drogen, Arbeitslosigkeit und ich weiß nicht was.»

«Diebstähle?», fragte ich erstaunt.

«Ja, Diebstähle.»

«Ich dachte, Sie sind es, der schon Dutzende von Diebstählen und Einbrüchen begangen hat», warf ich ein.

«Na ja, schon ... Aber ...»

Daniel bewundert Adolf Hitler. Er trifft sich mit seinen Kumpanen, die ebenfalls Hitler bewundern, doch keiner speziellen Organisation angehören. Er erzählte, dass sie sich bei Freunden treffen, saufen, rechte Lieder mit Neonazi-Inhalten hören, Filme über Hitler und den Weltkrieg anschauen und brüllen: «Ausländer raus!», «Jude verrecke!», «Heil Hitler!». Und sie singen das «Afrika-Lied».

Daniel bewundert Adolf Hitler sehr. Nach bohrender Befragung gestand er ein, dass Hitler einen Fehler begangen habe: «Na so, dass er andere Länder überfallen hat.» Die Pogrome, die Gestapo, die Folter, die Massenvernichtung von, Menschen, die Vergasung und Ermordung von Millionen, der Ruin Deutschlands? Nein! Für all das hatte Hitler sicherlich einen Grund.

Daniel ist stolz, Neonazi zu sein. Er ist stolz auf «seinen» Adolf Hitler. Deshalb ist sein Körper voll von Tätowierungen. Es sind Naziembleme, SS-Hakenkreuze, das Wort «HASS», der Nazitotenkopf und ähnliche Bilder, die seinen Körper «zieren». Adolf Hitler und die Nazis haben in tausendfacher Form «minderwertiges Leben» vernichtet. Auch der getötete Herr Dänicke war in Daniels Augen «minderwertig». Minderwertiger als er selbst? Gibt es einen Menschen, der minderwertiger ist als ein anderer Mensch?

Nein, Daniel hat keinerlei rechte oder linke Ideologie. Er ist politisch vollständig uninformiert. Er ist praktisch apolitisch. Seine Ansichten sind nicht nur grotesk und absurd. Deren Begründung ist nicht nur lächerlich, widersinnig und schlicht, sondern auch durch eine hohe Instabilität gekennzeichnet. Er widersprach sich ständig. Er stimmte wahllos zu, nahm wahllos zurück. Er guckte einfach mit großen Augen umher.

Was er als «politische Orientierung» und «politisch-gesellschaftliche Einstellung» bezeichnete (und so stolz vor sich hertrug), ist nichts anderes als ein einfacher, archaischer und unkomplizierter Identifikationsversuch. Das soziale Refugium des Benachteiligten und Schwachen, des Verlierers und Verlorenen, eines sozial desorientierten, intellektuell eingeschränkten und biographisch gepeinigten, armen Daniels bündelt sich zusammen in dem, was er «rechtsradikal» nennt. In dem, was die anderen rechtsradikal nennen. In dem, was rechtsradikal ist. Seine «politischen» Ansichten in der Form, wie er sie äußert, sind nichts anderes als die grotesken und manchmal Traurigkeit erzeugenden Ausdrucksformen einer tief greifenden Persönlichkeitsstörung.

Die Persönlichkeitsskizze, die ich für das Gericht über ihn erstellte, zeigt eine einfachst strukturierte, leicht zu verunsichernde Persönlichkeit. Sie zeigt eine Person mit einer Menge von Minderwertigkeitsproblemen und ungelösten Konflikten. Einen emotional labilen, introvertierten, gehemmten, aber auch übermäßig reizbaren und überdurchschnittlich aggressiven und impulsiven Menschen.

Daniel kann seine Probleme nur dann bewältigen, wenn er die Welt, die Umwelt, seine Mitmenschen oder auch Situationen, die er erlebt, spaltet. Spaltet in gegensätzliche Kategorien. Spaltet in «Gut und Böse», in «Schwarz und Weiß», in «Freund und Feind». Dazwischen gibt es nur eine scharfe trennende Linie. Keine Brücke, keine Mischung, keinen Übergang. Alles ist konträr in seinem Leben. Auch in seinem Erleben von Gefühlen. Von himmelhoch jauchzend gerät er plötzlich in Resignation, Langeweile, in eine tiefe Leere. Dann wiederum in Zorn, Wut, Anspannung und anschließend wieder in Mattigkeit.

Seine Persönlichkeit ist als pathologisch zu bezeichnen. Die wichtigste Frage aber ist, ob er trotz dieser Persönlichkeitsstörung bei der Tötung von Herrn Dänicke anders hätte handeln können, als er gehandelt hat. Meine psychiatrische Beurteilung war klar: Zu jedem Zeitpunkt des langen Dramas war ihm bewusst, dass das, was er tat, unrecht ist. Er konnte seine Handlungen steuern. Seine Alkoholisierung war sowohl nach meinen Befunden als auch nach den Untersuchungen der Rechtsmediziner nicht so stark, dass er nicht anders hätte handeln können. Ich habe dem Gericht empfohlen, ihn als voll schuldfähig anzuerkennen, und das Gericht nahm diese Empfehlung an. Daniel wurde zu 9½ Jahren Haft verurteilt. Ein halbes Jahr unter der Höchststrafe des Jugendrechts.

Daniel hat seine gerechte Strafe bekommen.

Man fragt sich aber: «Warum waren die verschiedenen Versuche, Daniels Leben in geordnete Bahnen zu bringen, nicht erfolgreich? Warum konnte niemand verhindern, dass er das Identifikationsschild ‹Ausländer raus!›, ‹Jude verrecke!› und ‹Heil Hitler!› überhaupt als sein Refugium und seine Bühne benötigte?»

Waren vielleicht die angewandten Maßnahmen zu wenig auf die Bedürfnisse Daniels ausgerichtet? Boten sie weder Hilfe noch Bühne?

Daniel hat seine gerechte Strafe bekommen. Aber wie geht es weiter?

# Kapitel 11:
## Eugen – der fünfte Mörder

Der fünfte Mörder ist Eugen. Eugen ist Daniels Mittäter. Als wir ihn sahen, war er 22 Jahre alt.

Eugen hat rechtsradikale Ansichten, aber in einer «viel milderen» Form als Daniel. Zumindest gab er mir das so an. In viel differenzierterer Art und Weise ist Eugen rechtsradikal als Daniel – zumindest erzählte er mir das so. Es gibt auch keinen Grund dafür, warum man das nicht glauben sollte.

Eugen bildet bezüglich Rechtsradikalität eine Brücke zwischen Daniel und Fabian.

Daniel ist auf eine monströse, groteske Art rechtsradikal.

Eugen ist es auf eine «milde», eine «differenziertere» Weise.

Fabian hat gar keine «politische Ansicht». Er ist vom Alkohol depraviert (also verwahrlost, persönlichkeitsverändert, hat die ethisch-moralischen Vorsätze verloren, auch die wenigen, die er früher hatte). Fabian ist bloß ein gewöhnlicher Krimineller.

Und was sind die anderen?

Aufgrund meiner ganz persönlichen Erfahrungen mit «meinen» rechtsradikalen Straftätern habe ich keinen Zweifel daran, dass auch rechtsradikale Gewalttäter ganz gewöhnliche Verbrecher sind – allerdings eingehüllt in den Mantel einer vermeintlichen «politischen Ideologie».

Die Bekämpfung der rechtsradikalen Gewalttätigkeit ist nichts anderes als die Bekämpfung des Verbrechens. Des allgemeinen Verbrechens. Allgemeiner Gewalt.

Die Bekämpfung des gewalttätigen Rechtsradikalismus bedeutet nichts anderes als die Bekämpfung der Kriminalität.

Das «politische» Mäntelchen muss dabei allerdings heruntergerissen werden.

Aber setzen wir zuerst die Erzählung über Eugen, den fünften Mörder fort.

Auch Eugens Kindheit war in mehrfacher Hinsicht gestört. Der Vater war gewalttätig, die Eltern wurden bald geschieden. Das Sorgerecht für Eugen wurde dem Vater zugesprochen. Der aber wurde straffällig und musste ins Gefängnis. Für Eugen wurde eine Pflegschaft angeordnet. Zuerst kam er in ein Kinderheim, später in eine Pflegefamilie. Die Pflegefamilie bezeichnete er als das einzig Positive in seiner Kindheit. Von den anderen Kindern wurde er gehänselt, weil er einen Sprachfehler hatte, und wegen des Sprachfehlers wurde er auch verspätet eingeschult. Aufgrund seiner Leistungs- und Verhaltensauffälligkeiten schaffte er es nicht, einen Schulabschluss zu machen. Auch eine begonnene Bäckerlehre konnte er nicht abschließen. Er kam unpünktlich, blieb unentschuldigt von der Arbeit fern, hatte Krach mit seinen Kollegen. Zu seinen Pflegeeltern, dem «einzig Positiven» in seiner Kindheit, brach er dann den Kontakt ab. Er war aufsässig, ja er hatte seine Pflegeeltern sogar tätlich angegriffen. Daraufhin wurde er von den Pflegeeltern aus der Wohnung geworfen. Wieder wurde er in einem Kinderheim untergebracht, obwohl er inzwischen 19 Jahre alt war. Ein neuer Versuch, Fuß zu fassen, begann mit seiner Wunschlehre. Er wollte nämlich Koch werden. Wenige Monate später wurde ihm jedoch gekündigt, weil er erneut die Arbeit schwänzte, unpünktlich war und tätliche Auseinandersetzungen mit Kollegen hatte. Er wurde wegen Verhaltensauffälligkeiten in einer jugendpsychiatrischen Klinik behandelt. Sechs Monate blieb er dort. Während dieser Zeit konnte er seine leibliche Mutter ausfindig machen, zu der er bis dahin keinen Kontakt gehabt hatte. Für kurze Zeit wohnte er bei ihr, doch auch das ging nicht gut. Auch sie warf ihn nach einer Weile wieder hinaus. Sozialamt und Arbeitsamt kümmerten sich um ihn. Zuerst kam er in ein Orientierungsheim, dann wurde ihm vom Arbeitsamt eine Wohnung vermittelt. Da er die Miete jedoch nicht bezahlte, obwohl er die Mittel dafür hatte, wurde ihm die Wohnung gekündigt. Fortan lebte er von Sozialhilfe und zog von einem Bekannten zum anderen. Eine feste Wohnung hatte er nicht mehr.

Eugen wurde schon früh straffällig. In seinen Strafakten sind Körperverletzungen, mehrere Diebstähle, Erschleichung von Leistungen und verschiedene Ladendiebstähle dokumentiert. Als der Mord geschah, war er gerade auf Bewährung in Freiheit.

Als wir uns trafen und über seine rechtsradikalen Ansichten sprachen, hielt er sich sehr bedeckt mit seinen Äußerungen. Ja, er ist für «Ausländer raus!», aber nicht für alle. «Die hier ehrlich arbeiten, sollen bleiben. Aber die Asylanten müssen weg, ganz besonders die ‹Scheinasylanten›.» Nein, Gewalt gegen Fremde würde er nicht so bejahen. Sich

verteidigen, das ja. Diese Ausländer müssten gezwungen werden zu gehen, aber ohne Gewalt. «Na ja, zuerst müssen Deutsche Arbeit haben.»
Er habe etwas gegen kriminelle Ausländer.

Der psychiatrische Gutachter fand keinen Anhalt dafür, dass Eugen
zum Tatzeitpunkt nicht anders handeln konnte, als er gehandelt hat.
Auch die Gruppendynamik und sein Bedürfnis «dazuzugehören»
schränkten nicht seine Fähigkeit ein, das Unrecht seiner Tat zu erkennen. Und danach zu handeln.

Er wurde für voll schuldfähig befunden.

# Kapitel 12:
## Fabian – der sechste Mörder

Der sechste Mörder ist Fabian. Fabian ist – wie ich bereits gesagt habe – kein Neonazi. Fabian ist kein Rechtsradikaler. Fabian ist ein Alkoholiker, der in Gefängnissen lebt. Er war zum Tatzeitpunkt 32 Jahre alt.

Fabian war nur kurz «auf freiem Fuß». Vor dem Mord an Herrn Dänicke war er viele Jahre im Gefängnis gewesen. Zuletzt, weil er schon einmal einen Menschen getötet hatte.

«Wer war damals das Opfer?», wollte ich von Fabian wissen.

«Ich weiß es nicht.»

«Wie, Sie wissen nicht, wen Sie damals getötet haben?»

«Nee.»

«Wissen Sie, ob das Opfer eine Frau oder ein Mann war?», fragte ich weiter.

«Nee, genau weiß ich es nicht … Es ist so lange her … Es ist so lange her. Ich glaube, es war eine Frau … Es ist so lange her.»

«Den jetzt Getöteten, den Herrn Dänicke, kannten Sie ihn?»

«Nein.»

«Sie haben ihn nicht gekannt?», hakte ich nach.

«Nein.»

«Warum haben Sie ihn dann getötet?»

«Weiß ich nicht.»

Fabians Eltern waren beide Alkoholiker und starben relativ jung an den Folgen des Alkoholismus. Beide waren gewalttätig, beide prügelten ihn. Als er zwölf Jahre alt wurde, ließen sich die Eltern scheiden. Ein Stiefvater, der in die Familie kam, war ebenfalls Trinker. Die Kinder wurden in der Nacht zur Tankstelle geschickt, um Alkohol zu besorgen. Die Gewalttätigkeiten gegen die Kinder gingen weiter. Mit Laufen und Sprechen fing Fabian spät an. Bis zu seinem zwölften Lebensjahr war er Bettnässer, weshalb er in einer jugendpsychiatrischen Klinik behandelt werden musste.

Was Fabian berichtete, scheint wenig zuverlässig. Er erzählte, dass er den Beruf eines Fleischers erlernt habe. Offensichtlich ist aber, dass er sehr früh zum Alkoholiker wurde. Das, was er über seine Beziehung zu Daniel erzählte, entsprach nicht der Realität. Daniel war mit paramilitärischem Outfit unterwegs. Er trug Springerstiefel, hatte kurz geschorenes Haar und war am ganzen Körper mit Naziemblemen tätowiert, die man auch sehen konnte. Aber nein, Fabian hatte nichts über Daniels rechtsradikale Einstellungen gewusst. Dieser trage doch ganz normale Hosen, ganz normale Schuhe, und Tätowierungen habe er nie bei dem gesehen. «Nee, nichts davon bemerkt», meinte Fabian nur.

Seit zwölf Jahren «wohnt» Fabian hauptsächlich im Gefängnis: wegen mehrfachen gemeinschaftlichen Diebstahls, Sachbeschädigung, schwerem Diebstahl, gefährlicher Körperverletzung und eben der letzten Tat, der Tötung eines Menschen. Der Mensch, den er vor Herrn Dänicke getötet hatte, war eine Frau. Diese hatte er gemeinsam mit anderen so lange und so schwer misshandelt, dass sie an den massiven Verletzungen starb.

Fabian ist kein Rechtsradikaler. Er hat Herrn Dänicke getötet, weil er durch Alkohol depraviert ist, also seine ethisch-moralischen Grundsätze verloren hat. Er hat sich dem Neonazi Daniel und dem «milden» Rechtsradikalen Eugen angeschlossen. Ein bunter Strauß der Gewalt.

Fabian hat ein Alkoholabhängigkeitssyndrom und eine dissoziale Persönlichkeitsstörung. Mehr möchte ich über ihn nicht erzählen. Ich wollte nur zeigen, wie sie zusammenkommen: Rechtsradikalismus, Depravation und gewöhnliche Kriminalität. Und dass sie sich in ihrer Auswirkung kaum unterscheiden.


Zum Tatzeitpunkt war die Alkoholisierung von Fabian nicht so stark, dass er in seiner Einsichts- oder Steuerungsfähigkeit beeinträchtigt war. Seine Dissozialität ist kein Argument gegen die volle Schuldfähigkeit. Er hätte zum Tatzeitpunkt anders handeln können.

Fabian wurde zu lebenslanger Haftstrafe verurteilt. Eugen, der vorwiegend zusah und erst am Ende der Misshandlungen den auf dem Boden liegenden, fast leblosen Mann beraubte, erhielt zwölf Jahre Freiheitsstrafe.

Daniel, der nach Jugendrecht verurteilt wurde, bekam nur sechs Monate weniger, als das Höchstmaß des Jugendrechts vorsieht: Er wurde zu neun Jahren und sechs Monaten Haft verurteilt.

## Kapitel 13:
## Ein persönliches Wort

Als ich meinen ersten Auftrag bekam, einen rechtsradikalen Straftäter zu untersuchen, war ich noch an der Universität Bonn tätig. Ich sah es als einen Routineauftrag an, so wie auch alle anderen Gutachtenaufträge, die ich von der Staatsanwaltschaft oder dem Gericht angenommen hatte. Als hätte ich andere Aufträge, Mörder und Totschläger, Sexualstraftäter und Alkoholabhängige, Kleptomanen und Pyromanen zu begutachten.

Für mich war es ein ganz normales Gutachten. Offensichtlich auch für die Justiz. Staatsanwälte und Richter kannten mich. Kannten meine Herkunft. Sie hatten keine Bedenken, den rechtsradikalen Straftäter von mir – dem Wahldeutschen, dem «Deutschen ausländischer Herkunft» – begutachten zu lassen. Mir ging es gleich. Und das ist gut so. Ein normaler Vorgang, auf beiden Seiten eine Normalität, die inzwischen über zwei Jahrzehnte andauert. Sie ist etabliert. Und das ist richtig so.

Anomal wäre das Umgekehrte gewesen: wenn ein «Wahldeutscher» als psychiatrischer Gutachter eines Rechtsradikalen abgelehnt würde zugunsten, eines «eingeborenen» Deutschen. Das wäre nicht gut im Rahmen einer gefestigten Demokratie, wäre fatal für die neue (eigentlich nicht mehr so neue) deutsche Demokratie. Schlecht auch für Wissenschaft und Justiz.

Die deutsche Demokratie wäre in Argumentationsnot geraten, wenn sie gesagt hätte: «Es gibt zwei Arten von Deutschen, die ‹eingeborenen› Deutschen und die Wahldeutschen. Den Wahldeutschen trauen wir einiges nicht zu. Auch nicht, dass sie nach wissenschaftlichen Kriterien, nach bestem Wissen und Gewissen solche Fragen beantworten können.» Was für eine Diskriminierung wäre das! Dann könnte man auch die Frage stellen, ob man tatsächlich ein Wahldeutscher sein will. Es war sehr wichtig für mich persönlich, dass diese Frage vor dem Auftrag nicht gestellt wurde: «Was für ein Deutscher sind Sie? Eingeborener oder Wahldeutscher?» Aber noch viel wichtiger finde ich, dass die Gegenfrage nie gestellt wurde, dass die Justiz nie gefragt hat: «Ist Ihre Herkunft ein Hindernis für die gewissenhafte Begutachtung?» Genauso wichtig (ja in mancher Hinsicht wichtiger) sind für mich die Verteidiger der Angeklagten.

Auch sie haben nie gefragt: «Haben Sie tatsächlich das Gutachten nach bestem Wissen und Gewissen erstellt?»

Das ist für mich eines der vielen Argumente für das Selbstverständnis, für die Selbstverständlichkeit der deutschen Demokratie. Die neue Selbstverständlichkeit. Das neue Selbstverständnis. Der neuen Deutschen. Wie schön wäre es, wenn dies in allen Bereichen deutschen Lebens und immer der Fall wäre!

Und die Angeklagten? Wie reagieren rechtsradikale Straftäter darauf, dass ich ihr Gutachter bin? Ihr «Richter in Weiß»?

Es scheint auch für sie kein Problem zu sein. Wie aus den wenigen Beispielen, die ich erzählt habe, hervorgeht, allerdings nicht aufgrund vorgenommener Differenzierungen. Von «meinen» Neonazis mit ihrer einfachen Denkweise wäre eine solche Differenziertheit, eine so hohe Kombinationsleistung nicht zu erwarten. Die Akzeptanz, die ich bei «meinen» Rechtsradikalen erfahre, hat weit einfachere Gründe.

Für sie reicht ein Akzent in der Aussprache, um in ihren simplen Kategorien zu denken: «Kein Inländer – Ausländer». Der Akzent in meiner Aussprache spricht für Ausländer. Das müsste schon reichen.

Ich fragte den extremen Neonazi Daniel: «Ausländer raus?»

«Ja klar», meinte er.

«Alle?»

«Alle!» (Und er unterstrich seine Entschlossenheit mit einer entsprechenden Bewegung seiner beiden Arme.)

«Ich auch?», wollte ich wissen.

Perplex und diese Frage offensichtlich nicht erwartend, meinte er lächelnd: «Sie doch nicht.»

«Wieso nicht? Sie merken doch an meinem Akzent, dass ich ‹Ausländer› bin.»

«Sie sind doch kein Ausländer. Sie sind ein Professor», kam die verblüffte Antwort Daniels.

«Doch.»

«Macht doch nichts, Sie sind ein Professor!»

Ich bin also ein Professor und deswegen kein Ausländer. Diese einfache Weltsicht des einfachen Daniel gibt die Situation haargenau wieder. Die Beziehung zwischen mir, dem psychiatrischen Gutachter, dem «Professor», und den Straftätern ist eine höchst asymmetrische Beziehung. Wie bei jedem Gutachter und bei jedem Angeklagten. Der Angeklagte ist in einer schwachen und höchst unangenehmen Situation. In einer Gefängniszelle sitzend wartet er angstvoll auf das Gerichtsurteil. Angst ist ein Hauptmerkmal, welches ich bei ausnahmslos allen rechtsradikalen Straftätern feststellen konnte. Angst vor der bevorstehenden Strafe. Angst vor dem Richter. Angst vor den Konsequenzen ihrer Taten. Nicht Reue wegen der Tat. Aber Angst vor den Konsequenzen der Tat. In dieser angstvollen und erwartungsvollen Situation erscheint nun der psychiatrische Gutachter. Die Angeklagten erhoffen sich viel von ihm. Er ist für sie der «Richter in Weiß». Sie hoffen, dass ihnen aufgrund seines Gutachtens eine verminderte Schuldfähigkeit zuerkannt und daraufhin eine mildere Strafe verhängt wird. Sie fühlen sich abhängig von ihrem Gutachter. Hinzu kommen aber noch andere Faktoren der Asymmetrie, der Ungleichheit, die mit der sozialen Position zu tun haben: Der angeklagte rechtsradikale Straftäter steht in der sozialen Hierarchie fast immer unten oder gar ganz unten, der Professor jedoch befindet sich, zumindest in der Vorstellungswelt der Straftäter, ganz oben. Und das mit allen damit verbundenen begleitenden Unterschieden. Diese Asymmetrie spielt für die Akzeptanz, oder besser gesagt gegen die Nicht-Akzeptanz, eine entscheidende Rolle.

Die psychiatrische Gutachtertätigkeit ist eine wissenschaftliche Tätigkeit. Sie basiert auf wissenschaftlichen Kriterien und wissenschaftlichen Regeln. Diese Regeln gelten unabhängig von der Person des Angeklagten und unabhängig von der Person des Gutachters. Unabhängig von Nationalität und unabhängig von Religion. Unabhängig von Hautfarbe und unabhängig von politischer Einstellung. Aber kann man angesichts solcher Taten überhaupt unvoreingenommen sein? Darf man unvoreingenommen sein? Nein, man darf nicht – man *muss* hier sogar voreingenommen sein. Es ist ein Gebot des menschlichen Anstands, gegen diese Art von Einstellungen zu sein. Gegen solche Handlungen zu sein.

Unvoreingenommen muss man jedoch gegenüber den Tätern sein.

Hier ist es die Pflicht des Wissenschaftlers, nach bestem Wissen und Gewissen zu urteilen. Festzustellen, ob beim Angeklagten eine psychische Störung vorliegt und ob diese sein Tun und Lassen zum Tatzeitpunkt mitbedingte. Und das ist eine Selbstverständlichkeit. Unabhängig davon, ob er ein «eingeborener» Deutscher oder ein Wahldeutscher ist, hat der Gutachter unvoreingenommen, neutral, nach bestem Wissen und Gewissen den Täter, jeden Täter, zu beurteilen. Auch den rechtsradikalen Gewalttäter.

# Kapitel 14:
## Der dritte Mord

Der dritte Mord hat nicht das Geringste mit Rechtsradikalität zu tun.

Die Mörder des dritten Opfers haben keine im eigentlichen Sinn politische, rechtsradikale Gesinnung. Aber gibt es einen Unterschied zwischen dem ersten Mord (der nur mit Rechtsradikalismus zu tun hatte), dem zweiten Mord (der nur teilweise mit Rechtsradikalismus zu tun hatte) und dem dritten Mord (der nichts, aber auch gar nichts mit Rechtsradikalismus zu tun hatte)? Nein, es gibt keinen Unterschied.

Gewalttätiger Rechtsradikalismus ist gewöhnliche Kriminalität. Rechtsradikale Mörder unterscheiden sich von den Mördern des Herrn Gerol nur durch das Mäntelchen der rechtsradikalen «Ideologie».

Herr Gerol ist das dritte Mordopfer. Herr Gerol war auch geistig behindert, wie Herr Dänicke. Als Kind war er an einer Hirnhautentzündung erkrankt, die ihn zum geistig Behinderten machte. Das wurde ihm zum Verhängnis.

Er wurde zu einer Art «Dorfdepp». So nannten ihn jedenfalls manche Halbstarke des Dorfes. Auch Gabriel, Harry und Ilja benahmen sich wie Halbstarke, obwohl sie inzwischen alle erwachsen waren. Eines Tages hatte sich Herr Gerol aufgerafft, Anzeige zu erstatten, nachdem er von Gabriel und Harry schikaniert und geschlagen worden war. Harry kannte er, und so konnte er der Polizei dessen Namen nennen. Gabriel war ihm nicht bekannt, weshalb er bei der Polizei einen falschen Namen angab. Die Anzeige war eine «unerhörte» Sache in den Augen der drei.

Gabriel, Harry und Ilja sind drei völlig verschiedene Menschen. Ihre Bande hatten sie durch ihre gemeinsam verbrachte Freizeit geknüpft. Jeden Nachmittag trafen sie sich an der Bushaltestelle des Ortes, tranken Bier und verspotteten die vorübergehenden Leute. Abends gingen sie gewöhnlich auf eine Bowlingbahn und tranken dort weiter. Keiner der drei war jedoch Alkoholiker. Eines Nachts, kurz nachdem Herr Gerol Anzeige erstattet hatte, kamen sie gegen Mitternacht von der Bowlingbahn. Unterwegs entdeckten sie Herrn Gerol. Sein Martyrium begann.

Zuerst schlugen und traten sie ihn. Dann warfen sie ihn in einen Gully mit Abfällen und deckten ihn mit dem Deckel zu. Nach einer

Weile holten sie ihn wieder heraus. Sie versuchten, ihn in eine Waschanlage einer benachbarten Tankstelle zu bringen, was aber nicht gelang. Daraufhin steckten sie den Mann in den Kofferraum ihres Autos und fuhren einige Kilometer außerhalb der Stadt zu einem Steinbruch. Dort warfen sie das Opfer ins Wasser und drückten mit den Schuhen seinen Kopf mehrmals unter Wasser. Anschließend holten sie ihn wieder heraus und schlugen und traten erneut auf ihn ein. Danach schlossen sie ihn wieder im Kofferraum ein. Sie fuhren mehrere Kilometer weiter, zerrten ihr Opfer wieder heraus, traten und schlugen es erneut und schlugen seinen Kopf mit voller Wucht auf eine Schranke.

Das Gericht erkannte in seinem Urteil als erwiesen an, dass die drei Täter spätestens zu diesem Zeitpunkt die Entscheidung trafen, Herrn Gerol zu töten. Sie stellten nämlich fest, dass sie ihn so schwer misshandelt hatten, dass sie nun empfindliche Strafen befürchten mussten, wenn er sie anzeigen sollte. So wurde die Entscheidung getroffen. Herr Gerol sollte sterben, damit er sie nicht verraten konnte. Hierauf schleppten sie ihn wieder zurück zum Auto und packten ihn erneut in den Kofferraum. Nach einigen Kilometern hielten sie an einem Feld an, holten den Verletzten aus dem Kofferraum und schlugen und traten erneut auf ihn ein. Sie nahmen von einem Feldzaun eine Latte und schlugen damit mit aller Wucht auf die Brust des schwer verletzten, blutüberströmten Opfers ein, das sich nicht mehr wehren konnte. Bis die Zaunlatte zerbrach. Im Anschluss daran ließen sie Herrn Gerol dort am Straßenrand liegen. Es sollte so aussehen, als ob ein Auto ihn überfahren hätte. Sie fuhren nach Hause und gingen schlafen. Am nächsten Morgen wurde Herr Gerol nass, blutüberströmt und mit entstelltem Gesicht im Straßengraben tot aufgefunden.

Erst nach einem Monat wurden die Mörder ermittelt.

Kapitel 15:
Gabriel – der siebte Mörder


Der siebte Mörder ist Gabriel, ein 27-jähriger Mann, der jedoch viel jünger aussieht. Ich traf ihn im Gefängnis. Gabriel war sehr bedacht darauf, mich um jeden Preis davon zu überzeugen, dass er keine Schuld an Herrn Gerols Tod trage. «Die anderen. Die anderen zwei haben Schuld daran. Die anderen haben ihn bestialisch behandelt. Ohne eine Spur von Menschlichkeit.» Ja, es stimme, dass er derjenige war, der die Idee hatte, Herrn Gerol in den Gully zu werfen und mit dem Deckel zuzudecken. Aber damit habe er nur gewollt, dass dieser vor den Schlägen und Tritten geschützt werde. Jaja, es stimme auch, dass er der Initiator war, Herrn Gerol in den Kofferraum einzuschließen und durch die Gegend zu transportieren. Dies sei wiederum nur geschehen, um ihn zu schützen. Aber auch um selbst nicht mit den anderen zusammen gesehen zu werden. Man hätte sonst denken können, dass er einer der Täter wäre. Nein, er habe nicht gewollt, dass er mit den zwei wahren Tätern zusammen gesehen werde. Deshalb all diese Inszenierungen. Aber auch um den armen Herrn Gerol zu schützen.

Ja, so erzählte Gabriel. Es machte ihn unruhig, als er merkte, dass ich ihm nichts von all dem abkaufte. Er hatte große Angst vor den Konsequenzen seiner Tat. Umso mehr versuchte er jetzt, seine Kumpane zu beschuldigen; versuchte, jedes belastende Detail für die anderen hervorzuheben, und fabulierte für sich selbst entlastende Momente. Und er war kalt. «Herzlos», wie ein Kumpan über ihn sagte. Nicht das geringste Mitgefühl. Nicht die geringste Scham.

Die Fähigkeit, sich nach innen zu wenden, eigene Verantwortlichkeit und Schuld zu erkennen, ist ihm unbekannt. Andere sind schuld an seinem Tun und Lassen. Das stellte er in fast schon bizarrer Form dar. Nein, er ist nur das Opfer der Situation, er ist überhaupt unschuldig. Empathie, also die Fähigkeit, sich in die Gefühle anderer hineinzuversetzen und Mitgefühl zu entwickeln, ist eine ihm völlig unbekannte Eigenschaft. Er strahlt nur Kälte aus, und er macht sich seine eigenen Wahrheiten. Die Beziehung zu seiner pflegebedürftigen Mutter, die seit vielen, vielen Jahren in einem Pflegeheim lebt, ist bezeichnend: Mir gegenüber überidealisierte er seine Mutter. Sie sei ein Engel. Zwischen ihnen bestehe eine starke, warme Bindung. Die Informationen aus der Umgebung, die wir einholten, sprachen genau für das Gegenteil. Er kümmerte sich überhaupt nicht um seine Mutter. Er besuchte sie kaum. Kurz vor der Mordtat hatte die Mutter Geburtstag, und er überlegte, ob er sie besuchen solle oder nicht. Ilja, sein späterer Mittäter, zwang ihn dazu: «Wir haben ihn ins Auto gesetzt und zum Pflegeheim gebracht. Vorher haben wir ihn zum Bahnhof gebracht und ihm gesagt, dass er Blumen für seine Mutter kaufen soll. Er kaufte einen kleinen, in Plastikfolie abgepackten Strauß. Dann haben wir ihm gesagt: ‹So, jetzt nimm richtige Blumen für deine Mutter, die hat Geburtstag, die ist schwer krank, und du siehst sie kaum.› So haben wir ihn gezwungen, die richtigen Blumen für seine Mutter zu kaufen. *Er ist völlig herzlos seiner Mutter gegenüber. So herzlos, wie er auch anderen Menschen gegenüber ist.*»

Gabriel kommt aus einer zerstörten Familie. Er war noch sehr klein, als die Ehe der Eltern geschieden wurde. Mit seinem leiblichen Vater hatte er danach keinen Kontakt mehr. Erst viele Jahre nach der Scheidung kam ein Stiefvater in die Familie. Alkoholiker und kriminell. Ein brutaler und gewalttätiger Mensch, der Frau und Kind verprügelte und tyrannisierte. Auch diese Ehe wurde geschieden.

Das Schicksal hat es mit Gabriel nicht gut gemeint. Die Mutter, einziger Trost, einziger Hafen in seiner gestörten Kindheit, erkrankte an Multipler Sklerose, als er noch ein Kleinkind war. Als er 13 Jahre alt wurde, war die Mutter pflegebedürftig und konnte sich überhaupt nicht mehr um den Jungen kümmern. Er musste in einem Kinderheim untergebracht werden. Wie nicht anders zu erwarten war, entwickelte der Junge Verhaltensauffälligkeiten. Er störte den Unterricht, prügelte sich mit den Mitschülern. Trotzdem konnte er die Schule bis zum Ende besuchen und dann eine Lehre als Maschinenmonteur abschließen. Er hat in dem gelernten Beruf aber nie gearbeitet, sondern war bei einer Abrissfirma tätig. Eine feste Beziehung zu einer Frau hatte er nie. Seine letzte Beziehung hatte kurz vor der Inhaftierung angefangen und endete direkt danach. Seine Hobbys waren ausschließlich, sich mit seinen Kumpels an der Bushaltestelle zu treffen, Alkohol zu trinken und dann gemeinsam mit ihnen eine Kneipe oder eine Disko zu besuchen.

Gabriel trinkt reichlich Alkohol. Er versuchte sogar, mich davon zu überzeugen, dass er alkoholabhängig sei. Das konnte ich nicht bestätigen. Für die Tatnacht gab er an, eine solche Menge von Alkohol konsumiert zu haben, dass die Berechnungen des Rechtsmediziners Werte ergaben, die mit dem Leben unvereinbar gewesen wären. Wir konnten aber weder einen schweren noch einen mittelschweren Rausch für die Tatnacht feststellen (woraus eine erhebliche Beeinträchtigung der Schuldfähigkeit abzuleiten gewesen wäre).

Wohl aber konnten wir feststellen, dass er nicht das geringste Bedauern und Mitleid für Herrn Gerol empfindet. Nicht die geringste Traurigkeit, nicht die geringste Reue und nicht die geringste Scham wegen seiner Tat.

## Kapitel 16:
## Harry – der achte Mörder


Der achte Mörder ist Harry. Harry ist, wie Gabriel, 27 Jahre alt und stammt aus dem gleichen Dorf. Harry ist eine traurige Figur.

Ich habe mich gefragt, warum mir während der Gespräche mit ihm das Bild einer Schnecke durch den Kopf ging. Er war nicht einmal in der Lage, richtige Sätze zu formulieren. Er hatte Schwierigkeiten, mir in die Augen zu sehen. Er stotterte im Gespräch, war ängstlich, unsicher, unbeholfen. Er saß vor mir auf seinem Stuhl, unruhig, den Kopf mal zur einen, mal zur anderen Seite gewendet. Den Blick auf den Boden gerichtet. Mit der einen Hand streichelte er langsam seinen anderen Arm und dann umgekehrt. Er antwortete auf die meisten Fragen mit einem «Wenn ich das wüsste» oder «Ich weiß es nicht».

Nein, er wollte Herrn Gerol nicht töten. Nein, auch nicht verletzen. Es war nur eine kleine Auseinandersetzung. Eine kleine Auseinandersetzung, die er nicht steuern konnte. Die anderen hatten schließlich das Sagen. Er versucht, den armen Herrn Gerol zu schützen, zu retten, aber die anderen hatten nicht auf ihn gehört. Ja, natürlich hat er geschlagen und getreten, aber nur, weil die anderen das auch gemacht haben. Ob er mit seinem Fuß den Kopf des Mannes unter Wasser drückte? «Keine Erinnerung.» Ob er den im Kofferraum zusammengekauerten Herrn Gerol noch mit den Fäusten schlug? «Keine Erinnerung.» Aber er erinnert sich, dass er mit den anderen «diskutierte» und «diskutierte» … Diskussionsthema? «Dass man so etwas nicht mit einem Menschen machen kann.» Aber leider, leider konnte er sich nicht durchsetzen. Der Gabriel war der Kopf der Gruppe. Der Gabriel hat die Initiative gehabt. Der Gabriel hatte kein Mitleid mit dem nassen, blutenden, stöhnenden Herrn Gerol. Auch nicht mit dem zeitweise bewusstlosen und leblos aussehenden Herrn Gerol.

«Und der Ilja?»

«Der Ilja hat mit der Zaunlatte auf den inzwischen völlig entkräfteten und blutbeschmierten Herrn Gerol eingeschlagen. Bis die Zaunlatte zerbrach.»

Harry, der Introvertierte, hatte viele Probleme in seiner Kindheit. In der Familie gab es zwar nicht die schlimmen Erfahrungen, wie sie die anderen gemacht hatten. Es herrschte mehr oder weniger dörfliche Indifferenz. Aber in der Schule. In der Schule musste er drei Klassen wiederholen, weil er nicht mitkam. Er musste die Schule in der 6. Klasse verlassen, was für deutsche Verhältnisse ziemlich niedrig ist. Das hat er bis heute nicht verwunden. Bis jetzt versucht er, das vor allen geheim zu halten. Seine innige Bitte an mich war, dass ich alles vor Gericht sagen dürfe, aber nicht das. «Wie peinlich, wie peinlich», sagte er. Doch er musste auch diese Frage vor Gericht beantworten. Seine Verhaltensauffälligkeiten in der Schule waren ausgeprägt. Er verprügelte sogar Lehrer. Deswegen wurde er sechs Monate lang in einer jugendpsychiatrischen Klinik behandelt. Er verließ die Schule, ohne eine richtige Schulausbildung zu haben. Er schlug sich durch mit verschiedenen Hilfsjobs, als Dacharbeiter, auf dem Bau, auf Montage. Die Versuche, eine stabile Beziehung zu einer Frau zu entwickeln, schlugen immer wieder fehl. Auch mit der Frau, mit der er ein Kind hatte. Zu seinem Kind hat er keinen Kontakt mehr. Der Versuch verschiedener Institutionen, vor allem des Arbeitsamtes, ihm sozial zu helfen, etwa mit Umschulungsmaßnahmen, brachte keinen beständigen Erfolg. Er ist seit langem arbeitslos. Er verbrachte die Zeit zu Hause, wartete, bis der Nachmittag kam. Dann traf er Gabriel und Ilja an der Bushaltestelle, trank mit ihnen Bier und verspottete die vorübergehenden Leute. Täglich, bis es Nacht wurde. Nein, Hobbys hat er nicht, Interessen hat er keine, Lesen will er nicht. Er trinke Bier und sehe fern.

Jetzt weiß ich, warum ich dieses Bild von einer Schnecke in meinem Kopf hatte, solange ich mit Harry sprach. Das hat nicht nur mit seiner Körperhaltung zu tun, sondern mit einer großen Introversion, Ängstlichkeit, Selbstunsicherheit und Hemmung in zwischenmenschlichen Beziehungen. Aber am ehesten bezeichnend ist seine Introversion. Also seine Tendenz, sich nach innen zu kehren und in seinem Schneckenhäuschen möglichst von den anderen nicht gesehen zu werden. Die andern nicht zu sehen. Von den anderen nichts mitgeteilt zu bekommen. Den anderen nichts mitteilen zu müssen. Harry ist ein absolut selbstunsicherer Mensch. Er fühlt sich minderwertig auf vielen, vielleicht sogar auf allen Ebenen: Aber bloß die anderen diese Minderwertigkeitgefühle nicht erkennen lassen. Den anderen diese Minderwertigkeitsgefühle nicht zeigen. Möglichst das Gegenteil zeigen. Auch wenn das nur in einer prügelnden Gruppe möglich ist.

Wie es die Beschreibungen der anderen Mittäter aus dieser schrecklichen Nacht zeigen. Das Bild eines anderen Harry. Danach schlug und verspottete er den geistig behinderten Herrn Gerol ohne Hemmung. Im Genuss seiner Macht. Ohne Mitleid. Unter Beschimpfungen und Demütigungen. Gegen den wehrlosen, geistig Behinderten. Und er stimmte zu, als Gabriel den furchtbaren Satz zu dem wehrlosen, geistig behinderten Herr Gerol sagte:

*«Du bist lebensunwürdig.»*

Wie stark muss er sich dabei gefühlt haben. So stark, wie seine Mittäter ihn beschreiben. Die Schnecke verwandelte sich in dieser Nacht zur angriffslustigen Kobra.

*«Du bist lebensunwürdig.»*

Der Leitsatz der Schlächter von Auschwitz?

# Kapitel 17:
## Ilja – der neunte Mörder


Der neunte Mörder ist Ilja. Auch er war zum Tatzeitpunkt 27 Jahre alt. Ilja war für mich eine große Überraschung. Ich traf in ihm einen nachdenklichen jungen Mann, der sich schwerste Vorwürfe machte. Er sagte von sich selbst: «Ich schäme mich, ich schäme mich unendlich. Am liebsten würde ich mich in einem Mauseloch verkriechen.»

Ich war überrascht. Ilja ist der einzige Täter in dieser Erzählung, der Schamgefühle erlebte und zeigte. Er ist auch kein rechtsextremistischer Totschläger.

Auch Ilja kannte Herrn Gerol nicht, er wusste von ihm nur, dass er so eine Art «Dorfdepp» war. Iljas Persönlichkeit ist nicht pathologisch, sein Werdegang zeigt keine Besonderheiten. Er kommt aus einer ganz normalen, einfachen, ländlichen Familie. Seine Mutter war während aller Gerichtsverhandlungen anwesend. Lange Zeit hatte er eine Beziehung zu einer Frau, und er geriet in eine Krise, als diese mit seinem besten Freund fremdging.

Doch auch Ilja ist von Minderwertigkeitskomplexen geplagt. Schon als Kind wurde er gehänselt, weil er manche Buchstaben nicht richtig aussprechen konnte. Er musste deshalb eine Sprachheilschule besuchen. Der kleine, untersetzte Ilja wurde in der dörflichen Disko und im Kneipenmileu häufig bedroht und missachtet. Er selbst hielt sich für schwach und feige. Die Rettung kam in der Person von Gabriel. In dem Moment, als er sich Gabriel anschloss, wurden all seine Probleme mit einem Mal gelöst. Wenn jemand etwas Aggressives zu ihm sagte, kam Gabriel hinzu und fragte: «Ist was?», und der andere verschwand. Ilja hat sich niemals zuvor so stark gefühlt wie in den Monaten mit Gabriel. Ja, er hat es genossen, mit Gabriel und Harry als Dreigestirn durch die Straßen des kleinen Ortes zu ziehen. An der Bushaltestelle seine Freizeit mit den anderen beiden zu verbringen und gemeinsam mit ihnen andere zu verspotten und endlich selbst andere zu hänseln. Gabriel war ja dabei.

«Und in dieser tragischen Nacht, was war da?», frage ich ihn.

«Es war zum einen Solidarität mit den anderen beiden. Aber ich konnte auch endlich zeigen, was ich kann. Meine Stärken. Jetzt schäme ich mich dafür.»

Ilja, der Nicht-Rechtsextreme, ist der Einzige von den vielen, über die ich hier berichte, der echte Reue und Scham empfand und auch zeigte.

Gabriel, Harry und Ilja haben mit Politik nichts zu tun. Sie haben keine politische Meinung. Juden, Ausländer? Weder positiv noch negativ. Indifferent.

Gabriel, Harry und Ilja wurden zu lebenslanger Freiheitsstrafe verurteilt.

Kapitel 18:
Die Grausamkeit der Schwachen


Drei Morde. Neun Täter. Drei Mörder pro Tat. Und immer die gleiche Art des Tötens. Jedes Mal wird ein vermeintlich Schwächerer nach dem gleichen Prinzip behandelt: «Jetzt kann ich bestimmen, was mit mir geschieht.» Das gleiche Prinzip, nur mit unterschiedlicher Ausformung. «Du sollst aus diesem Land verschwinden.» – «Du sollst mir ein Bier und dein Geld geben.» – «Du sollst deinen Mund halten.» – «Du bist minderwertig.»

Endlich halten die Verlierer, die Verlorenen die Macht in den Händen, können endlich befehlen, können sagen: «Jetzt wird sich endlich mein Wille durchsetzen. Bis jetzt wurde ich verprügelt, wurde ich verspottet, wurde ich gehänselt, habe ich einen Misserfolg nach dem anderen erlebt, habe ich nie Erfolg gehabt. Aber jetzt, aber heute, in dieser Nacht, bin ich stärker. Du musst dafür bezahlen. Du musst dafür bezahlen, auch wenn dein Leben der Preis dafür ist.»

Jetzt, in der Gruppe, halten sich die Feiglinge für tapfer. Und sind doch nur ein Ausbund an Feigheit.

Die jahrelang angesammelten, angestauten Demütigungen, Verletzungen, Misserfolge verwandeln sich heute in entfesselte Dämonen. Und schlagen zu. Blind, verbissen, stumpf und grausam.

Wenn man den rechtsradikalen Gewalttätern das verbale Mäntelchen einer «politischen Ideologie» herunterreißen, Parolen und Gegröle übersetzen würde, dann hörte man nur:

«Heute herrsche ich. Dafür finde ich einen Grund. Du bist schwarz? Du kommst aus einem anderen Land? Du bist geistig behindert? Du bist anders? Du denkst anders? Du hast einen anderen Glauben? Dann ist das der Grund! Du bist schwach. Schwächer als ich.

Jetzt zeige ich dir, wie ich dir überlegen bin. Wie wenig du wert bist. Du hast eine schwarze Haut, ich habe eine weiße Haut. Und das ist zumindest hier in diesen Breiten, in diesen Köpfen, von Vorteil. Ja, hier ist es von Vorteil, eine weiße Haut zu haben. Du bist schwärzer als ich.

Und du, du bist geistig behinderter als ich.

Und du, du wirst noch mehr gehänselt als ich. Meine Überlegenheit liegt in meiner Brutalität. In meiner Grausamkeit. Ja, ich weiß es natürlich: Menschliches Leben ist tabu. Aber nicht heute Nacht. Zumindest gilt das heute Nacht nicht für dich.

Ich bin nicht neun Täter und drei Getötete. Ich bin nicht hundert Mörder.

Ich bin ein Mörder.

Und es gibt einen Ermordeten.

Ich bin nicht neun Mörder mit drei verschiedenen Motiven. Ich bin ein neungesichtiger Mörder.

Ich bin ein Mörder mit hundert Gesichtern.

Und du bist ein dreigesichtiger Ermordeter.

Du bist ein Opfer. Mit hundert Gesichtern.

Was ich begangen habe, sind nicht drei verschiedene Verbrechen mit drei unterschiedlichen Motiven. Nicht hundert Verbrechen. Nicht hundert Motive. Es ist ein Verbrechen mit einem Motiv.

Ich bin die grausame Schwäche, die sich an der Illusion der Stärke berauscht. Am Blut berauscht.

Ich bin die grausame Schwäche, die sich an der Illusion berauscht und dafür einen Namen braucht. Ein Mäntelchen. Mal nehme ich den Mantel des Rechtsextremismus, mal nehme ich ein anderes Mäntelchen. Aber ich bin immer dieselbe.

Ich bin die grausame Schwäche.

Alleine kann ich bloß leiden. Mit anderen zusammen kann ich grausam werden. Ich brauche die Gruppe, um Stärke zu zeigen. Ich suche eine Gruppe, irgendeine Gruppe. Ich nehme die Gruppe, die am leichtesten zu finden ist.

Ich bediene mich von allem. Die Rechtsradikalen? Die Skinheads? Die Neonazis? Warum denn nicht?

Sie alle versuchen, ihre Schwächen zu maskieren. Sie verkleiden sich in Bomberjacken. Sie versuchen, ihre zitternde, angstvolle Seele in ihren Springerstiefeln zu verstecken. Sie grölen, sie schreien und sie brüllen. Um das Stöhnen und das Heulen ihrer Schwäche zu übertönen.

Ich bin die Schwäche, die grausame.

Ich bin die Schwäche, die beliebige.

Die Schwäche, die da marschiert, die da grölt, die da tötet.

Ich bin die Schwäche, die grausam werden kann. Und wenn es mir passt, ziehe ich den Mantel des Rechtsradikalismus an.»

Das würde man hören, wenn man den rechtsradikalen Gewalttätern das Mäntelchen der «politischen Ideologie» herunterreißen würde.

Als psychiatrischer Gutachter habe ich inzwischen viele rechtsextremistische Straftäter gesehen, untersucht, vor Gericht getroffen, bin ihnen in Gefängnissen begegnet. Auch privat habe ich einige nach der Verurteilung in ihren Gefängnissen besucht. Ich wollte von Mensch zu Mensch mit ihnen sprechen.

Ich habe noch keinen Starken unter ihnen gesehen.

Keinen Gewinner.

Keinen hochintelligenten.

Ich habe nur Feiglinge gesehen.

Ich habe nur schwache, eingeschränkte, gepeinigte Verlierer gesehen.

Ich habe nur einen Haufen Elend gesehen.

Kapitel 19:
Julian, der David aus der fahrenden Straßenbahn warf

Großes Entsetzen in der Stadt. Die Zeitungen schrieben viel, die Kommentatoren äußerten ihre Empörung. Wieder wurden in Radio und Fernsehen Experten und vor allem Politiker befragt. Schon wieder Rassismus. Schon wieder Rechtsradikalismus, der gewalttätig geworden war. Manche Politiker forderten härtere Strafen. Andere versuchten, alles zu erklären mit den sozialen Bedingungen, der Arbeitslosigkeit, den Veränderungen in der Gesellschaft: «Wir müssen die sozialen Bedingungen ändern, wir müssen für die jungen Leute Perspektiven schaffen. So und nur so bekämpfen wir den Rechtsradikalismus.»

Der junge Schwarzafrikaner David war aus einer fahrenden Straßenbahn geworfen worden.

Die Tat löste großes Entsetzen aus. Die Frage wurde laut, ob es nun in Deutschland so weit gekommen sei, dass Rechtsradikale die Straßen beherrschen. Haben Fremde bei uns Angst, in einen deutschen Bus, in einen deutschen Zug, in eine deutsche Straßenbahn einzusteigen? Haben es die Rechtsradikalen so weit gebracht, dass Fremde sich bei uns nicht sicher fühlen, weil sie zum Beispiel eine schwarze Hautfarbe haben? Der schwarze Student, der schwarze Arbeiter, der schwarze Wissenschaftler, der schwarze Auszubildende, der schwarze Asylant, der schwarze Tourist? Japanische und amerikanische Reiseführer warnen vor touristischen Besuchen in Deutschland, vor allem in Ostdeutschland.

Amerikanische und englischsprachige Reisekataloge empfehlen den Touristen, bestimmte Städte, insbesondere ostdeutsche Städte, zu meiden. So weit ist es wieder gekommen?

Der Haupttäter Julian wurde zu mir in die psychiatrische Klinik gebracht. Und das geschah unter hohen Sicherheitsvorkehrungen. Sicherheitsbeamte überall. Fast bis zur Verunsicherung.

Julian war zum Tatzeitpunkt 29 Jahre alt. Er hatte seine zwei Mittäter nachmittags in einem Lokal getroffen, wo sie gemeinsam tranken. Nachdem sie schon einiges konsumiert hatten, liefen sie gegen 19.30 Uhr zu einer Straßenbahnhaltestelle. Sie waren schon stark angeheitert, tauschten alberne Scherze aus und machten sich über Passanten lustig. Dann bestiegen sie die Straßenbahn. Im Wagen saßen wenige Fahrgäste.

Darunter war auch das spätere Opfer David (schwarz), zusammen mit seiner Freundin (weiß). Gleich nachdem sie ihn wahrgenommen hatten, begannen Julian und seine beiden Kumpane, sich über ihn lustig zu machen und ihn zu belästigen.

«Eh, hast du uns Bananen mitgebracht?», pöbelten sie. David und seine Begleiterin erwiderten nichts. Auch die anderen Gäste sagten nichts. «Was willst du denn hier in unserem Land?»

David und seine Freundin antworteten auch darauf nicht. Auch die anderen Fahrgäste unternahmen nichts.

«Na, du schwarzes Schwein. Du nimmst den Deutschen den Arbeitsplatz weg, Negerschwein. Schwarzes Schwein», beschimpften sie ihn weiter und begannen, ihn an seiner Kleidung zu ziehen. Das Opfer reagierte auch darauf nicht. «Und du, schämst du dich nicht, mit einem Schwarzen zu gehen?», beschimpften sie seine Freundin.

Davids Schweigen machte die Täter wütend. Sie begannen, mit Fäusten auf sein Gesicht und seinen Kopf zu schlagen und mit den Füßen nach ihm zu treten. Davids Freundin rannte zum Straßenbahnführer, um diesen zu bewegen, anzuhalten und Hilfe zu holen. Auch zwei andere Fahrgäste liefen zum Fahrer, nachdem sie die Täter mehrmals aufgefordert hatten aufzuhören. Ein Zeuge, Ehemann einer tapferen Zeugin, versuchte wegzusehen. «Aus Angst», wie er später verschämt während der Hauptverhandlung vor Gericht aussagte. Im Gerichtsurteil steht: «Der Ehemann der Zeugin, der ebenfalls im vorderen Teil des Triebwagens saß, verhielt sich dagegen passiv und getraute sich nicht, dem Geschehen Einhalt zu gebieten. In der Straßenbahn befanden sich noch weitere Fahrgäste, die sich alle passiv verhielten.»

Julians Mittäter hörten irgendwann auf, David zu schlagen und zu treten. Julian nicht. Er erfasste mit beiden Händen den Haltegriff an der Decke der Straßenbahn, zog beide Knie hoch, um dann, am Haltegriff hängend, mit großer Wucht mit beiden Füßen nach der Brust von David zu treten. Dieser wurde durch die Wucht des Fußtritts gegen die Fensterscheibe geschleudert. Die Scheibe brach vollständig aus der Fassung und wurde auf die Straße geschleudert. David hing mit dem Oberkörper am offenen, zerbrochenen Fenster der fahrenden Straßenbahn. Julian, der wie ein Affe noch immer dort oben hing und hin und her schaukelte, nahm nun seine ganze Kraft zusammen und trat noch einmal mit aller Wucht nach seinem Opfer. David wurde durch die Fensteröffnung geschleudert und stürzte auf die Straße. 100 Meter weiter stoppte endlich die Bahn. Julian und seine Mittäter liefen davon. Die Zeugen des Geschehens in der Straßenbahn liefen zu David und versuchten, Hilfe zu leisten. Die Polizei kam – in der Zwischenzeit durch den Straßenbahnführer alarmiert – unmittelbar im Anschluss daran. Die anderen Fahrgäste identifizierten Julian und seine Mittäter zweifelsfrei. Sie waren in der Nähe des Tatorts verhaftet worden.

Das Opfer lag schwer verletzt auf der Straße: David erlitt einen Jochbeinbruch, eine Handwurzelfraktur, ein Halswirbelsäulen-Schleudertrauma, ein Schädel-Hirn-Trauma, mehrere Nieren- und Beckenkontusionen. Die Behandlung auf einer Intensivstation rettete ihm jedoch das Leben.

In den Hallenser Straßenbahnen ist jetzt, einige Jahre danach, folgender Aufkleber zu sehen: «Aktion Noteingang. Unsere Fahrer bieten Schutz und Informationen bei rassistischen und faschistischen Übergriffen.»

Bei der Hauptverhandlung wurde David vom Vorsitzenden Richter Braun gefragt, ob er den Täter identifizieren könne. Er antwortete:

«Yes Sir. This Gentleman.»

«Was?», dachten manche, ««Gentleman›?»

Julian kommt aus sehr problematischen Familienverhältnissen. Sein Vater war Alkoholiker und tyrannisierte die Familie. Er verprügelte die Kinder, löste seine Probleme mit Gewalt. Die Familie hasste den Vater. Julian berichtete von einem Zwischenfall, wobei sein Vater mit einer Säge vor Julians Bruder gestanden und gedroht habe, ihm den Kopf abzusägen. Ihm selbst schlug der Vater tatsächlich eines Tages mit dem Hammer auf den Kopf. Julian hasste auch seine Mutter. Er lehnt sie ab, sie sei «link und doppelzüngig». Als kleines Kind hatte er einen Streit zwischen den Eltern miterlebt. Thema des Streits war, ob Julian das leibliche Kind des Vaters sei oder nicht. Der Vater warf der Mutter vor, dass sie während einer Kur fremdgegangen und Julian gar nicht sein eigenes Kind sei. Insgesamt gibt es sieben Kinder. Eines ist geistig behindert, zwischen den anderen sechs Geschwistern gab und gibt es keine innige Beziehung.

Auch Julians Schulzeit war sehr problematisch. Er hatte Schwierigkeiten mit dem Schreiben und Lesen und war deshalb Sonderschüler. Nachdem er einige Fortschritte in der Sonderschule gemacht hatte, wurde ein Versuch unternommen, ihn in die normale Schule zurückzuführen. Doch dort empfand er sich nie als richtig zugehörig. Er war ein schwacher Schüler, blieb sitzen, schwänzte die Schule und versuchte sich Cliquen anzuschließen. Er war desinteressiert, war der «Zappelphilipp» der Klasse, störte den Unterricht. Es folgte eine psychiatrische Behandlung, die wenig brachte. Schon im 7. Schuljahr begann er, Alkohol zu trinken. Daraus entwickelte sich später eine richtige Alkoholabhängigkeit. Julian wurde Alkoholiker, genau wie sein Vater. Der Versuch, eine Lehre in einem Bergwerk anzufangen, war schnell zu Ende. Er war inzwischen kriminell geworden. Mit 15 wurde er zum ersten Mal verhaftet. Zuerst musste er wegen Diebstählen von Mopeds für acht Monate ins Gefängnis. Kurz nach seiner Entlassung wurde er wegen Raubes zu zwei Jahren und acht Monaten verurteilt. Er hatte einen Mann auf der Straße angegriffen und ihm gemeinsam mit einem Kumpel Portemonnaie und Armbanduhr abgenommen. Es folgten andere Verurteilungen wegen Körperverletzung, Alkohol am Steuer und so weiter. Mit der politischen Wende wurde er aus dem Gefängnis entlassen und lebte seitdem als Sozialhilfeempfänger.

Mit 17 Jahren, zwischen zwei Inhaftierungen, wurde er zum ersten Mal Vater. Obwohl er nur selten in Freiheit lebte, hatte er zum Zeitpunkt des versuchten Mordes an dem Schwarzafrikaner David vier uneheliche Kinder mit verschiedenen Partnerinnen. Weil er keinen Unterhalt zahlte, wurde er verurteilt. Er lebte zur Zeit seiner Tat mit einer Freundin zusammen. Diese Beziehung war durch Gewalttätigkeiten geprägt.

Während der Beziehung zwischen Julian und seiner jetzigen Freundin heiratete diese einen Russen. Aber nur formell, um diesem eine Aufenthaltsgenehmigung in Deutschland zu ermöglichen. Dafür bekam sie Geld. Das Ganze geschah mit Billigung Julians.

Mit 14 Jahren hatte er begonnen, Alkohol zu trinken; mit 17 war sein Alkoholkonsum bereits erheblich. Nach seiner letzten Entlassung aus dem Gefängnis hatte er begonnen, immer direkt nach dem Aufwachen Alkohol zu trinken. Er konnte sich nicht mehr kontrollieren; weder Beginn noch Ende noch Menge des Alkoholkonsums. Schon am Morgen litt er an Zittern und Schweißausbrüchen: Er war Alkoholiker geworden.

Außer der Alkoholabhängigkeit gibt es noch viele andere Auffälligkeiten. Er zeigt eine geringe Leistungsorientierung, soziale Werte haben für ihn kaum Bedeutung. Er ist leicht erregbar und aggressiv. Seine Bereitschaft zur aggressiven Durchsetzung seiner eigenen Interessen ist hoch. Er gilt als aufbrausend, jähzornig und impulsiv. Und wenn er Alkohol trinkt, ist es noch schlimmer. Am Tattag hatte er viel Alkohol getrunken, doch für seine Tat fanden wir darin keine Entschuldigung. Er konnte sein Verhalten trotzdem steuern. Er wusste, dass das, was er tat, unrecht ist.

Julian hat gar keine politische Einstellung. Er hat nicht das geringste Interesse an Politik. Wenn er sich mit seinen Kumpels trifft, saufen und scherzen sie zusammen. Aber über Politik fällt kein Wort. Außerdem hat er durchaus mit Ausländern Kontakt. Mit manchen trinkt er zusammen. Zu Sergej, einem Russen, hat er die beste Beziehung. Er hat keine konkreten Vorstellungen über Asylrecht, über Einwanderung, über das Deutschtum. «Nie dafür interessiert.» Die Parolen der Rechtsradikalen kennt er wie jeder andere. Aber darüber hat er sich nie Gedanken gemacht.

«Und wie kam es dazu? Wie kam es dazu, dass Sie einen unbekannten Menschen so furchtbar beschimpften und beinahe getötet hätten?», konfrontierte ich ihn mit seiner Tat.

«Ich weiß es nicht. Es war alles spontan. Ich war betrunken.»

«Nein, so betrunken waren Sie wiederum nicht. Haben Sie eine andere Erklärung, warum Sie es gemacht haben?»

«Nein, habe ich nicht.»

«Überlegen Sie noch einmal», forderte ich Julian auf.

«Wir waren alle angetrunken. Wir machten Späße und Scherze», versuchte er sich herauszureden.

«Tödliche Späße. Tödliche Scherze.»

«Hm … Tja.»

«Es waren aber auch andere Leute in der Straßenbahn», warf ich ein, «warum haben Sie gerade Späße mit dem Schwarzafrikaner gemacht?»

«Hm …»

«Na, was sagen Sie dazu?»

«Wenn ich nicht angetrunken gewesen wäre, hätte ich das bestimmt nicht getan», rechtfertigte sich Julian.

Ich fand keine Beeinträchtigung der Steuerungs- oder Einsichtsfähigkeit zum Tatzeitpunkt bei ihm. Ich empfahl dem Gericht, von voller Schuldfähigkeit auszugehen.

Man fragt sich: Was hat ihn dazu gebracht, zu tun, was er getan hat? David hat ihn nicht provoziert, hat nichts gemacht. Weder Handeln noch Worte des Opfers haben die Aggressions- und Gewaltmechanismen von Julian in Gang gesetzt. Ich konnte auch nicht erkennen, dass politische oder pseudopolitische Motive bei der Entfesselung der archaischen, aggressiven Verhaltensmuster bei Julian eine zentrale Rolle gespielt hätten. Wir haben es ja von ihm gehört. Er verneint jede politische Orientierung. Dies wurde auch von seiner Umgebung bestätigt. Auch dass er ausländische Bekannte hat. Ich konnte nur erkennen, dass ein «Gesellschaftsspiel» auf niedrigster Ebene stattfand: Ein Mensch wurde durch seine Hautfarbe – und nur durch seine Hautfarbe – ausgesondert und von den anderen abgesondert. Er wurde von den Schwachen als noch schwächer kategorisiert. Wer David war, was er tat, spielte keine Rolle. Es wurde nicht überlegt, ob der junge, nett aussehende Mann ein Student sein könnte, der gerade mit einem Humboldtstipendium in Deutschland verweilte. Oder ob er als Austauschstudent einer amerikanischen Universität bei uns zu Gast war, während die Amerikaner einen deutschen Studenten aufgenommen hatten. Es wurde nicht bedacht, ob sich der junge Mann gerade als Tourist in Deutschland aufhielt und in dieser Gegend vielleicht die Wirkungsstätten Goethes, Schillers und Luthers besuchen wollte. Es wurde auch nicht bedacht, ob der junge Mann vielleicht zum Ensemble eines ausländischen Orchesters, das gerade ein Gastspiel in der Stadt gab, gehörte.

Aber die Schwäche, die grausame, schlug zu.

Das Opfer hat sich nicht gewehrt, hat versucht, sich nicht provozieren zu lassen, versucht, die Fassung zu bewahren. Der Drang, die offene Macht gegenüber einem vermeintlich Schwächeren, wurde dadurch offensichtlich begünstigt. Die Täter bildeten ja eine Clique.

Man unterschätze die Macht einer Gruppe nicht: Sie ist das beste Versteck für Schwäche und Schwächlinge. Die Gruppe kann das berauschende Gefühl der so bitterlich gesuchten Überlegenheit geben: *«Jetzt kann ich es dir endlich einmal zeigen.»* Die Schwäche, die grausame. Die Schwäche, die beliebige, die mit dem Mund der Gruppe spricht.

Und die anderen Anwesenden?

Die waren zunächst alle passiv. Das bemerkten Julian und seine Kumpane natürlich und fühlten sich dadurch überlegen. Auch durch die Tatsache, dass die Anwesenden offensichtlich deutlich genug zeigten, dass ihrerseits wenig Bereitschaft zum Schutz des Opfers vorhanden war.

Hätten die Anwesenden ihre Bereitschaft zur Verteidigung Davids deutlicher gezeigt, hätte die Tat wahrscheinlich vermieden werden können. Leider haben nur wenige Zeugen – und zu spät – reagiert. Julian handelte im archaischen Rausch, überlegen zu sein, so wie er gehandelt hat. Genauso wie jeder rechtsradikale Gewalttäter. Begünstigt von der Umgebung und begünstigt durch den Alkohol. Die Wirkung der auch in Julian noch vorhandenen sozialen, ethischen und gesetzlichen Kontrollnormen und Kontrollmechanismen wurde durch den Alkohol abgestumpft, und das Gefühl der Macht war gestiegen. Und ebenso die Lust an der Gewalt.

Ein Rechtsextremer war Julian hingegen nicht. Der Staatsanwalt übernahm in seinem Plädoyer meine Thesen, den «politisch motivierten Hintergrund» konnte auch er nicht erkennen.

Am nächsten Tag, nach dem Plädoyer des Staatsanwaltes, sollte das Urteil gesprochen werden. Überraschend für alle war die eilige Bitte der Staatsanwaltschaft an das Gericht, ein ergänzendes Plädoyer halten zu dürfen. Wie mir der Vorsitzende Richter Braun versicherte, nahm das Gericht an, die Staatsanwaltschaft hatte etwas Wichtiges zu ergänzen. Die Verhandlung wurde also vertagt und der Bitte der Staatsanwaltschaft entsprochen. Am nächsten Tag erschien, zu aller Überraschung, ein anderer Staatsanwalt. Die Neugier, ja die Überraschung, war bei allen Prozessbeteiligten groß. Der neue Staatsanwalt hielt sein ergänzendes Plädoyer: Nein, die These, dass der versuchte Mord an David keinen «politisch gestalteten rechten Hintergrund» gehabt habe, sei nicht richtig. Natürlich habe Julian aus «politisch motivierten fremdenfeindlichen Ansichten» gehandelt. Diese Tat sei doch eine rechtsextremistische Tat und solle auch als solche betrachtet werden, meinte der neue Staatsanwalt. «Was werden die politischen Gegner, was wird das Ausland über uns denken, wenn wir es nicht so bezeichnen?», dachten sicherlich die Behörden.

Deutschland auf der Suche nach Selbstpositionierung. Deutschland zwischen hoffnungsvoller Sensibilisierung und neurotischer Reaktion.

Wie nach Sebnitz.

Wie seit Auschwitz.

Ich könnte mir vorstellen, dass sich das Gericht «missbraucht» fühlte. Vor allem, nachdem der Hintergrund dieses ungewöhnlichen Vorgangs bekannt geworden war. Das Ministerium nämlich war beunruhigt, dass in den Medien und von Seiten politischer Kontrahenten

Kritik aufkommen könnte, dass eine rechtsextremistische Tat nicht als solche behandelt werde. Dem plädierenden Staatsanwalt wurde nahe gelegt, die These des rechtsextremistischen Hintergrundes doch aufzugreifen. Er hatte das jedoch abgelehnt, weil er den Tatverhalt anders sah. Deshalb war er abgelöst worden, und die These des rechtsextremistischen Hintergrundes war von jenem anderen Staatsanwalt präsentiert worden.

Julian wurde zu mehrjähriger Haft verurteilt. Nach Verbüßung seiner Haftzeit soll er in eine Entziehungsanstalt kommen mit der Hoffnung, dass er dort in einer zweijährigen Therapie vom Alkohol loskommen wird.

Das Gericht akzeptierte die neue These des neuen Staatsanwaltes nicht und erkannte in seinem Urteil keinen politischen und keinen rechtsextremistischen Hintergrund an, sondern stellte eine gemeine Gewalttat fest. Unter dem «Mäntelchen» des Rassismus.

Die Frage aber bleibt: *«Was ist Rechtsextremismus?»*

Wo sind die Grenzen zwischen *gewöhnlicher* Kriminalität und *rechter* Kriminalität?

Wo sind die Grenzen zwischen *gewöhnlicher* Primitivität und *rechter* Primitivität?

## Kapitel 20:
## Der Affe, der schläft. Der Affe, der hässliche

Rassist zu sein ist sehr einfach. Antisemit zu sein ist sehr einfach. Xenophob zu sein, gegen Fremde also, ist sehr einfach.

Es ist einfach, weil es primitiv ist.

Es ist einfach, weil es archaisch ist.

Es ist einfach, weil es so einfach ist ... den Affen in uns zu befriedigen.

Nicht Rassist zu sein, nicht Antisemit zu sein, nicht Xenophob zu sein ist schwieriger. Aber:

Das ist Kultur.

Das ist Bildung.

Das ist Offenheit.

Das ist Intelligenz. Das ist Wissen.

Das ist richtiges Verstehen und richtiges Erleben der Religiosität.

Das ist Freiheit.

Das ist, den Affen in uns zu überwinden ...

Die Identifikation mit einer Gruppe und die Abgrenzung von anderen Gruppen ist so alt wie die Entwicklung des sozialen Lebens bei den Hominiden, den Urmenschen, den Halbaffen. Ein Verhalten, das weit zurückreicht in die Geschichte der Evolution. Diese Eigenschaften wurden dann von einer Entwicklungsstufe der Vorfahren des Menschen zur nächsten weitergegeben. Vom Pithekus zum Australopithekus aferensis, vom Australopithekus aferensis zum Australopithekus afrikanus, vom Australopithekus afrikanus zum Australopithekus robustus. Von Pithekus zu Pithekus.

Dann aber vom Homo zum Homo. Vom Australopithekus robustus zum Homo habilis, vom Homo habilis zum Homo erectus, vom Homo erectus zum Homo africanus, vom Homo africanus zum Homo neandertalis, vom Homo ... zum Homo ... und ganz am Ende zum Homo sapiens sapiens.

Zu uns.

Aber der Homo blieb nicht nur *Pithekos* (dieses griechische Wort bedeutet «Affe»), sondern entwickelte sich im Verlauf der Jahrtausende

zum Anthropos. *Anthropos,* das griechische Wort für Mensch, bedeutet
«der mit der aufrechten Haltung». Anthropologie also ist nichts anderes
als «das Studium desjenigen mit der aufrechten Haltung». Das Studium
des Menschen. Die Anthropologie ist kein Unterkapitel der Zoologie,
des Studiums der Tiere. Trotz mancher Überlappungen. Seit zehntau-
senden von Jahren versucht der Anthropos den Pithekos im Homo zu
besiegen. Ihn zu bändigen und zu seinem Diener zu machen.

Den Menschen über den Affen in uns zu erheben.

Der ewige Kampf des Menschen, den er vermutlich nie vollständig
gewinnen wird. Weil der Affe im Menschen sein siamesischer Zwilling
ist. Manches Animalische teilen wir mit ihm. Der Geist aber ist das aus-
schließliche Privileg des Menschen. Trotzdem wird er vermutlich nie
vollständig gewinnen. Doch je mehr Siege der Mensch gegen den Affen
erzielt, desto menschlicher sieht er aus.

Als der Mensch den Kampf gegen den Affen aufgenommen hatte,
sah das für ihn sehr schwierig aus. Der kleine, schwache, zittrige, un-
scheinbare Anthropos war dem Pithekos, dem Affen, hoffnungslos un-
terlegen. Jahrtausende für Jahrtausende jedoch streckte sich der Mensch
immer aufrechter und nahm dem Affen mehr und mehr, Stück für Stück
die Macht ab. Zuerst brauchte er für ein Stück zehntausende von Jahren. Dann, als er stärker und stärker wurde, brauchte er ein Jahrtausend
und später nur noch wenige Jahrhunderte. Und irgendwann setzte er in
Mesopotamien und im östlichen Mittelmeer stolz die Zeichen seiner
Triumphe – die Zeichen des Sieges des Menschen über den Affen: Er
gründete seine Zivilisationen. Nachdem er dann später seine größte
Entdeckung gemacht hatte, da unten an den Küsten der Ägäis, des Ionischen Meeres und des Ostmittelmeeres, nämlich die Entdeckung der
Philosophie, war der Anthropos nicht mehr zu halten in seinem Sieges-
zug gegen den Pithekos, den Affen. Die großen Religionen in Asien
komplettierten, aber komplizierten auch gleichzeitig seinen Sieg.

Alles das führte zu dem, was wir heute sind. Je mehr Mensch in dem
Menschen steckt, je mehr Mensch in der Gesellschaft steckt, je humaner die Gesellschaft ist, desto freier ist der Mensch. Desto freier ist die
Gesellschaft. Nicht Abgrenzung und Ausgrenzung herrscht dann, sondern Offenheit. Je offener und liberaler die Gesellschaft, je humaner sie
ist, desto weniger Raum bietet sie dem Rassismus. Desto weniger Antisemitismus wird es geben, weniger Xenophobie, Fremdenhass. Desto
weniger Nationalismus. Desto weniger religiösen Fanatismus. Desto

weniger Intoleranz. Und: desto mehr Akzeptanz des anderen. Desto mehr Respekt vor dem Anderssein.

Dieser Weg des Menschen war und ist nicht leicht. Und er verläuft auch nicht geradlinig. Auch nicht nach der Entdeckung der Philosophie, da unten an der ägäischen Küste. Auch nicht nach der Entdeckung der Demokratie, da unten in Athen. Auch nicht nach der Gründung der großen Weltreligionen. Da unten am östlichen Mittelmeer und im fernen Asien.

Auch danach blieb der Weg steinig, voller Irrtümer und Verwirrungen. Die großen Religionen, nach deren Geist alle Menschen Kinder ein und desselben Gottes sind, waren nicht nur Garanten des Friedens und der Humanität. Sie waren auch verantwortlich für Massakrierungen, Verfolgungen, Verbrennungen, Folter, Hass. Andere Menschen wurden nicht als gleichwertige Kinder Gottes angesehen. Weil sie eine andere Hautfarbe hatten. Weil sie den gemeinsamen Vater anders nannten. Weil sie aus einem anderen Land kamen. Oder eine andere Sprache sprachen.

Machen wir uns nichts vor: Fremdenfeindlichkeit schlummert in uns allen!

Weil der Affe in uns allen ist. Wenn auch gebändigt und schlafend. Wir brauchen unsere durch die Jahrtausende geschmiedete Nachrüstung, um nicht fremdenfeindlich zu sein. Wir brauchen dafür die Evolution der Humanität, die Religion, die Philosophie, die Ethik, die Demokratie, die Bildung, die Gnosis, also das Wissen. Je solider die Rüstung und die Nachrüstung, desto unbemerkbarer ist die Fremdenfeindlichkeit, desto besser kann sie in Zaum gehalten werden.

Der Pithekos, der Affe, ist fremdenfeindlich.

Eigentlich ist das Wort «Fremdenfeindlichkeit», wie Robert Leicht in der Weihnachtsausgabe 2000 der *ZEIT* bemerkte, eine Doppelung, ein «weißer Schimmel», weil nämlich *fremd* ursprünglich «der Feind» bedeutet. Das lateinische Wort *hostis* steht für Fremdling, Ausländer und Feind. Jeden Fremdling, Ausländer und Feind. Jeder Fremde kann demnach ein Feind sein, *ist* der Feind. Diese Haltung ist tief in uns verwurzelt. In der Psychiatrie gibt es ein wesentliches psychopathologisches Phänomen, welches wir *Hostilität* nennen, was so viel wie Feindseligkeit bedeutet. Es ist ableitbar aus dem Wort *hostis*, was bedeutet: der Fremde, der Ausländer, der Feind. Man braucht Bildung, Ethik, Moral, Prinzipien und Wissen, um nicht hostil, also fremdenfeindlich zu sein.

Die Griechen, die wesentlich dazu beigetragen haben, den Affen im Menschen zu bändigen, hatten große Angst vor dieser Eigenschaft des eigenen inneren Affen namens «Fremdenfeindlichkeit». Und sie erklärten kurzerhand den *xenos*, den Fremden, zum Heiligen, zum Unantastbaren. Sie stellten ihn unter den Schutz des höchsten der Götter, Zeus, Vater der Götter und Menschen. Er wurde zu *Xenios Zeus*.

Sie machten ihren obersten Gott zum Schutzgott der Fremden, weil sie Angst hatten vor dem Affen im Menschen. Die Griechen entdeckten auch die *asylia*, das Asyl also. Den gottgegebenen Fremdenschutz. Sie entwickelten den ersten institutionalisierten Fremdenschutz in der Menschheitsgeschichte.

Auch das Alte Testament wusste viel von der Fremdenfeindlichkeit, die in uns allen schlummert. Und es versuchte, sie in Tiefschlaf zu versetzen. So etwa mit der Geschichte von Lot aus der Genesis, der die Fremden in sein Haus nahm. Dieser Geschichte bedient sich auch Robert Leicht, um die «Gleichzeitigkeit des Unvereinbaren» anschaulich zu machen: «Das immer zugleich Gegenwärtige: zum einen die mordlüsterne Fremdenfeindlichkeit, zum anderen aber die heilige Pflicht zur Gastfreundschaft.»

Die Gründer des Christentums bedienten sich in ihrem Kampf gegen den Affen im Menschen der Gebote Christi. Um den Fremden zu schützen, bedienten sie sich christlicher Ermahnungen wie: «Wenn ein Fremder an deine Tür klopft, denke daran, dass es Jesus Christus sein könnte, den du abweist.» Dies zeigt den Widerspruch: Die Gefahr der Abweisung ist also da. Ist allgegenwärtig, ist prinzipiell da. Sie wird bekämpft mit der Vorstellung des Unvorstellbaren: im Fremden Gott selbst abzuweisen. Oder, wie Paulus in seinem Hebräer-Brief die Christen offiziell aufforderte, Fremde aufzunehmen, «denn dadurch haben einige ohne ihr Wissen Engel beherbergt». Robert Leicht kommentiert es treffend: «Engel, das sind Boten – Fremde – die einem etwas fürs ganze Leben zu sagen haben. In vielen Kulturen kommt es vor, dass sich in Fremden nicht nur der Feind, sondern auch das Göttliche zeigt – und Gott als der Fremde.»

Der Affe in den Menschen ist also nicht tot. Er schläft nur und ist nur gebändigt. Manchmal sehr erfolgreich, manchmal weniger erfolgreich. Und nicht gleichermaßen bei allen Menschen.

Für den heutigen Menschen ist es eine Sache der Erziehung, der Sozialisation, der ihm zur Verfügung stehenden Möglichkeiten, ob er den

Affen besiegt und gefesselt hält, ob er Rassismus, Antisemitismus, Xenophobie in sich besiegt. Um das zu erreichen, braucht es Erziehung, braucht es geeignete Sozialisation, braucht es Bildung. Das schafft die Familie, die Schule, die Kirche, die Gesellschaft.

Und doch wäre es realitätsfremd, weltfremd, anzunehmen, dass alle Eltern ihre Kinder in diesem Sinne erziehen könnten. In vielen Eltern lebt selbst der «Affe» Engstirnigkeit, Fremdenhass, Angst. Solche Eltern wird es immer geben. Wird es immer und überall geben. Zu allen Zeiten, in allen Ländern. Solche Kinder, die nicht das Privileg haben, zu Offenheit und Mitmenschlichkeit erzogen zu werden, gibt es viele. Gab es immer. Und wird es immer geben.

Es ist eine Illusion, zu erwarten, dass alle Eltern ihrer Erziehungsaufgabe gerecht werden.

Aus diesem Grund ist die Schule von so großer Bedeutung. Sie kann als Korrektiv wirken. Wenn ich die Biographien von manchen Menschen vor mir sehe – und durch meinen Beruf habe ich tausende von Biographien kennen gelernt und studiert –, denke ich, dass die Schule eine viel wichtigere Rolle zu spielen hat als manches Elternhaus. Die Schule hat unter anderem die Aufgabe, den Anthropos, also den Menschen im Menschen, zu festigen und zu stärken. Und sie hat auch eine reparierende Funktion. Die Rolle nämlich, den durch das Elternhaus nicht gebändigten oder den aufgeweckten Affen im Menschen zu bändigen und zu beruhigen. Der Schule kommt also eine wichtige, eine zentrale Rolle zu.

Die Gesellschaft, die Gesamtgesellschaft aber, hat eine fundamentale, eine übergreifende Funktion im folgenden Sinne: Der «Affe» muss geächtet werden. Durch Zeitungen und Radio, Fernsehen und Kino. Durch alle gesellschaftlichen Strukturen. Die Gesellschaft muss deutlich machen, wie hässlich es ist, Rassist, Antisemit, ein Fremdenhasser zu sein. Dass Rassismus, Antisemitismus, Fremdenfeindlichkeit den Verlierer, den Eingeschränkten, den Schwachen, den Gepeinigten, den Feigling kennzeichnen.

Nein, die Menschen sind nicht alle gleich. Im Gegenteil: Die Menschen sind sehr unterschiedlich. Sie unterscheiden sich durch ihr Aussehen, ihre Hautfarbe, ihre Sprache, ihre Nationalität, ihre Religion, ihre Intelligenz, ihre Bildung, ihre Herkunft. Durch ihre Persönlichkeit.

Die Menschen sind nicht gleich! Aber alle Menschen sind *gleichwertig*.

Für manche Menschen bedeutet Unterschied Unwert.

Der Weg, das, was unterschiedlich ist, als gleichwertig anzuerkennen, ist für manche schwierig. Doch es ist der einzig richtige Weg. Nicht der Weg des Pithekos. Sondern den Weg des Anthropos.

Kapitel 21:
Konny und Lorenzo – Vietnamesen werden verbrannt

Der Vorfall, den ich im Folgenden schildern möchte, war meine erste
Begegnung mit dem Rechtsextremismus in den neuen Bundesländern.
Es war wenige Wochen, nachdem ich im August 1992 den Lehrstuhl
für Psychiatrie und Psychotherapie an der Martin-Luther-Universität
Halle-Wittenberg übernommen hatte. Es war eine Situation, in der ich
den Westen noch nicht vollständig verlassen hatte und im Osten noch
nicht zu Hause war. Für einige Monate hatte ich beide Lehrstühle inne,
meinen bonner Lehrstuhl für Medizinische Psychologie und den halleschen Lehrstuhl für Psychiatrie. Drei Tage in der Woche war ich in Halle, drei Tage in der Woche in Bonn tätig. Ich flog hin und her. Zwischen
den Welten. Zwischen den Gefühlen. Zwischen den Realitäten. Inzwischen hatte sich bei manchen im Westen die Überzeugung etabliert, dass
der Rechtsextremismus ein Übel der Ostdeutschen ist. Oder zumindest
vorwiegend. Die «Wessi-Ossi»-Problematik fand neue Nahrung. Böse
Zungen im Westen ließen keine Gelegenheit ungenutzt, um hinter vorgehaltener oder nicht vorgehaltener Hand zu sagen: «Die Ossis, die sind
primitiv. Die Ossis haben keine Erfahrung mit kosmopolitischem Leben. Die Ossis schaden unserem Ruf.»

Böse Zungen im Osten versäumten keine Gelegenheit, um hinter
vorgehaltener Hand, meist aber ohne vorgehaltene Hand, zu sagen:
«Die bösen Wessis, die Faschisten, die haben uns auch das Übel des
Rechtsextremismus hierher importiert. So wie die uns Aids und Drogen
und Kriminalität und Arbeitslosigkeit gebracht haben. So etwas hatten
wir in der DDR nicht.»

Die gewollte Verkennung der Realität von beiden Seiten.

Zwischen diesen Welten, zwischen diesen Realitäten und zwischen
diesen Gefühlen flog ich wöchentlich hin und her.

Der geplante Überfall auf die Vietnamesen war meine erste persönliche Begegnung mit dem ostdeutschen Rechtsextremismus. Die Täter
waren die ersten Rechtsextremisten, denen ich im Osten begegnete.

Den Rechtsextremismus, die Neonazis, die Skinheads hatte ich aber
schon lange vorher im Westen kennen gelernt.

Diese neuerliche Gewalttat und das Kennenlernen der Täter hatte eine kathartische, eine befreiende Wirkung auf mich, auch wenn das makaber und zynisch klingt. In jener Zeit kam für mich ein Punkt, an dem ich verzweifelt darüber nachdachte, ob meine Entscheidung, nach Deutschland zu kommen, Wahldeutscher zu werden, wirklich richtig war. Es war die Zeit, in der ich unter den negativen Folgen meines Hyperidentifikationssyndroms besonders litt. Es war die Zeit von Mölln, von Hoyerswerda, von Rostock. Im Grunde genommen waren es keine echten Zweifel an der Richtigkeit meiner Entscheidung. Es waren nur der Schmerz und die Verletzung, die mich aufgrund meines Hyperidentifikationssyndroms peinigten.

Dann ereignete sich das Verbrechen in Halle, und ich lernte die Täter kennen.

Nun hatte ich keinen Zweifel mehr an der Richtigkeit meiner Entscheidung, Deutscher zu werden und in Deutschland zu leben. Aber ich sprudelte über von Aggressivität gegen *diese* Deutschen, die den Deutschen so schaden. Gegen *diese* Deutschen, die Deutschland so beschmutzen. Gegen *diese* Deutschen, die mehr den entfesselten Affen als den aufgerichteten Menschen in sich hatten.

Es waren die ersten Tage im September des Jahres 1992. Nur kurze Zeit vorher war die Republik durch ausländerfeindliche und neonazistische Ausschreitungen in den neuen Bundesländern erschüttert worden. Die Bilder von Hoyerswerda und Rostock gingen um die Welt. Für manche überdeckten sie andere Bilder: aus Mölln und später auch aus Solingen. Bilder aus dem Westen.

Es waren die Tage, an denen im Ausland ernsthaft darüber diskutiert wurde, ob die Deutschen «wieder einmal so weit sind».

Es waren die Tage, an denen manche ausländische Kommentatoren auf ihre früheren Vorbehalte gegen die deutsche Einheit hinwiesen und sich selbst Recht gaben.

Es waren die Tage, an denen das Ausland schon wieder mit Sorge auf Deutschland schaute.

Es waren die Tage, an denen die alten Ressentiments gegen die Deutschen überall in Europa, in Israel und in Nordamerika Hochkonjunktur hatten.

Es waren die Tage, an denen sich die Menschen in Israel laut an die damaligen Anfänge in den 30er-Jahren erinnerten. Und manche Israelis deutschen Medien mitteilten, dass sie erneut über Befreiungsaktionen von Juden, der deutschen Juden diesmal, wie damals in Entebbe, in Uganda nachdachten.

Es waren die Tage, an denen Menschen, Bürger dieses Landes oder Fremde in diesem Land, Angst hatten in diesem Land.

Aber es waren auch Tage, an denen der Anstand in Deutschland versuchte, sich Gehör zu verschaffen. Im Inland und im Ausland.

Es waren Tage, an denen Mölln und Solingen, Hoyerswerda und Rostock für viele Deutsche zum Synonym für Schande wurden. Viele Menschen in Rostock und viele Menschen in Hoyerswerda, in Mölln und Solingen fühlten sich beschmutzt. Schon wieder hatte es eine verschwindende Minderheit geschafft. Wie damals.

Es waren Tage, an denen die Wahldeutschen besonders traurig waren, besonders verletzlich.

In Halle trug sich in jenen Tagen Folgendes zu:

An einem sommerlichen Abend gab es einen Rummel in der Stadt. Dort versammelten sich auch etwa 30 Jugendliche. Sie tranken, scherzten, alberten herum und machten Blödsinn, so wie es Jugendliche auf der ganzen Welt tun. Jemand brachte die aktuellen Ereignisse von Rostock und Hoyerswerda gegen Vietnamesen und andere Ausländer zur Sprache. Die Jugendlichen fanden es toll, was dort geschehen war. So etwas sollte unbedingt auch in Halle stattfinden. Auch hier sollten Molotowcocktails gegen ausländische Familien geworfen werden. Das Dumme dabei war nur, dass es in Halle zu dieser Zeit kaum ausländische Familien gab. Nur einige wenige, die aus den früheren sozialistischen Ländern als Vertragsarbeiter in die ehemalige DDR geholt worden waren und nun noch in der Stadt lebten. Vor allem waren das Vietnamesen. Die ersten Asylbewerberheime waren in den neuen Bundesländern gerade erst eröffnet worden. Doch die Ereignisse in Rostock und Hoyerswerda hatten dazu geführt, dass sie von der Polizei überwacht wurden. Jemand aus der Gruppe sagte, dass er wisse, wo eine, zwei oder eventuell auch drei vietnamesische Familien wohnten. Ein anderer glaubte zu wissen, dass in einer anderen Straße der Stadt auch eine vietnamesische Familie wohne. Schnell wurde die Entscheidung getroffen, zu diesen Wohnungen zu fahren, sie zu belagern und mit Molotowcocktails in Brand zu stecken. Dass es Abend war, dass die Familien zu diesem Zeitpunkt zu Hause waren und dass die Kinder vermutlich schliefen, das wusste die Gruppe. Die Motive waren einhellig. Sie gaben Folgendes zu Protokoll:

Erster Angeklagter: «Ich bin der Meinung, dass man den illegalen Zigarettenhandel der Vietnamesen unterbinden sollte. Das war der Grund, warum ich mich beteiligt habe.»

Der nächste Angeklagte: «Ich halte Ausländer für Schutzgelderpresser und Betrüger. Die drohen mit Messern, und die machen deutsche Mädchen an.»

Ein anderer Angeklagter: «Vietnamesen arbeiten nicht, sondern verkaufen illegal Zigaretten. Sie machen dickes Geld, und die Polizei tut nichts dagegen.»

Ein anderer Angeklagter: «Ich bin zornig darüber, dass die Polizei nichts gegen vietnamesische Zigarettenhändler und Hütchenspieler tut. Ausländer nehmen außerdem den Deutschen Arbeit und Wohnungen weg.»

Ein weiterer Angeklagter: «Die Polizei ist machtlos gegenüber vietnamesischen Zigarettenhändlern. Die machen dickes Geld und bekommen Sozialhilfe.»

Und noch ein Angeklagter: «Die Vietnamesen arbeiten, im Gegensatz zu früher und zur DDR-Zeit, nicht mehr. Sie gehören abgeschoben. Es ist nicht so, wie es im Fernsehen gezeigt wird, dass alle arm sind, Frauen und Kinder oder Verletzte. Die haben alle Geld und sind gesund.»

Alle waren sich einig, dass die Polizei nicht genug gegen die vietnamesischen Zigarettenhändler unternehme. Sie beschlossen, die Wohnungen von Vietnamesen, die sie kannten, samt Männern, Frauen und Kindern mit Molotowcocktails in Brand zu setzen. Gleichgültig, ob sie Zigarettenhändler, Kellner der ersten «chinesischen» Restaurants der Stadt, Imbissbudenbesitzer oder andere anständig arbeitende Leute waren. In der Gruppe wurde Geld für das Benzin gesammelt. Nachdem das erforderliche Geld zusammen gekommen war, sammelte man Flaschen ein. Mineralwasserflaschen, Bierflaschen, Weinflaschen. Ein Bekannter stiftete der Gruppe einen alten grün-weißen Bettbezug, der für die Herstellung von Lunten benutzt wurde. Die Flaschen wurden gefüllt, die Lunten angelegt, die Aktion konnte stattfinden.

Die etwa 30 Leute verteilten sich auf sieben Privatwagen und fuhren in Kolonne, um Vietnamesenwohnungen ausfindig zu machen. Nachdem ein Haus identifiziert worden war, in dem eine vietnamesische Familie wohnte, wurden die Autos verteilt abgestellt, um kein Aufsehen zu erregen. Die Brandflaschen wurden in Beuteln transportiert. Sie wurden vor dem Haus abgestellt, sodass jeder, der wollte, sich eine Brandflasche nehmen konnte. Viele der Angekommenen stürzten sich auf den Beutel, es konnten aber nicht alle eine Flasche ergattern. Es wurde vereinbart, zuerst die Fensterscheiben der Wohnungen mit Steinen einzuwerfen und dann die Brandflaschen hinterherzuwerfen, damit die Wohnungen mit Sicherheit in Brand geraten würden. Weiter wurde vereinbart, die Molotowcocktails nur in die zweite und dritte Etage zu werfen, wo vermutlich nur vietnamesische Familien wohnten. In den anderen Etagen wohnten deutsche Familien. Die Meute näherte sich dem Haus. In allen Fenstern brannte Licht. Die Gruppe fing an, fremdenfeindliche Parolen zu rufen, wie: «Ausländer raus! Ausländer, wir kriegen euch alle!»

Die ersten Steine prasselten gegen die Fenster der vietnamesischen Familien und zerstörten fast alle Fenster in der zweiten Etage. Nun wurden die Molotowcocktails gezündet und gezielt durch die zerstörten Fensterscheiben geworfen. Die Hauswand zwischen der dritten und vierten Etage fing Feuer. Inzwischen waren in mehreren Zimmern die Gardinen in Brand geraten, in anderen Zimmern brannten die Teppiche und die Betten. Die betroffenen Familien versuchten, die Brände zu löschen.

Die Aktion des Mobs wäre fast «gescheitert», wenn in diesem Moment nicht ein junges vietnamesisches Paar aus der Haustür gekommen wäre.

Sie kamen gerade von einem Besuch aus einer der oberen Etagen. Sie hatten noch nicht ganz mitbekommen, was los war, als sie die Haustür öffneten. Und da stand nun das junge Paar vor dem Mob. In diesem Moment schlug die Tür zu. Das junge Paar konnte sich nicht mehr ins Haus zurück retten. Ein Molotowcocktail wurde gezielt gegen die junge Frau geworfen. Ihre Kleider fingen sofort Feuer.

Der Mob jubelte: «Bravo, bravo! Gut gemacht! Gut gemacht!»

Der Mob applaudierte.

Die junge Frau brannte, schrie in Todesangst. Ihr Partner lief hinter ihr her, riss ihr die brennenden Kleider vom Körper. Die junge Frau wurde mit schweren Verbrennungen ins Krankenhaus gebracht. Sie hat überlebt.

Im Gerichtsurteil steht: «Während der Aktion standen mehrere Anwohner teils auf der Straße, teils an den Fenstern ihrer Wohnungen und beobachteten den Vorfall, schritten jedoch nicht ein.»

Der Mob warf noch mehrere Steine gegen das Haus und verschwand dann mit den Autos. Die Gruppe fuhr zurück zum Rummelplatz. Offensichtlich halb enttäuscht vom «Misserfolg», halb angestachelt vom «Erfolg» und mit dem Bild der brennenden, in Todesangst umherlaufenden und schreienden Frau vor Augen, entschlossen sie sich, das Gleiche sofort zu wiederholen. Sie wollten dafür eine andere Wohnung suchen. Einer der Täter wusste, dass in einem bestimmten Haus vietnamesische Familien wohnten. Diesmal wurde beraten und geplant. Diesmal wurde die Entscheidung getroffen, es besser zu machen. Also wurde beschlossen, die Brandflaschen nicht von draußen zu werfen, sondern in eine von Vietnamesen bewohnte Wohnung einzudringen und die Wohnung direkt in Brand zu setzen.

Elf Molotowcocktails wurden gebastelt. Mit sieben Fahrzeugen fuhren die Täter, wieder in Kolonne, zu dem besagten Haus. Sie stellten die Autos in der Nähe des Hauses ab und nahmen Pflastersteine und Asphaltbrocken mit. Zwei Anwohner, zwei Deutsche, beobachteten die Gruppe. Das Treiben war den beiden verdächtig, und so verständigten sie die Polizei. Die Polizei kam. Viele aus dem Mob versteckten sich, die Zurückgebliebenen aber kamen den Polizeibeamten wohl nicht verdächtig vor. In der Tageszeitung stand zum Verhalten der Polizisten Folgendes:

«Im Mittelpunkt der letzten Zeugenanhörungen stand die Rolle der halleschen Polizei an jenem Septemberabend. Gewarnt durch die damals nur wenig zurückliegenden Vorgänge in Rostock-Lichtenhagen war sie in besonderer Alarmbereitschaft. Ihre Aufmerksamkeit konzentrierte sich auf die Asylbewerberheime, von anderen Ausländerwohnungen wussten sie offensichtlich kaum. Aber hätten sie nach den Vorgängen in der Dieskauer Straße, dort war der erste Anschlag an diesem Abend erfolgt, nicht intensiver reagieren können? Ein Bürger hatte Jugendliche beobachtet, die Benzin in Flaschen abfüllten, offensichtlich Molotowcocktails vorbereiteten. Der Funkstreifenwagen, der auf diese Informationen hin in die Gegend zur Observation geschickt wurde, entdeckte jedoch nur unauffällige Jugendliche an einem Wartburg und einem Mazda und kontrollierte sie nicht. Er habe keine Benzinabfüller entdeckt, meldete er seiner Zentrale. Einfach so blauäugig? Noch immer wird auch nach einer Streifenwagenbesatzung gesucht, die am brennenden Haus in der Merseburger Straße vorüberfuhr und selbst nicht auf

den Schuss aus einer Schreckschusspistole eines der verängstigten vietnamesischen Opfer am Fenster reagierte.»
So stand es in der *Mitteldeutschen Zeitung*.

Der Streifenwagen der Polizei fuhr also nach wenigen Augenblicken ab, und die Meute kam aus ihrem Versteck. Diesmal ging man strategisch vor: Es wurden drei Gruppen gebildet, zwei Gruppen von Angreifern und eine Gruppe, die den raschen Rückzug ermöglichen sollte. Die Fahrer blieben in ihren Autos zurück in Bereitschaft, sofort abzufahren. Die erste Angreifergruppe betrat das Haus und stellte anhand der Namen auf den Briefkästen fest, dass dort tatsächlich Vietnamesenfamilien wohnten.

In diesem Moment kam ein deutsches Paar, das dort wohnte, ins Haus hinein. Die Angreifer fragten, welches genau Vietnamesenwohnungen seien. Die deutschen Eheleute, das Ehepaar Müller, bekamen Angst, wie sie selbst später rechtfertigend erzählten. Und so gaben sie Auskunft darüber, in welcher Etage sich die Wohnungen der Vietnamesenfamilien befänden. Gleichzeitig baten sie die Jugendlichen, sie selbst und ihre Kinder nicht zu behelligen. Das Ehepaar Müller ging in die eigene Wohnung, wo die vier Kinder bereits schliefen. 22 der Angreifer stürmten in Richtung der Vietnamesenwohnungen. Einer der Angreifer blieb vor der Haustür zurück, um die Stürmer bei einem möglichen Erscheinen der Polizei warnen zu können. Die Angreifer klopften an eine Wohnungstür. Doch zu ihrer Enttäuschung kam eine deutsche Frau an die Tür (ihr Mann war Vietnamese und befand sich gerade in einem anderen Zimmer). Sie fragten die Frau, ob in ihrer, Wohnung «Vidschis» wohnten. Die Frau antwortete, davon wisse sie nichts. Die Angreifer vermummten ihre Gesichter, um sich vor der Explosion und dem Rauch zu schützen, und kamen an eine andere Wohnungstür. Das dort lebende junge vietnamesische Ehepaar Nguyen sah die Angreifer durch den Türspion, bekam Angst und zog sich in den hinteren Bereich der Wohnung zurück. Die Tür wurde durch Fußtritte aufgesprengt. Es wurden drei bis vier Molotowcocktails in die Wohnung geworfen. Das verängstigte Paar versuchte, sich zu retten. Sechs Angreifer standen vor der Wohnungstür und blockierten so den Ausgang. Schlagartig stand der Eingangsbereich des Korridors in Flammen. Das Feuer breitete sich mit großer Geschwindigkeit bis zu den angrenzenden Zimmertüren aus und schlug in den Hausflur zurück. Die Angreifer, überrascht durch die

Schnelligkeit des Feuers, flüchteten. Sie hatten keine Zeit mehr, weitere Flaschen zu werfen.

Das Feuer, das die Wohnung des jungen vietnamesischen Paares Nguyen vernichtete, griff bald auch auf die Wohnung des deutschen Ehepaares Müller und seiner vier Kinder über.

Des Ehepaares, das auf die Frage des Mobs, wo die Vietnamesen wohnen, «wahrheitsgemäß geantwortet hatte» (wie es trocken im Gerichtsurteil steht).

Eine weitere vietnamesische Wohnung wurde vom Brand erfasst. Das junge Ehepaar Nguyen stand, von Flammen eingeschlossen, am Fenster und versuchte, sich von dort aus zu retten. Doch die Wohnung lag zu hoch – ein Sprung auf die Straße hätte tödlich sein können. Die beiden schrien verängstigt um Hilfe.

Auch das Ehepaar Müller und seine vier Kinder wurden durch die starke Rauchentwicklung eingeschlossen. Sie trauten sich mit ihren Kindern nicht durch die dicken Rauchwolken hindurch. Einer zweiten deutschen Familie, der Familie Meier, wurde die Flucht durch das Treppenhaus nach unten von Flammen und Rauch versperrt. Familie Müller stand genau wie die vietnamesische Familie Nguyen um Hilfe schreiend am hinteren Fenster.

Ein weiterer deutscher Bewohner, der eine Etage darunter wohnte, rief die Feuerwehr. Inzwischen war auch die Polizei eingetroffen, die aber nichts zur Rettung der Hausbewohner unternehmen konnte. Zwei deutsche und vier vietnamesische Familien waren von Flammen und Rauch eingesperrt. Die Feuerwehr rückte mit Feuerleitern an, um durch die hinteren Fenster die Familien zu retten. Die vier Kinder des deutschen Ehepaares Müller wurden mit Rauchvergiftungen ins Krankenhaus gebracht. Auch Frau Meier und ihr Kind erlitten schwere Rauchvergiftungen, ebenso Frau Nguyen. Als die Feuerwehr endlich das Feuer gelöscht hatte, stellte man fest, dass das Haus nicht mehr bewohnbar war. Weder von vietnamesischen noch von deutschen Familien.

Wenn vietnamesische Wohnungen brennen, kann das Feuer auch auf deutsche Wohnungen übergreifen.

Wenn vietnamesische Menschen verbrennen, können deutsche Menschen mit verbrennen.

Wenn vietnamesische Kinder verbrennen, können deutsche Kinder mit verbrennen.

Wenn vietnamesische Familien aus den Fenstern der brennenden

Wohnungen ins Freie springen, kann es sein, dass ihnen deutsche Familien folgen müssen.

Bei dem erdrückenden Gedanken an diese Ereignisse, bei der Vorstellung der Todesangst der Menschen, die da in Feuer und Rauch eingesperrt waren, könnte die Versuchung entstehen zu fragen: «Was ist aus diesem Land geworden? Wieder geworden?»

Vor kurzem habe ich in Hongkong einen Deutsch sprechenden Chinesen kennen gelernt. Ich fragte ihn: «Wie ist das mit der Kriminalität in Hongkong?» Er antwortete: «Man muss vorsichtig sein, es könnte passieren, dass einem das Portemonnaie gestohlen wird.» Ihm selbst ist in Hongkong nie etwas passiert. Aber dann erzählte er, wie er eine Reise nach Deutschland gemacht hatte, um sein Deutsch zu verbessern. Er war gerade erst eine Stunde in Köln, als er bereits zweimal bestohlen worden war. Ist Deutschland deshalb das Land der Diebe? Nein, aber: *Auch* in Deutschland gibt es Diebe und Räuber. Wie überall.

Ist Deutschland das Land der rechtsradikalen Barbaren? Nein, aber: *Auch* in Deutschland gibt es rechtsradikale Barbaren. Wie überall.

Ja, ich weiß. Ich erkenne die Gefahr, die in dieser einfachen Feststellung verborgen ist. Deutschland kann zu diesem Thema nicht oder noch immer nicht so einfach argumentieren. Und trotzdem: Deutschland ist ein normales Land. Auch in Deutschland gibt es Kriminelle. Und rechtsradikale Barbaren. Aber Deutschland muss sich in besonderer Weise und stärker als andere Nationen gegen die Barbarei wehren. Der Verteidigungsbedarf in Deutschland ist größer als in anderen Ländern.

Gegen Rechtsradikalismus zu sein ist in allen Ländern der Welt ein Gebot der Anständigkeit. In Deutschland ist es darüber hinaus eine Sache der geistigen Verteidigung.

Das beschriebene Verbrechen hatte eine entscheidende Bedeutung für mich im unruhigen Jahr 1992:

Von Bedeutung waren sowohl das Verbrechen selbst als auch die Begegnung mit den Verbrechern.

Das Verbrechen: Kurze Zeit nach den Verbrechen von Hoyerswerda und Rostock, war eine große Gruppe von jungen Menschen davon begeistert. Sie wollten es nachahmen. Sie wurden zu Verbrechern. Keine Partei, keine Organisation, keine Struktur stand dahinter. Nur eine Einstellung. Aber: Gibt es eine Ausländerproblematik ohne Ausländer? Damals betrug der Anteil der Ausländer in Sachsen-Anhalt weniger als

0,6 Prozent der Bevölkerung. Die Gruppe junger Leute dachte: «Richtig, was in Rostock und Hoyerswerda gemacht wurde. Es muss etwas gegen die Ausländer unternommen werden. Aber wo finden wir hier Ausländer?» Sie überlegten, wo in dieser Stadt Ausländer wohnen könnten. Zwei der Täter glaubten zu wissen, wo.

Es war eine von Anfang an geplante Aktion, die Wohnungen der Vietnamesenfamilien mit Molotowcocktails in Brand zu stecken. Die Menschen, die dort wohnten, wurden davon nicht ausgenommen. Geld wurde gesammelt. Molotowcocktails wurden vorbereitet. In Kolonne fuhren etwa 30 junge Leute zu den Wohnungen. Die Molotowcocktails wurden in die beleuchteten Fenster geschleudert.

Molotowcocktails wurden gezielt auch gegen einen Menschen geworfen. Seine Kleider fingen Feuer. Dieser Mensch rannte und schrie in Todesangst. Die Barbaren applaudierten, riefen: «Bravo, gut gemacht!»

Gibt es einen anständigen Deutschen, einen anständigen Menschen, der sich angesichts dieser Szene nicht zu Tode schämt?

Die brennende, rennende, in Todesangst schreiende junge Frau hat bei der Meute keinen Schock ausgelöst. Hat sie weder in ihrem Tun gelähmt noch menschliche Gefühle entfacht. Helfen? Versuche, die brennende Frau zu retten? Nein, so «hoch gestellte Ziele» meine ich gar nicht. Ich meine Schock und Angst vor der eigenen Tat.

Nein, die Meute fuhr zurück, sammelte sich und beurteilte die Ergebnisse der Aktion als nur halben Erfolg. Keine Korrektur, kein Nachdenken, keine menschliche Regung. Dann, unmittelbar danach – nur eine Stunde später – fuhr die Meute wieder in Kolonne nach derselben Art und Weise zum nächsten Ziel. Es wurden neue vietnamesische Familien gesucht. Die «Zigarettenhändler» sollten ausgerottet werden.

Die Ausrottung der Zigarettenhändler als unerhörte Anmaßung. Der Staat wird von einer Bande von eingeschränkten Jugendlichen als unfähig bezeichnet, das Problem zu lösen. Der Mob der Kriminellen übernimmt die Gewalt.

Ein anderer Aspekt: Jeder konnte an diesem Abend vor dem Haus, wo auch vietnamesische Familien wohnten, erkennen, was die Bande vorhatte. Jeder! Das deutsche Paar, das in diesem Haus wohnte, erteilte trotzdem Auskunft darüber, wo vietnamesische Familien wohnten. Und das mit der Bitte, sie selbst zu verschonen. Umsonst. Wenn mein Nachbar brennt, besteht die Gefahr, dass ich ebenfalls brenne. Müsste man das nicht wissen?

Beim zweiten «Versuch» drang man gewaltsam in die Wohnungen ein, um gezielt nicht nur einen Brand zu legen, sondern auch Menschen zu töten.

Und noch etwas: Der alarmierte Polizeiwagen, der «ganz normale Jugendliche» sah.

«Nur» Leichtsinn von Seiten der Polizisten? «Nur» Blauäugigkeit? «Nur» Inkompetenz? Oder sympathisierende Polizisten? Aber dürfen denn tatsächlich ein, zwei oder drei «leichtsinnige», «blauäugige» Polizisten die gesamtdeutsche Polizei beschämen? Nein! Es ist die Sache der Polizei, sich dagegen zu wehren.

Und nun die Verbrecher:

Der jüngste Täter wurde nicht angeklagt. Er war gerade 13 Jahre alt, nicht strafmündig. Als Staatsanwaltschaft und Gericht mir die Ermittlungsakten zwecks Erstellung von psychiatrischen Gutachten zugeschickt hatten, waren es gerade die eben diskutierten Fragen und Aspekte, die mich besonders erschütterten. Ich dachte, es sei doch etwas Tiefgreifendes in dieser Gesellschaft geschehen. Etwas Schlimmes. Etwas, das die Deutschen negativ verändert. Ich fragte mich, ob nach der Wiedervereinigung doch etwas Schlimmes die deutsche Gesellschaft unterwanderte. Ich dachte, dass nach diesen Ereignissen die Parallelen zu 1933, 1938, 1939,1943 und 1944 doch recht leicht herzustellen seien.

Das alles dachte ich nur so lange, bis ich die Täter selbst kennen lernte.

Der Erste war Konny, 18 Jahre alt.

Ein Haufen Elend.

Schlicht und einfach ein Haufen Elend. Konny war derjenige, der in die Wohnung des vietnamesischen Ehepaares eingedrungen war und dort seinen Molotowcocktail gezündet hatte. Er hatte dadurch den Rettungsweg versperrt und das Paar zu dem möglicherweise tödlichen Sprung aus dem Fenster zwingen wollen.

Konny ist ein Haufen Elend.

Er wurde von der Polizei zur Begutachtung in die Klinik gebracht. Die ersten Untersuchungen und einige vorbereitende Gespräche wurden von einer Assistentin durchgeführt. Dann rief sie mich. Als Konny hörte, dass «der Professor» jetzt käme, wurde er unruhig, schwitzte, war aufgeregt, wie mir die Assistentin später erzählte. Als ich ins Zimmer trat und ihn – doch! – höflich begrüßte, traf ich einen kleinen, dünnen, zitternden «Unsichtbaren». Als ich ihm – doch! – die Hand zur Begrüßung reichte, war er völlig verwirrt. Er wusste nicht, ob er aufstehen oder sitzen bleiben sollte, versuchte Arme und Beine irgendwie zu beherrschen. Er gab mir eine kalte, feuchte Hand.

Konny kommt auch – wie denn nicht, werden Sie jetzt fragen – aus zerrütteten familiären Verhältnissen. Seinen leiblichen Vater hat er nie kennen gelernt, die Mutter sprach auch nie über ihn. Es kam ein Stiefvater in die Familie, ein Alkoholiker. Dass dieser nicht sein leiblicher Vater ist, erfuhr Konny eines Tages, als beide Eltern «stinkbetrunken» waren und ihm ganz nebenbei davon erzählten. Schon seit DDR-Zeiten ist der Stiefvater arbeitslos. Er ist gewalttätig und brutal, schlägt Mutter und Kinder. Die Mutter ist ebenfalls Alkoholikerin. Konny weiß nicht, welchen Schulabschluss sie hat und ob sie einen Beruf gelernt hat. Nichts weiß er darüber zu sagen. Der Haushalt wurde vernachlässigt, die Mutter schlief bis mittags, dann stand sie auf und begann zu trinken. Bald kamen andere Alkoholiker in die Wohnung und tranken dort gemeinsam mit den Eltern.

Zu Hause waren sie acht Geschwister, Konny ist der Älteste. In der Regel musste er sich um die Kleinen kümmern. Die Eltern taten es nicht. Gemeinsame Aktivitäten in der Familie gab es so gut wie keine. Mit den Kindern spielte niemand, die Eltern beschäftigten sich kaum mit ihnen. Niemand achtete darauf, ob und wie sie ihre Hausaufgaben erledigten. Wenn sie alle zu Hause waren, trank der Vater, trank die Mutter, die Kinder saßen vor dem Fernseher. Einen gemeinsamen Urlaub gab es nie. Waren die Eltern betrunken, was fast immer der Fall war, redeten sie von Scheidung. Das haben sie bisher jedoch nicht in die Tat umgesetzt. Waren die Eltern betrunken, und das war fast immer so, wurden die Kinder verprügelt. Der jüngere Bruder von Konny ging zwar formell in die Schule, die meiste Zeit aber schwänzte er. Dies und seine Verhaltensauffälligkeiten führten dazu, dass er die Schule nicht bis zum Ende besuchte. Er und die zwölfjährige Schwester schwänzten die Schule, übernachteten ohne Erlaubnis der Eltern bei Freunden, zelteten ohne Erlaubnis der Eltern und liefen von zu Hause weg. Der achtjährige Bruder wurde durch häufige Ladendiebstähle auffällig. Der sechsjährige Bruder zog sich wie ein Mädchen an und benahm sich auch so. Dazu war er öfter grundlos aggressiv. Die Jüngste der Geschwister, Gabi, war vier Jahre alt. Gabi ging eine Zeit lang in den Kindergarten. Seit einem halben Jahr aber nicht mehr. Warum, weiß Konny nicht. Er weiß nicht, wer sich zu Hause um sie kümmert. Er weiß nur, dass die vierjährige Gabi ihre Zeit zu Hause vor dem Fernseher verbringt. Finanzielle Probleme hatte die Familie nicht. Sie bekommt viel Kindergeld, doch dieses Geld wird zum größten Teil für Alkohol verwendet. Konny ärgert sich sehr darüber, dass das Kindergeld nicht für die Kinder ausgegeben wird.

Konny ist lernbehindert. Er musste in eine Sonderschule gehen. Als Grund dafür nannte er: «Ich konnte Obst und Gemüse nicht voneinander unterscheiden.» Nach der Sonderschule begann er noch während der DDR-Zeit eine Lehre als Tiefbauhelfer. Doch sein Lehrlingsgeld wurde ihm von den Eltern abgenommen und vertrunken. Das hat Konny so geärgert, dass er die Entscheidung traf, nicht mehr weiterzuleben. Er nahm sich ein Röhrchen Tabletten und schluckte sie. Es wurde ihm schlecht, und er erbrach die Tabletten. Konny fing an, Alkohol im Übermaß zu konsumieren. Er war öfter so betrunken und beeinträchtigt, dass er nicht pünktlich zur Lehre gehen konnte. Es gab immer häufiger Fehlzeiten. Wenige Wochen vor den Taten gegen die Vietnamesen wurde ihm wegen des unentschuldigten Fernbleibens von der Arbeit gekündigt. Danach meldete er sich weder beim Arbeitsamt noch kümmerte er sich um eine neue Arbeitsstelle. Schuld daran seien die Eltern: «Ich habe die ja gebeten, mit mir zum Arbeitsamt zu kommen, um mich dort zu melden. Aber die sind nicht mitgekommen.» Konny war zum Zeitpunkt seiner Taten 18 Jahre alt. Der junge Konny trank gemeinsam mit den anderen Kumpels viel Alkohol. Er trank Whisky, eine bis 1½ große Flaschen pro Tag. Innerhalb weniger Wochen musste er dreimal zu einer Alkoholentgiftung auf die Intensivstation.

Warum er trinkt? «Weil es gut schmeckt. Zu Hause haben auch alle getrunken.»

Konny hat einen niedrigen Intelligenzquotienten.

Er hat Schwierigkeiten mit dem Schreiben und Lernen. Konny empfindet sich selbst als jemanden, auf den die anderen herabsehen. Den sie belächeln und den sie nicht ernst nehmen. Während der Ausbildungszeit wohnte er bei seinen Großeltern. Dort zeigte er ein angepasstes Verhalten. Seine kurze Biographie zeigte, dass er bereit ist, sich für Anerkennung und Zuwendung so zu verhalten, wie er meint, dass es die anderen von ihm erwarten. Seinem Bedürfnis nach Anleitung und Führung aber konnte das Elternhaus nicht nachkommen. Die Gruppe der jugendlichen Mittäter, die er durch seinen Bruder kennen gelernt hatte, stellte offensichtlich für ihn einen Ersatz für das dar, was er im Elternhaus vermisste. Seine Verhaltensweisen einige Monate vor dem tragischen Geschehen sind ein Gradmesser dafür, wie immens wichtig die Anerkennung durch die Gruppe für ihn war. Auch sein exzessiver Alkoholkonsum scheint für ihn ein Mittel gewesen zu sein, den anderen zu zeigen, dass er ein vollwertiges Mitglied der Gruppe ist. Ein echter Kerl. Die anderen tranken auch im Übermaß. Nach dem Verlust des Arbeitsplatzes lebte er vorwiegend in der Gruppe. Er lebte im Augenblick, ohne sich Gedanken über die Zukunft zu machen. Vor Kontakten mit jungen Mädchen hatte er Angst. Als ein Mädchen, mit dem er befreundet war, intim werden wollte, brach er abrupt die Beziehung ab.

Konny war bei unseren Gesprächen tatsächlich ein Haufen Elend. Er tat mir fast Leid, wie er stotterte und sich in einen Widerspruch nach dem anderen verstrickte. Nein, er wisse nicht, was ein Molotowcocktail ist. Nein, er habe nicht gewusst, wie dieser wirke. Nein, gegen Ausländer habe er überhaupt nichts. Aber die Zigarettenhändler, die machten ja «Plus». Menschen zu verbrennen, «nee, das ist nicht gut».

«Warum haben Sie es trotzdem getan?», wollte ich von Konny wissen.

«Mut beweisen … weil … ich Mut beweisen … Also, dass ich Mut habe.»

«Was heißt das?»

«Ja, hm, von meinen Kumpels wahrgenommen … Wie soll ich das sagen?», versuchte er, mir seine Tat zu erklären.

«Warum haben Sie mitgemacht? Warum haben Sie etwas getan, wovon Sie genau wussten, dass dadurch andere Menschen gefährdet werden könnten?»

«Ja … Mut …»

«Was für ein Mut?»

«Na jeder Junge …»

«War es eine Mutprobe, Menschen zu verbrennen?», fragte ich weiter.

«Na, für mich ja.»

«Warum haben Sie es denn nötig, Mut zu beweisen? Sind Sie ansonsten ein Feigling?», hakte ich nach.

Konny gab stotternd zur Antwort: «Feigling? … Kann man so sagen, ich habe mich vorher nie etwas getraut und so. Ich war der Kleinste in der Gruppe, war der, der nichts konnte … und so.»

«Könnten Sie mir sagen», ermunterte ich ihn, mir von seinen Kumpels zu erzählen, «was das für ein Gruppe ist? Ist es eine sich zufällig treffende oder eine feste Gruppe?»

«Feste Gruppe.»

«Feste Gruppe. Und hat diese feste Gruppe bestimmte Regeln, bestimmte gemeinsame Ziele?», frage ich.

«Nö, normale Jungs hier ... die sich immer in Diskos treffen und so ... keine Rechten, keine Linken, keine Hooligans, normale Jugendliche.»

«Die aber an einem Tag gleich zweimal Familienwohnungen angreifen und an einem Tag gleich zweimal Menschen verbrennen», merkte ich an.

Keine Antwort.

«Wollen Sie mir sagen, dass diese Jugendlichen ganz spontan aus der Idee heraus handelten? Man trifft sich auf dem Rummel ...», warf ich erneut ein.

«Ja, so», antwortete Konny kleinlaut.

«Es war keine rechte Gruppe?», fragte ich weiter.

«Nee, keine rechte Gruppe.»

«Hat Ihnen die brennende Frau überhaupt keinen Schrecken eingejagt?»

«Schrecken nicht – aber...»

«Aber was?»

«Hm ...»

«Sie sehen eine brennende Frau und werfen in der nächsten Wohnung auch noch einen Molotowcocktail, ohne dass Sie das auch nur im Geringsten beeindruckt?», fragte ich ungläubig.

Wieder keine Antwort.

«Also Sie haben dieser brennenden Frau gegenüber nichts empfunden?»

«Habe nichts empfunden.»

«Sie sehen einen Menschen brennen und fühlen überhaupt nichts dabei?»

Keine Antwort.

«Wenn es Ihnen so wenig ausmacht», fragte ich weiter, «kann es wieder passieren?»

«Es gibt ja kein nächstes Mal mehr», meinte Konny nur.

«Aber Sie sind doch eine Stunde später auf die nächste Familie losgegangen?»

Keine Antwort.

«Erzählen Sie über Ihre Kumpels», forderte ich ihn auf.

«Na ja, ich war so ein Einzelgänger. Mein Bruder hat mich zu der Gruppe gebracht. Na ja, dort habe ich so Kumpels kennen gelernt und mit denen gesprochen.»

«Fanden Sie es toll, in der Gruppe zu sein? So hört sich das an.»

«Ja, fand ich.»

«Auch stolz dazuzugehören?», fragte ich nach.

«Ja«, meinte er, «ich habe wenigstens Kumpels gehabt, die ich vorher nicht hatte.»

«War es wichtig für Sie, dazuzugehören?

«Wichtig schon. Ich wollte immer zu einer Gruppe gehören. Ich hatte Angst, dass sie mich rausschmeißen werden, wenn ich nicht mitmache.»

«Wie würden Sie die Gruppe bezeichnen?», wollte ich wissen.

«Rebellierer und so.»

Konny hatte nicht die geringste Ahnung von Politik. Er konnte keine Namen von Spitzenpolitikern nennen, wusste kaum etwas über Parteien, konnte nichts über politische Ziele sagen.

Als ich ihn auf das Thema «Ausländer» ansprach, antwortete Konny nur: «Gegen Ausländer? Was soll ich gegen Ausländer haben? Ich kenne kaum einen.»

«Gegen die Vietnamesen?», fragte ich.

«Die sind Zigarettenhändler … Die machen ja ‹Plus›.»

«Wo kaufen Sie denn Ihre Zigaretten?»

«Von den Vietnamesen auf der Straße», war Konnys zögernde Antwort.

Soll ich etwas über den zweiten Haupttäter, Lorenzo, erzählen?

Gibt es Unterschiede zu Konny? Gibt es Unterschiede zu den anderen?

Auch Lorenzo, der zweite Haupttäter, kommt aus einer zerrütteten Familie. Zum Tatzeitpunkt war er 23 Jahre alt. Den Vater hat er nie kennen gelernt. Als die Mutter mit ihm schwanger war, verließ der Vater sie, um mit einer anderen Frau zusammenzuleben. Er kennt seinen Vater nicht. Die Mutter konnte sich nicht um den Jungen kümmern. Er wuchs bei den Großeltern auf. Dann kam die Schulzeit, die quälend war, weil Lorenzo nicht richtig mitkam. Es hat vier Jahre gebraucht und wurde erst durch einen Umzug nach Norddeutschland begünstigt, dass

131

er endlich in eine Lernbehindertenschule kam. Schon vorher kam ein Stiefvater in die Familie. Ein gewalttätiger Alkoholiker, der Mutter und Kind verprügelte. Auch diese Ehe wurde geschieden. Nach der Beendigung der Sonderschule fand Lorenzo eine Tätigkeit auf einem Schlachthof. Dann, nach der Wiedervereinigung, kam er auf die Idee, dass man in München viel mehr Geld verdienen könne. Er kündigte seine Arbeitsstelle und ging nach München. Dort fand er weder Wohnung noch Arbeit und kehrte wieder nach Hause zurück. Seitdem ist er arbeitslos und hat sich der schon von Konny beschriebenen Gruppe angeschlossen. Er verbringt seine Zeit dort mit den Kumpels und mit Trinken. Zuvor gehörte er bereits einmal einer Gruppe von Hooligans und dann einer Gruppe S-Bahn-Surfer an. Hobbys: Diskotheken, Trinken und mit den Kumpels herumziehen.

Man sieht, die Biographien wiederholen sich.

Über die anderen Angeklagten, die ich im Gerichtssaal kennen gelernt habe, möchte ich später zusammenfassend erzählen. Aber eines kann ich jetzt schon sagen. Auch hier wiederholen sich die Biographien. Die Motive sind die gleichen, die Einstellungen ebenfalls.

Im Gerichtsurteil von 1993 steht:

«Die Angeklagten haben während der Verhandlung eine echte Einsicht in das Unrecht ihres Tuns nicht erkennen lassen und bis zuletzt auch den Betroffenen gegenüber kein Mitgefühl gezeigt. Insoweit hat keiner der Angeklagten bei Vernehmung der Betroffenen Gefühlsregungen gezeigt, die den Schluss zuließen, dass sie wenigstens jetzt sich vor den Betroffenen schämen und ihre Vorstellungen grundlegend geändert haben. Die Kammer musste vielmehr feststellen – und insoweit gab es keinen Unterschied zwischen allen Angeklagten –, dass die Zeugen, auch die betroffenen Geschädigten, während ihrer Vernehmungen ungerührt ‹fixiert› wurden und die Verachtung, die die Angeklagten für sie empfinden, sich in ihren Mienen widerspiegelte. Für die Zeugen, insbesondere die vietnamesischen Zeugen, war ihre Vernehmung über Strecken eine Art ‹Spießrutenlaufen›. Der Angeklagte hat sich sogar dazu hinreißen lassen, bei Erscheinen der jungen vietnamesischen Dolmetscherin anerkennend durch die Zähne zu pfeifen und während der Vernehmung eines Zeugen, der etwas stotterte, herumzufeixen. Bei Vernehmung der Polizeibeamten wurde zum Teil offen gelacht und mit dem Kopf geschüttelt. In den Verhandlungspausen haben die Angeklagten fast immer zusammengestanden, gescherzt und Witze gerissen, häufig über die gerade vernommenen Zeugen. Auch die Schilderung ihrer Ressentiments gegen Ausländer an mehreren Stellen der Hauptverhandlung ließ bis zuletzt den Schluss zu, dass ein echtes Umdenken bei den Angeklagten noch nicht eingesetzt hat. Die Kammer hatte erstmals den Eindruck, dass die Angeklagten, die bis dahin eigentlich immer in guter Stimmung und keineswegs niedergedrückt oder erschrocken über ihr Tun an den Verhandlungen teilnahmen, zum ersten Mal nach dem Plädoyer des Staatsanwalts den Ernst der Lage begriffen. Auf diesem Hintergrund hält die Kammer das in den Schlussworten der Angeklagten geäußerte Bedauern für allenfalls einen zarten Ansatz der Umkehr, im Übrigen aber für ‹Lippenbekenntnisse›.»

(…)

«Bei Bemessung der Strafe für die erwachsenen Angeklagten mussten weitere Gesichtspunkte der Genugtuung für die durch die Taten der Angeklagten zutiefst beleidigten und in Todesangst versetzten Vietnamesen und auch der Generalprävention einfließen. Gerade weil es in gewissen Kreisen zu einem Volkssport geworden ist, mit ausländischen Mitbürgern in der Art menschenverachtender Weise umzugehen, wie es die Angeklagten getan haben, muss ein deutliches Zeichen gesetzt werden, dass die staatlichen Stellen solche Auswüchse nicht hinnehmen können.»

(…)

«Unzufriedenheit mit gesellschaftlichen oder politischen Verhältnissen kann nicht durch brutale Gewalt kompensiert werden, das muss deutlich gemacht werden. Insoweit kann auch die von den Verteidigern ins Feld geführte ‹schwierige Situation der jungen Angeklagten infolge der Wende und des damit zusammenhängenden Verfalls der bisherigen Werte und Zielvorstellungen› nicht als Entschuldigung gelten. Die Kammer sieht diese Probleme durchaus, hält den Angeklagten jedoch unmissverständlich entgegen, dass unser Staat und unsere Gesellschaft andere Möglichkeiten eröffnet, um eine Verbesserung der Situation herbeizuführen (z. B. Engagement auf freiwilliger Basis auf dem Gebiet der Jugendarbeit, der Hilfe für ältere und benachteiligte Bürger, in politischen Parteien und Ähnliches). Radikales und gewaltsames Vorgehen ist zu Recht unter Strafe gestellt und darf nicht verharmlost werden. Die Kammer lässt auch den Einwand nicht gelten, die Angeklagten hätten zu DDR-Zeiten den richtigen Umgang mit Ausländern nicht lernen können, da diese letztlich von der Bevölkerung abgeschottet gelebt hätten. Den ‹Umgang mit Ausländern› braucht man nicht zu lernen. Jeder weiß, dass er mit Mitmenschen nicht so verfahren darf, wie die Angeklagten es getan haben.

Ausländerfeindlichkeit ist Menschenfeindlichkeit!»

(…)

«Die Angeklagten haben bei Begehung ihrer Taten fremdes Leben gering geschätzt und standen dessen Gefährdung und möglicher Vernichtung gleichgültig gegenüber. … In den Taten kommt eine rohe und gefühlskalte Einstellung, die kaum noch zu überbieten ist, zum Vorschein. Bei den Angeklagten hat sich erkennbar eine Einstellung festgesetzt, die davon getragen ist, das Leben von ausländischen Mitbürgern, insbesondere Vietnamesen, gering zu schätzen. Diese Entwicklung ist auch mit diesem Verfahren noch nicht beseitigt.

Die Angeklagten waren noch gegen Ende der Hauptverhandlung überzeugt, dass es im Prinzip legitim ist, bei der Vertreibung von ausländischen Mitbürgern ‹etwas nachzuhelfen›. Sie hätten bei der Tatbegehung ‹nur etwas über das Ziel hinausgeschossen›.»

(…)

«Bei den Angeklagten lag somit eine Tatmotivation zugrunde, die schwerste Erziehungsmängel erkennen lässt. Offensichtlich ist auch das offiziell betont auf ‹antifaschistische› Erziehung ausgerichtete Schulsystem der DDR nicht in der Lage gewesen, das Entstehen solcher, im Grunde genommen gerade ‹faschistischer› Tendenzen zu unterdrücken. Da bekanntermaßen Erziehung in der DDR hauptsächlich in der Schule und nicht im Elternhaus stattgefunden hat und alle Eltern, auch die Eltern der Angeklagten, seit der Wende eigene Probleme haben, die sie voll in Anspruch nehmen, sind diese Erziehungsdefizite in den Elternhäusern nicht erkannt und ist ihnen nicht entgegengewirkt worden. Die Angeklagten haben sich ihre Erkenntnisse und Einschätzungen sozusagen auf der Straße geholt, im Kreise Gleichaltriger; mit denselben Erziehungsdefiziten ausgestatteten jungen Menschen unausgegorene Diskussionen über die derzeitigen politischen und gesellschaftlichen Verhältnisse und die Gründe für gewisse Missstände geführt.

Die Kammer sieht, worauf die Verteidiger zu Recht hingewiesen haben, dass das Weltbild der jungen Leute in den neuen Bundesländern seit der Wende ins Wanken geraten ist, dass versäumt worden ist, untergegangenen Werten und Zielsetzungen neue gegenüberzustellen, und dass somit die jungen Leute in gewisser Hinsicht führungslos und deshalb anfällig für Parolen aus dem rechten Spektrum sind. Insoweit ist jedoch festzustellen, dass – wie oben bereits dargelegt – auch diese ... Angeklagten von ihrer Intelligenz und von ihrem persönlichen Status her auf solche Parolen nicht hätten hereinfallen dürfen. Ihre Schuld ist darin zu sehen, dass sie unüberlegt auf solche Parolen hereingefallen sind, obwohl sie zu besseren Erkenntnissen fähig gewesen wären. Sie haben ihre Intelligenz nur dazu gebraucht, über ‹dumme Sprüche› hinaus massive Angriffe auf die körperliche Unversehrtheit und das Leben anderer zu planen und in die Tat umzusetzen. Dieses macht nach Meinung der Kammer die ‹Schwere› ihrer Schuld aus. Es ist in diesem Zusammenhang zu berücksichtigen, dass auch die Taten für jeden der Angeklagten erkennbare ‹Verbrechen› waren und über das hinausgingen, was man mit Protesten gegen Missstände anstreben darf. Die Kammer meint, dass – wie bereits dargelegt – diese Taten nicht als ‹situativ bedingter Ausdruck gruppendynamischer Prozesse› gewertet werden können.»

(...)

«In den Taten der Angeklagten sind auch auf Erziehungsversäumnisse zurückzuführende schädliche Neigungen zu Tage getreten, denen ebenfalls nur durch eine längere stationäre Einwirkung und durch Erziehungsmaßnahmen, denen die Angeklagten nicht einfach ausweichen können, begegnet werden kann.

Es ist notwendig, dass die Angeklagten über Hintergründe ihres derzeitigen Verhaltens, über gesellschaftliche Probleme, wie z. B. die Ausländerproblematik, sich Gedanken machen und diskutieren lernen. In Freiheit würde dieses wieder nur auf ‹Stammtischniveau› durchgeführt werden. Bei den Angeklagten ist ein längerer Erziehungsprozess notwendig, um sie von ihren Irrtümern, fehlgeleiteten Wertvorstellungen und insbesondere ihrer Gleichgültigkeit gegenüber allen Menschen abzubringen, weil nämlich sonst die Gefahr besteht, dass sie infolge dieser Fehlentwicklung weitere schwer wiegende Straftaten begehen werden. Die Kammer hält es für nicht ausreichend, dass die Angeklagten unter dem Eindruck der bisher verbüßten Untersuchungshaft und einer drohenden sich anschließenden längeren Freiheitsentziehung beteuern, dass sie so etwas nicht wieder tun würden. Diese verfestigte Fehlentwicklung ist bei allen Angeklagten durch die bisher verbüßte Untersuchungshaft noch nicht beseitigt.»

Das Gericht hat hohe Strafen verhängt. Der vermutliche Anführer der Bande bekam sieben Jahre und sechs Monate Haft, Lorenzo sechs Jahre und sechs Monate, die anderen (mit Ausnahme von Konny) je fünf Jahre Haftstrafe. Konny bekam die niedrigste Strafe, vier Jahre Haft. Der Grund dafür war:

«Die Kammer hat weiter gesehen, dass von den Angeklagten [Konny] derjenige ist, der aufgrund seiner persönlichen Entwicklung am meisten gefährdet war, in solche Taten ‹abzurutschen› und sich einer Gruppe, die solche Taten begeht, anzuschließen. Der Angeklagte, der in seinen Vernehmungen seine eigene Tatbeteiligung nie beschönigt und in der Hauptverhandlung bis praktisch zur Selbstaufgabe versuchte, seine früheren Angaben über die Tatbeteiligung anderer rückgängig zu machen, hat immer betont, dass er sich beteiligt habe, um sich selbst und anderen zu beweisen, dass er kein Waschlappen sei.»

Dieses Urteil und die Begründung spiegelt das Engagement der Vorsitzenden Richterin Almut Reuter und der 4. Jugendkammer des Landgerichtes Halle wider. Die Vorsitzende Richterin Almut Reuter und die 4. Jugendkammer haben nichts anderes getan, als das Gesetz richtig anzuwenden, die Dinge beim Namen zu nennen: «Ausländerfeindlichkeit ist Menschenfeindlichkeit.»

Es war ein Urteil gegen die Haupttäter. Die Meute wurde juristisch in zwei Gruppen unterteilt, die Haupttäter und die Nebentäter.

Die Haupttäter waren die, die Molotowcocktails gegen die Menschen in den Wohnungen geworfen hatten.

Die Nebentäter waren die, die keinen Molotowcocktail ergattern konnten.

Alle wurden verurteilt.

Und die Eltern? Die haben ja nichts verbrochen.

# Kapitel 22:
## Mein Freund Ming Tsuang

Mein Freund Ming Tsuang ist Amerikaner. Er ist ein Harvard-Professor. Er hat hunderte von wissenschaftlichen Publikationen und viele Bücher geschrieben. Gemeinsam mit ihm hatte ich vier Bücher in englischer Sprache herausgegeben. Ich kannte ihn durch die Literatur seit über 20 Jahren. Vor 16 Jahren haben wir uns in Helsinki im Rahmen einer wissenschaftlichen Tagung getroffen. Wir hatten beide gemeinsame Forschungsinteressen.

Ich fragte ihn, ob er bereit wäre, uns in Deutschland zu helfen, eine bestimmte Forschungsrichtung zu verstärken, die hier damals völlig unterentwickelt war. Dazu erklärte er sich spontan bereit. Dank seines Renommees konnten wir die wichtigsten Fachwissenschaftler auf diesem Gebiet zusammenführen. Wir trafen uns das erste Mal in Düsseldorf. Im Laufe der letzten 15 Jahre organisierten wir dann zusammen mehrere solcher internationalen wissenschaftlichen Treffen. Ming Tsuang half uns Deutschen sehr dabei, auf dem gewünschten wissenschaftlichen Gebiet weiterzukommen. Er half uns auch, Internationalität auf diesem Gebiet zu erlangen.

Mein Freund Ming Tsuang ist Chinese. Er ist in Taiwan geboren, dort aufgewachsen und zur Schule gegangen. Er hat dort auch Medizin studiert. Während eines Forschungsaufenthaltes in London fiel er den Amerikanern auf. Diese luden ihn ein, in die Staaten zu kommen und boten ihm dort Forschungsmöglichkeiten. Die Einladung nahm er an, machte dort eine exzellente Karriere.

Seine Frau, Snow, ist Doktor der Naturwissenschaften. Sie ist ebenfalls Chinesin. Auch sie wurde in Taiwan geboren und ist dort aufgewachsen. Sie hat ebenfalls in Taiwan die Schule besucht, später Biologie studiert und Ming Tsuang geheiratet. Zusammen gingen sie nach London, zusammen nahmen sie die Einladung nach Amerika an, und zusammen wurden sie dort eingebürgert. Sie ist nicht nur Doktor der Naturwissenschaften, sie ist nicht nur eine geachtete und weit gereiste Frau, sondern auch ein herzensguter Mensch.

Professor Ming Tsuang und seine Frau, Dr. Snow Tsuang, sind Chinesen, und so sehen sie auch aus. Sie haben also ein anderes Aussehen, eine andere Hautfarbe als die Europäer. Sie ähneln sehr den Vietnamesen in Halle und Cottbus, in Mecklenburg, Brandenburg und Berlin.

Unser letztes Treffen fand in Berlin statt. Es war eine Freude für mich, meinen amerikanischen und europäischen Kollegen die wieder vereinigte Hauptstadt Deutschlands zu zeigen. Frau Dr. Tsuang begleitete auch diesmal ihren Mann. Bei unserem Willkommensempfang fragte sie mich, was sie am nächsten Tag in Berlin machen könne, solange ihr Mann und ich mit der wissenschaftlichen Tagung beschäftigt wären. Ich beschrieb ihr verschiedene Möglichkeiten. Dabei bemerkte ich, dass uns Professor Tsuang die ganze Zeit über etwas zurückhaltend beobachtete. Später nahm er mich zur Seite und fragte mich flüsternd: «Sag mal, ist es nicht gefährlich, wenn Snow allein in Berlin auf die Straßen geht?» «Wieso?», fragte ich, «wieso gefährlich?» «Na ja, in amerikanischen Zeitungen und auch in Reiseprospekten gibt es Warnungen für Amerikaner, die nach Deutschland reisen, insbesondere nach Ostdeutschland. Vor allem dann, wenn diese Amerikaner nicht Weiße sind, sondern Schwarze, Chinesen, Koreaner, Vietnamesen, Latinos und so weiter. Es steht dort geschrieben, dass man nicht alleine auf die Straßen mancher deutscher Städte gehen sollte, weil es dort durch die Rechtsradikalen gefährlich sein könnte.»

Das hat mich sehr geschmerzt.

So weit ist es gekommen?

Ja, ich habe es selbst in englischsprachigen Reiseprospekten gelesen, dass diese vor Reisen nach Deutschland warnen. Ja, ich habe selbst gesehen, dass in englischsprachigen Reiseprospekten die Reisenden auf die Gefahren hingewiesen werden. In Deutschland sei es gefährlich für Ausländer. Auch für Touristen. Die Rechtsradikalen unterscheiden ja nicht. Ja, ich habe es selbst gesehen, und ich war sehr traurig. Ich habe auch gehört, dass es Ähnliches in Japan gibt.

Aber jetzt, jetzt wo ich selbst so etwas direkt von meinem Gast, von meinem Freund zu hören bekam, jetzt war es für mich besonders schlimm.

So weit sind wir gekommen? Das ist eine Frage, die sich viele von uns gestellt haben.

Meine Reaktion auf seine Frage war spontan. Getragen von diesem Schmerz, getragen von diesem blitzartigen Gefühl im Magen antwortete ich ihm: «Nein, um Gottes Willen, was denkst du denn? 99 Prozent der deutschen Bevölkerung tun so etwas nicht. Denken so etwas nicht.

99 Prozent der deutschen Bevölkerung sind weltoffen und gastfreundlich.»

«Aber wie ist das mit dem 1 Prozent», dachte ich. «Wie kann ich mit gutem Gewissen sagen, geh auf die Straße, auch wenn du eine andere Hautfarbe hast als wir? Hab keine Angst. 99 Prozent der Deutschen sind anständig. Aber was ist mit dem 1 Prozent? Und wie ist das mit Alberto Adriano? Wie ist das mit den Brandstiftungen? Wie ist das mit dem behinderten, in seinem Rollstuhl sitzenden Pakistani, der nur an einer Kreuzung wartete, als Leute aus dem Auto stiegen und ihn misshandelten? Wie ist das mit David, dem Schwarzafrikaner, der friedlich in einer Straßenbahn sitzt und der aus dieser fahrenden Bahn geworfen wird, nur weil er eine schwarze Haut hat? Wie ist das mit den französischen Urlaubern, die nur deswegen verprügelt wurden, weil sie eine andere Sprache sprachen? Wie ist das mit John, über den ich später ausführlich erzählen werde, der beim Einkaufen von Rechtsradikalen entdeckt worden war, durch die Stadt gejagt wurde und dabei nur schreien konnte: ‹Was habe ich euch denn getan?› Der mit Messer und Stangen attackiert wurde und sein Auge verlor, nur weil er eine schwarze Hautfarbe hatte? John, Vater von vier Kindern, ein fleißiger Facharbeiter. Was ist mit ihnen allen, was ist mit …?», dachte ich.

Aber gewiss doch, 99 Prozent der Deutschen sind anständig.

Aber gewiss doch, Deutschland ist ein weltoffenes Land.

Aber gewiss doch, Deutschland ist so abhängig von seiner Internationalität, die es keinesfalls schädigen darf.

«Um Gottes willen, Ming, was denkst du denn von uns?»

Ich sagte diesen Satz, doch in meinem Inneren wurde die Frage laut: «Und wenn doch, was dann?» So, wie auch in der Zeitung zu lesen war: «Ein 33-jähriger mexikanischer Journalist, Gast des Bundespresseamtes, wurde im U-Bahnhof Alexanderplatz in Berlin von drei Rechtsextremisten beleidigt, bedroht und verfolgt. Der Journalist konnte entfliehen. Bei seiner Flucht vor den Angreifern jedoch stürzte er und trug eine Platzwunde davon. Der Sprecher des Internationalen Journalistenprogramms äußerte sein Bedauern.»

Ein ausländischer Journalist. Gast der Bundesregierung. Einer, der in seinem Land über die Deutschen berichten sollte.

Ich verspürte unheimliche Wut gegen die Barbaren, die Deutschland und den Deutschen so etwas antun.

Ajay Bhardwaj, der ebenfalls bei diesem Treffen in Berlin als Repräsentant einer großen internationalen Pharmafirma anwesend war, ist Amerikaner indischer Abstammung. Er sieht aus wie die Afghanen, die Pakistani oder die Inder, die hier auf unseren Straßen verprügelt und misshandelt wurden.

Dr. Ernie Anand ist der Europadirektor der wissenschaftlichen Abteilung einer internationalen Pharmafirma. Wir treffen uns häufig, auch in Deutschland im Rahmen von wissenschaftlichen Projekten. Auch er ist indischer Abstammung.

Und dann ist da noch Dr. Tetsu Nengasa. Er ist der Chef der Europaabteilung einer großen Forschungsinstitution. Er ist Japaner, sieht aber den Vietnamesen auf unseren Straßen sehr ähnlich.

Mit all diesen Leuten und vielen anderen treffe ich mich öfter in Deutschland im Rahmen von Forschungsprojekten, wissenschaftlichen Tagungen und Kongressen.

Um Gottes willen, Ming, und um Gottes willen, Ajay, um Gottes willen, Ernie, um Gottes willen, Tetsu. Gehen Sie ruhig. Besuchen Sie unsere Museen, besuchen Sie unsere Kirchen. Kaufen Sie in unseren Geschäften ein, fahren Sie mit unseren Zügen und Straßenbahnen. 99 Prozent der Deutschen sind anständig. Deutschland ist ein weltoffenes Land. Gehen Sie auf unsere Straßen, in unsere Geschäfte, in unsere Restaurants. Haben Sie keine Angst.

Herzlich willkommen!

Danke, dass Sie kamen.

Nein, 1 Prozent der Bevölkerung spiegelt die Realität nicht wider. 99 Prozent spiegeln die Realität wider.

Doch dieses eine Prozent wirft einen Schatten auf den Spiegel. Den Spiegel der deutschen Realität.

Das Ausland und wir, wir und das Ausland: ein Lupenphänomen. Wenn nämlich interessierte Leute von außen Phänomene und Zustände und Menschen in einem Land beobachten, geschieht dies nicht mit den gleichen Kriterien und aus der gleichen Perspektive, wie man dasselbe Phänomen, denselben Zustand, dieselben Menschen im eigenen Land beobachtet und studiert. Von außen hält man eine Lupe in der Hand. Abhängig von der Konstruktion und der Stärke der Lupe nimmt man die Phänomene im Beobachtungsfeld entweder überdimensional vergrößert oder viel kleiner wahr, als sie in der Realität sind.

Deutschland wird von draußen immer mit einem Vergrößerungsglas beobachtet. Das ist die Realität. Eine Realität, die durch die historisch bedingte Aufmerksamkeit der Menschen im Ausland bestimmt ist. Manche Dinge, manche Zustände, manche Einstellungen, manche Ereignisse in Deutschland werden vom Ausland – bewusst oder unbewusst, gewollt oder ungewollt – überdimensional vergrößert wahrgenommen. Dieses Phänomen betrifft wohl alle Länder, wenn wir ein besonderes oder ein momentan aktuelles Interesse an diesen Ländern haben. Jugoslawien stand in den 90er-Jahren lange Modell.

Vor einigen Jahren erhielt ich eine Einladung der Joschi-Universität in Tokio. Das hat mich gefreut, und ich habe mich auf diese Reise und die Vorträge intensiv vorbereitet. Ich las viel über Japan, über die Kultur und die Geschichte des Landes. Zufällig erschien in der Woche vor meiner Abreise im *SPIEGEL* ein großer Bericht über Japan und die Japaner. Unter anderem beschäftigte sich dieser Artikel mit der angeblichen «Ausländerfeindlichkeit» der japanischen Gesellschaft, insbesondere gegen «Weiße». Es stand in diesem Artikel sinngemäß, dass manche Japaner die «Weißen» als minderwertig im Vergleich zu den Japanern betrachten. Nicht nur intellektuell und von der Persönlichkeit her, sondern auch biologisch. Ein Grund für die rassistische Argumentation sei die Tatsache, dass eben die «Weißen stinken» würden wie manche Tiere. (Im Gegensatz zu den Japanern, die kaum schwitzen). In diesem Artikel stand – soweit ich mich erinnern kann – nichts über Mord an den «Weißen». Nichts von Hetzjagden durch die Stadt. Und doch hat mich diese berichtete «Grundfeindseligkeit» und dieses «Grundgedankengut» gegen «Weiße» beunruhigt.

Ich war Gast in diesem Land. Und ich wollte nicht wegen meiner weißen Hautfarbe diskriminiert werden von irgendwelchen Leuten am Bahnhof, in der Straßenbahn oder auf den Straßen von Tokio. Ich wusste natürlich, dass die Vertreter der Universität, die mich eingeladen hatte, mich mit großer Gastfreundschaft behandeln würden. Und doch wollte ich nicht auf der Straße als «Weißer» verachtet werden. Diese Gedanken beeinflussten natürlich nicht meine Entscheidung, nach Japan zu reisen. Hätte ich mich davon beeinflussen lassen, wäre das gegen jegliche Lebenserfahrung, gegen jegliche Realität gewesen.

Auf dem Tokioer Flughafen angekommen, wartete Dr. Sakamoto auf mich, ein sehr höflicher Kollege, den ich kannte und mit dem Ming Tsuang ich auch gemeinsam publiziert hatten. Es war ein ganz herzlicher Empfang, der mich sehr freute. Offensichtlich beschäftigten mich aber immer noch die Gedanken, die durch die *SPIEGEL*-Lektüre entstanden waren. Und so fragte ich schon während der Fahrt vom Flughafen zu meinem Hotel im Zentrum von Tokio (natürlich sehr diplomatisch, sehr vorsichtig und verklausuliert), wie viel Wahrheit solche Berichte enthielten. Ob es tatsächlich so sei, dass die «Weißen» diskriminiert würden und ob irgendwelche Gefahr für «Weiße» bestünde. Dr. Sakomoto war sichtlich betroffen. So, wie ich betroffen bin, wenn von ausländischen Gästen und ausländischen Kollegen ähnliche Fragen an mich gerichtet werden. Er antwortete: «Um Gottes willen, machen Sie sich keine Gedanken darüber. Es gibt natürlich manche Verrückte, die so denken. Aber solche Verrückten gibt es überall.»

Ja! Solche Verrückten gibt es überall. Auch bei uns in Deutschland. Es gibt Verrückte, die so denken. Doch wie verrückt ist das Gedankengut der «Verrückten»? In den Köpfen der hiesigen Verrückten sind die «Nichtweißen» minderwertig.

In Japan oder anderswo in Asien sind es die «Weißen», die minderwertig sind. In Japan hatte ich eine ausgezeichnete Zeit. Der Empfang in der Universität, die Atmosphäre bei den Vorträgen und die Empfänge nach den Vorträgen zeugten von einer großen Gastfreundschaft. So, wie auch wir versuchen, unseren ausländischen Gästen in Deutschland unsere Gastfreundschaft darzubieten. Auch auf den Straßen, in den Geschäften und beim Besuch der touristischen Attraktionen Tokios, überall wo ich war, gab mir niemand das Gefühl, dass die «Weißen» minderwertig sind. Dass die «Weißen» stinken. So wie es auch auf den deutschen Straßen, in den deutschen Geschäften und den touristischen Einrichtungen für unsere Gäste fast immer der Fall ist. Lieber Ming, Ernie, Ajay und alle anderen: *Seid herzlich willkommen in Deutschland.*

*Seid unsere Gäste.*

*Danke, dass ihr gekommen seid.*

Kapitel 23:
Markus – Deutschland bereinigen – aber wovon?


Markus begutachtete ich zweimal. Als Markus das erste Mal straffällig wurde, war er gerade 16 Jahre alt. Sein erstes Delikt war Körperverletzung. Zum Zeitpunkt der ersten Begutachtung war er 18 Jahre alt. In den dazwischen liegenden zwei Jahren war er siebenmal verurteilt worden. Die Straftaten:

- Körperverletzung
- Körperverletzung
- gemeinschaftlich begangener versuchter Diebstahl
- gemeinschaftlich begangene gefährliche Körperverletzung
- gemeinschaftlich begangene besonders schwere Form des Diebstahls
- Diebstahl
- Diebstahl

Er wurde angeklagt und zu uns gebracht, weil er «Deutschland von den Linken bereinigen wollte».

Grund dafür: «Solche Leute kann ich auf den Tod nicht ausstehen.» Markus berichtete uns stolz, dass er der rechten Szene angehört. Er trifft sich mit «Gesinnungsgenossen», wie er sie nennt, auf verschiedenen Spielplätzen. Springerstiefel und Bomberjacke gehören zu seinem ständigen Outfit. Es ist eine gemischte Gruppe von Skinheads und anderen Rechten. Man geht als Gruppe in Diskotheken und zieht als Gruppe durch die Stadt. Sein Idol ist Rudolf Heß. Hitler nicht so ganz. Warum, weiß er nicht genau. Er demonstriert für Rudolf Heß, zum Beispiel zu dessen Todestag, und wurde deswegen auch verhaftet.

«Was heißt rechts?», wollten wir von Markus wissen. «Gegen Drogen und gegen Ausländer zu sein», antwortete er. «Die Linken, die kann ich nicht ausstehen. Die sind die ‹Kiffer›.»

«Nicht ausstehen ist die eine Sache», so unser Einwand, «die andere Sache ist, solche Leute zusammenzuschlagen.»

«Ich kann überhaupt nicht verstehen, warum es verboten sein sollte, einen ‹Kiffer› zusammenzuschlagen», sagte Markus, «insbesondere Leute, die einen Aufkleber tragen gegen die Neonazis. Die hasse ich. Die würde ich am liebsten alle zusammenschlagen. Die sollten statt eines Aufklebers gegen Neonazis einen Aufkleber ‹Stopp, nicht schlagen!› tragen.»

«Was sind die Ziele der rechten Szene?», fragten wir.

«Den Drogenrausch irgendwie wegmachen, den die Ausländer bringen … Auch die ganzen Ausländer … Es sind eben zu viele hier.»

«Wie wollen Sie es schaffen?»

«Weiß ich nicht.»

Markus geht zu allen neonazistischen Veranstaltungen. In der Gruppe zirkulieren Flugblätter, in denen man darüber informiert wird, wo was stattfindet. Er hört gerne Musik, die er als «rechte Musik» bezeichnet: «Also Musik gegen Ausländer, gegen Juden und für Deutschland und so.»

Als er zu uns gebracht wurde, trug Markus eine Glatze, militärisches Outfit und Springerstiefel. Auf seinem Körper hatte er militärische und deutsch-nationale Tätowierungen.

Jetzt war er angeklagt, weil er brutal Deutschland «von den Linken bereinigen wollte». Er berichtete selbst: ‹Ich war mit der Gruppe in einer Diskothek. In der Gruppe haben wir die Diskothek in der Nacht verlassen. Die genaue Zeit kann ich nicht angeben. Angetrunken war ich, aber nicht betrunken. Wir wollten zu einer anderen Kneipe gehen. Auf dem Weg dorthin sind uns zwei Personen entgegengekommen. Die haben ausgesehen wie ‹Kiffer› (Linke). Solche Leute kann ich auf den Tod nicht ausstehen. Deswegen bin ich auf den einen losgegangen, habe ihn geschnappt und ihn gegen die Wand eines Gemüsestandes gedrückt. Ich habe ihn auf den Boden geschmissen und ihm ein bisschen in Bauch und Rücken mit den Springerstiefeln getreten. Ich ‹sehe rot›, wenn ich einen ‹Kiffer› sehe. So wie andere, die kein Blut sehen können.»

Nachdem er mehrfach mit seinen gepanzerten Springerstiefeln auf den einen, am Boden liegenden Unbekannten – beide waren, wie sich später herausstellte, Studenten – eingetreten hatte, ließ er von ihm ab. Andere Mitglieder der Gruppe misshandelten unterdessen das andere Opfer, den anderen «Linken», mit Fäusten und Tritten ihrer gepanzerten Springerstiefel.

Markus ging zu seiner Gruppe zurück, und sie unterhielten sich über die zwei «Linken». Als sie darüber sprachen, was diese «Linken» eigentlich für Leute sind, kam in ihm «wieder die ganze Wut hoch», und er ging erneut auf den wehrlos am Boden Liegenden los. Noch einmal trat er mit den gepanzerten Springerstiefeln auf den Kopf des Opfers ein. Daneben lag der andere junge Mann. Auch er war von den anderen Neonazis der Gruppe bis zur Bewusstlosigkeit geschlagen und getreten worden. Markus drehte sich dem zweiten Opfer zu und trat mit seinen gepanzerten Stiefeln mehrfach auch auf dessen Kopf ein. Dabei schrien er und seine Gesinnungsgenossen:

«Ihr linken Schweine!»

«So sieht es aus, wenn wir Deutschland bereinigen.»

Von den Deutschen.

Dann nahmen sie die Armbanduhr, die Geldbörse und die Personalausweise der deutschen Opfer an sich. Die beiden Studenten waren bewusstlos. Die Meute entfernte sich ein wenig von den Opfern und beobachtete sie. Nach einiger Zeit kam eines der Opfer zu sich und versuchte, eine Bewegung mit dem Kopf zu machen. Einer aus dem Mob rief: «Eh, der hat den Kopf wieder hochgemacht.» Daraufhin lief Markus gemeinsam mit einem anderen Neonazi zu dem immer noch am Boden liegenden Opfer und trat und schlug nochmals auf dessen Kopf ein.

Bei uns hat er die Tat gestanden. Nicht mit Reue, nicht mit Scham, sondern mit Stolz.

Bei der Polizei hatte Markus seine Tat zuerst geleugnet. Er wurde deswegen nach dem polizeilichen Verhör entlassen. Zum zweiten Mal innerhalb weniger Tage aus Polizeigewahrsam entlassen!

Wenige Tage zuvor war er polizeilich vernommen worden, weil er gemeinsam mit dem Lebensgefährten seiner Mutter (der 20 Jahre jünger als die Mutter und in Markus' Alter war) einen alkoholisierten Kunden an einer Tankstelle lebensgefährlich misshandelt hatte. Sie hatten ihm brutal mit einem Baseballschläger auf Kopf und Brust geschlagen, um ihn zu berauben.

Nein, der Schwerverletzte war weder «Linker» noch Ausländer noch Schwarzer noch Jude noch Behinderter.

Markus wurde verhaftet, kurz danach aber wieder freigelassen.

Wenige Tage nachdem er die beiden Studenten fast zu Tode geprügelt hatte, begab sich die rechtsradikale Gruppe in eine Disko, wo sie wieder einmal Alkohol tranken. Anschließend zogen sie – primitive Naziparolen – grölend durch die Straßen der Stadt. Nun stellten sie fest, dass sie kein Geld für weiteren Alkohol hatten. Deshalb drangen sie in ein Studentenwohnheim ein und klopften an die Tür eines Studenten, den Markus flüchtig kannte. Der öffnete nicht, worauf fünf aus der Gruppe die Wohnungstür eintraten. Markus verlangte Geld und Alkohol, doch der Student erklärte, er habe nichts da. Fünf entfesselte und schreiende Kumpane der Gruppe begannen, mit Fäusten auf den Studenten einzuschlagen und ihn mit ihren gepanzerten Springerstiefeln zu treten. Als der Student bereits durch die Schläge und Tritte verletzt am Boden lag, trat auch Markus noch mehrere Male mit seinen gepanzerten Springerstiefeln auf ihn ein. Anschließend sprang er mit beiden Füßen auf den Brustkorb seines Opfers. Als das Opfer begann, «so komisch zu grunzen», dachte die Meute, dass er tot sei. Sie entwendeten schnell verschiedene Gegenstände aus der Studentenwohnung und verschwanden.

Dieses Mal wurde Markus tatsächlich verhaftet. Nach dem dritten schweren Verbrechen innerhalb weniger Tage.

Als wir Markus fragten, wie er dazu stehe, sagte er: «Na ja, das war dumm. Damit habe ich mir was verbaut.»

Der Student wurde durch intensivmedizinische Behandlung gerettet. Ebenso wie die ersten beiden.

Das Opfer war ein Deutscher. Ein «stinknormaler» Deutscher.

Markus zeigte keine Reue, keine Scham, keine Empathie für das Opfer, obwohl es ein Deutscher ist, obwohl es kein «Linker» ist.

Also seinem Feindbild nicht entsprach.

Markus will Deutschland bereinigen. Aber wovon?

Wer ist dieser Markus, der Deutschland in dieser Art bereinigen will?

Markus ist ein Einzelkind. Seinen Vater hat er nie kennen gelernt. Der hat die Familie verlassen, bevor Markus das Erinnerungsvermögen entwickelte. Die Mutter? Die Mutter «ist das Beste, was man sich auf der Welt vorstellen kann». (Betrachtet man die Mutter von außen, war sie keineswegs so wunderbar, wie er sie beschreibt.)

Markus war von Anfang an ein sehr schwieriges Kind. Schon im Kindergarten war er durch sein Verhalten aufgefallen. In der Schule wurde er bereits in der 3. Klasse als «gewalttätig» eingestuft. Lehrer und Mitschüler sowie Schulbänke dienten als Ventil für seine Zornesausbrüche. Die Bemühungen des Jugendamtes waren erfolglos, und so musste er in einem Spezialheim für schwer erziehbare Kinder untergebracht werden.

Nach zwei Jahren wurde er zu seiner Mutter zurückgeschickt. Dann ging das Ganze wieder von vorn los. Er wurde der Schule verwiesen. Das Jugendamt versuchte, eine neue Schule für ihn zu finden. Nach zwei Monaten wurde er jedoch auch dieser Schule verwiesen und erneut in einem Spezialkinderheim für schwer erziehbare Kinder untergebracht. Weitere sieben Monaten später musste er auch dieses Kinderheim verlassen, nachdem sein Verhalten dort zu großen Schwierigkeiten geführt hatte. Der Versuch, ein berufsvorbereitendes Jahr zu absolvieren, scheiterte wegen Auseinandersetzungen mit Lehrern und Mitarbeitern. Und dann begann seine kriminelle Karriere, wie ich sie oben bereits dargestellt habe. Er ist arbeitslos, lebt von dem Geld, das seine Mutter ihm gibt.

Der wegen seiner schweren Verhaltensauffälligkeiten von allen verstoßene Markus hat sehr früh Zuflucht bei den Neonazis und Skinheads gesucht. Er stieß auf eine Gruppe von 15 bis 20 Leuen: «Toll angezogen mit Bomberjacken, militärischen Hosen und vor allem mit Springerstiefeln.» Diese gepanzerten Springerstiefel! Und die Gruppe war zusammen stark. Und die haben so viel miteinander unternommen. Also Leute, die wie «Linke» aussehen, getreten und mit Fäusten geschlagen. Gegen Ausländer und Juden gegrölt. Endlich hatte Markus ein Idol: Rudolf Heß. «Toll, für ihn zu demonstrieren.» Auch Alkohol war immer vorhanden. Er hatte zwar selbst kein Geld, aber die Gruppe hielt zusammen. Ja, und sie waren fast immer betrunken. Welch ein Machtgefühl. Und weiße Schnürsenkel! («Ich bin gewaltbereit.»)

Welche Überlegenheit!

Aber was ist mit den ersten beiden Opfern, die fast zu Tode getreten wurden, nur weil sie wie «Linke» aussahen? Wie ist das mit dem Studenten, der fast zu Tode misshandelt wurde? Der weder «Linker» noch Jude noch Ausländer war. Er wurde einfach beraubt.

Und was ist mit dem Opfer von der Tankstelle, das mit dem Baseballschläger fast totgeschlagen wurde? Auch er war kein «Linker», kein Ausländer, kein Jude.

Deutschland soll bereinigt werden? Wovon?

Auch der Fall «Markus» zeigt uns wieder einmal: Der Rechtsradikalismus ist nur ein «ideologisches Mäntelchen» für Kriminalität. Gewöhnliche Kriminalität.

Gewöhnliche Kriminalität und rechtsradikale Kriminalität sind eineiige Zwillinge.

# Kapitel 24:
# Ein Besuch am Tatort, wo Alberto Adriano ermordet wurde

Die Verteidigerin von Christoph, einem von Alberto Adrianos Mördern, fragte mich während des Prozesses: «Herr Professor, Sie sagten bei Ihrem Gutachten, dass mein Mandant bei seiner Aussage differenzierte zwischen kriminellen Ausländern und nicht kriminellen Ausländern. Kriminelle raus, aber nicht Kriminelle nicht.»

Ich erwiderte darauf: «Aber das ist ja gerade das Problem Ihres Mandanten und seiner Mittäter, verehrte Frau Verteidigerin. Die drei haben eben in jener tragischen Nacht nicht differenziert. Sie sind mitten in der Nacht auf der Straße auf einen Menschen getroffen, dessen Haut schwarz war. Dieser Jemand hätte genauso der Botschafter eines afrikanischen Staates oder der Konsul der USA sein können (vergessen Sie nicht, der zweitgrößte schwarze Staat nach Nigeria). Oder ein Künstler, der auf Tournee in Deutschland war. Ein Gastprofessor, der gerade bei einem Spaziergang durch die sommerliche Nacht Ideen für sein neues Buch sammelte. Ein junger Student, der mit einem Stipendium bei uns studierte. Er hätte ein Arbeiter, ein Asylbewerber oder ein ganz normaler deutscher Bürger mit schwarzer Haut sein können. Aber natürlich auch ein Drogendealer. Nein, weder Ihr Mandant noch die beiden anderen differenzierten.»

Menschliche Würde und menschliches Leben sind unantastbar. Die Würde und das Leben eines Dealers sind genauso unantastbar wie die eines Nobelpreisträgers. Aber Handlungen wie die gegen Alberto Adriano zeigen in tragischer Weise, wie unredlich die angebliche Differenzierung zwischen Kriminellen und Nichtkriminellen, zwischen guten und schlechten Menschen ist.

Nach dem Prozess gegen seine drei Mörder besuchte ich den Ort, an dem Alberto Adriano ermordet worden war. Dieser Ort liegt mitten in Dessau, direkt vor dem großen Gebäude des Justizzentrums. Landgericht und Amtsgericht, Sozialgericht und Arbeitsgericht befinden sich in unmittelbarer Nähe des Tatorts. Gegenüber ist das große Rathaus-Einkaufszentrum, der zentralste Platz in Dessau. Mitten in der Stadt, vor dem Justizgebäude, wurde Alberto Adriano ermordet. Jetzt steht eine bescheidene Gedenktafel mit seinem Foto an diesem Platz. Es gibt dort auch einige Blumen.

Einige Tage zuvor war auch Bundeskanzler Gerhard Schröder an diesem Ort gewesen, um Blumen niederzulegen. Das war gut so. Es war eine richtige Geste. Sie mildert den Eindruck etwas ab, den sein Vorgänger, Helmut Kohl, hinterlassen hat. Er war in Solingen, wo türkische Kinder verbrannt waren, nicht zur Beerdigung der Opfer erschienen. Als kritische Journalisten fragten, warum er keine Präsenz gezeigt habe, antwortete er, er wolle diesbezüglich keinen «Beileidstourismus» unternehmen. Ich fand das enttäuschend.

Den Ort des Mordes kannte ich schon vorher. Ich saß manchmal auf einer nahe gelegenen Bank in diesem Park. Im Rahmen meiner Tätigkeit als psychiatrischer Gutachter werde ich auch oft vom Landgericht Dessau mit forensischen Fragen beauftragt. Manchmal, in Verhandlungspausen, gehe ich durch diesen Park oder sitze auf einer Bank und bereite meine Gutachten vor.

Dieses Mal suchte ich den Ort des Mordes bewusst auf. Ich warf einen Blick auf die Balkone, von wo aus einige couragierte Leute vergeblich versucht hatten, das Drama zu beenden. Sie hatten durch ihr Handeln zumindest erreicht, dass die Polizei die Täter noch am Tatort erwischte. Das war gut so. Es war aber auch eine Selbstverständlichkeit.

Ich hatte von diesem Stadtpark in Dessau auch schon vor dem Mord keinen guten Eindruck. Schon oft habe ich mich über die dortigen Zustände geärgert. Um die Mittagszeit sah ich häufig junge Leute, die versteckt hinter Bäumen mit einem Schwarzafrikaner verhandelten und etwas austauschten. Jedem war klar, was da passierte. Auch mir war klar, dass dort höchstwahrscheinlich Drogen gedealt wurden. Ich war wütend und fragte mich, warum die Ordnungshüter nichts unternahmen.

Nachdem ich dem Ermordeten an seiner Gedenkstätte meine Referenz erwiesen hatte, ging ich weiter durch den Park. Dieselbe Szene wie schon so oft spielte sich auch an diesem Tag ab. Ganz in der Nähe der Mordstelle. Wenige Wochen danach. Was hinderte die Ordnungshüter daran, hier einzugreifen, vorzubeugen, zu verfolgen? Einzugreifen gegen die, die den Ort des Martyriums beschmutzen. Gegen die, die den rechtsradikalen Mördern Argumente lieferten. Und gegen die, die potentiellen Mördern auch weiterhin Argumente liefern.

Hart eingreifen? Ja, natürlich hart eingreifen! Ja, natürlich «raus», wenn dies mit dem Gesetz konform ist.

Ja, natürlich gegen kriminelle Ausländer hart vorgehen.

Genauso wie gegen kriminelle Deutsche.

Es gibt nicht nur das Prinzip der Gastfreundschaft, das hoch und heilig ist. Es gibt auch das Prinzip der Gastpflicht, das genau so hoch und heilig zu halten ist.

Der Gast, der dieses Prinzip verletzt, muss die Konsequenzen tragen. Der Gast, der dieses Prinzip eklatant verletzt, muss auch damit rechnen, dass er nicht mehr unser Gast sein darf.

«Kriminelle Ausländer raus! So denkst du, der glühende Demokrat?», habe ich mich gefragt. «So denkst du? Mit deiner Biographie? So denkst du, der für alle Bedrängten da sein muss? Kriminelle Ausländer raus? Ist das nicht die Parole, mit der eine rechtsextremistische Partei, die DVU, erschreckend und beschämend beeindruckende Erfolge bei der Landtagswahl 1998 in Sachsen-Anhalt erzielte?»

Nein, ich denke nicht so wie die. Ich denke anders. Aber wie anders?

Ich kann mich erinnern, wie ich mich gestört fühlte, als 1998 das Plakat der DVU mit dem Slogan «Kriminelle Ausländer raus!» alle Straßen in jeder Stadt und jedem Dorf Sachsen-Anhalts beherrschte. Die Worte geben oftmals nicht richtig den Gedanken wieder, der dahinter steht. Und der Gedanke, der dahinter steht, wird manchmal durch Worte versteckt. Die Bezeichnung «Kriminelle Ausländer raus!» kann so oder so gelesen werden. So, als ob alle Ausländer kriminell seien, oder so, als ob man nur die Kriminellen unter den Ausländern ausweisen wolle.

So ist es bereits in den 30er-Jahren gewesen, als man ähnliche Sprüche gegen die Juden las. Zuerst ging es um die «bösen Juden». Doch von Differenzierung war keine Rede. Alle Juden wurden zu bösen Juden. Und auch bei diesen Plakaten der DVU handelte es sich angeblich «nur» um die «kriminellen Ausländer». Aber wer von den undifferenzierten Wählern einer solchen Partei differenziert schon so genau? Für manche gehört beides zusammen. «Kriminelle» und «Ausländer», «Juden» und «Böse». Je einfacher die Gemüter, desto unbekümmerter die Gleichsetzung.

Aber andererseits: Wer will Kriminelle in seinem Haus haben? Ist es eine abwegige Aufforderung, die kriminellen Gäste aus dem Haus zu entfernen? Wer hat denn von «Ausländern» gesprochen? «Um Gottes willen», würden die Verfasser der Plakate sagen, «nur von kriminellen Ausländern». Aber warum lassen wir so missverständliche Sprüche nicht einfach weg. «Kinder statt Inder!»-Parolen sind nicht nur missglückt, sondern auch gefährlich.

Für die Bekämpfung von Kriminalität, jeder Kriminalität, sind alle Bürger zu gewinnen. Gegen die Kriminalität der «kriminellen Ausländer» ebenso wie gegen die Kriminalität der «kriminellen Inländer». Aber dafür ist der Staat zuständig. Nicht die Straße. Nicht Kriminelle mit dem Mäntelchen einer «politischen Ideologie».

# Kapitel 25:
# Nico – stolz darauf, endlich dazuzugehören


Nico ist ein Skinhead. Anlass der Begutachtung war, dass er zusammen mit Gleichgesinnten einen Schuljungen, der wie ein «Linker», also eine «Zecke», aussah, misshandelt, durch die Straßen gejagt und dann beraubt hatte. Wenige Tage später stellte Nico zusammen mit gleich gesinnten Skinheads einen Obdachlosen an die Wand. Sie nahmen eine Leibesvisitation vor, um Geld zu finden. Anschließend nahmen sie die Brille des Mannes, warfen sie auf den Boden und zertraten sie. Danach schlugen sie den Obdachlosen. Als dieser entfliehen konnte und schreiend durch die Straßen rannte, jagten sie ihn durch die Stadt.

Nico war bereits mehrfach straffällig geworden, bevor wir ihn begutachteten. Bereits mit 15 Jahren wurde er zum ersten Mal wegen gefährlicher Körperverletzung verurteilt. Kurz danach wegen gemeinschaftlich begangenen schweren Diebstahls, Fahrens ohne Fahrerlaubnis und danach wieder wegen Diebstahls. Als wir ihn sahen, war er 16 Jahre alt.

Auch Nico kommt aus einer so genannten «broken home»-Situation, also aus zerrütteten Familienverhältnissen. Der Vater war Alkoholiker, die Ehe der Eltern wurde geschieden. Gewalt, Prügel und Schlägereien waren zu Hause an der Tagesordnung. In der Schule kam er nicht mit. Wegen Verhaltensauffälligkeiten musste er in eine Sonderschule für Lernbehinderte umgeschult werden. In der Schule wurde er mehrfach disziplinarisch verwarnt. Er schloss sich einer Gruppe von Skinheads an, trank schon mit 14 Jahren viel Alkohol und schwänzte die Schule.

Das häufigste Wort, das Nico benutzte, als wir uns trafen, war das Wort «Scheiße». Alles sei «Scheiße». Auch die Unterbringung in einem Heim für schwer erziehbare Kinder brachte bei ihm nichts als «Scheiße».

Die Sonderschule schaffte er nur bis zur 6. Klasse, dann hatte er keine Lust mehr auf Schule. Er hat etwas Schreiben und Lesen gelernt, jedoch nicht allzu viel.

Schon in der Schule schlug er Mitschüler «krankenhausreif». Aber auch er selbst wurde von älteren Kindern gehänselt und geschlagen. Später lernte er die «Glatzköpfe» kennen und schloss sich ihnen an. Obwohl die Clique der Skinheads viel «Scheiße» baute, war sie für ihn genau das Richtige. Dort hatte er endlich «richtige Freunde», die ganze

Clique hielt zu ihm. Wenn er Probleme mit jemandem hatte, brauchte er in der Clique nur Bescheid zu geben, dann bekam der andere Schwierigkeiten. Auch wenn er von jemandem «Dresche» bekommen hatte, ging er zur Clique. Die Mitglieder versammelten sich dann und schlugen den anderen zusammen. Die Clique half ihm, wann immer er in Schwierigkeiten war oder Stress hatte. Es war in dieser Clique üblich, andere zusammenzuschlagen.

«Was ist ein Skinhead?», wollten wir von Nico wissen.
«Ein Skinhead zu sein bedeutet, Ausländer zu hassen.»
«Warum denn das?»
«Weil sie ‹Scheiße› sind.»
«Was meinen Sie damit?», versuchten wir, seine Antwort zu verstehen.
«Sie kommen ins Land rein, bringen Drogen, nehmen unsere deutschen Frauen und unsere Arbeit weg», erläuterte Nico.
«Woher wissen Sie all das?»
«Na ja, ich habe gehört, dass sie den kleinen Kindern Drogen verkaufen.»
«Also alle Ausländer tun so etwas?», unsere Nachfrage.
«Nein, es gibt auch normale Ausländer. Gegen die habe ich nichts.»
«Wie unterscheidet man denn einen normalen Ausländer von einem nichtnormalen Ausländer?», fragten wir Nico weiter.
«Hm …»
«Was machen die Skinheads denn so?
«Sie feiern die Geburtstage von Hitler, von Heß oder von anderen solchen Leuten.»
«Und was machen sie sonst noch?», wollten wir wissen.
«Die ‹Linken› zusammenschlagen», erläuterte Nico.
«Was tun die Skinheads sonst noch so?»
«Die trinken viel und bauen ‹Scheiße›. Aber wer baut heute keine ‹Scheiße›?»

Nico äußerte sich während unserer Untersuchungen sehr stolz über seine «rechte» Kleidung. Er berichtete stolz darüber, wie er gemeinsam mit den anderen Neonazis seiner Gruppe durch die Stadt zieht und Leute anpöbelt. Stolz erzählte er auch, wie er ein Wahlplakat von Helmut Kohl angezündet hatte. Und wie er Türken in einem Bus angegriffen hat.

«Doch leider hatten diese Türken großes Schwein, weil der Busfahrer schnell die Türen verschlossen hat.»

Nein, Nico hat nichts dagegen, dass «Linke» und Ausländer und Juden und auch andere zusammengeschlagen werden. Er findet es nicht nur in Ordnung. Er ist stolz darauf, ein Skinhead zu sein. Dazuzugehören. Das erste Mal in seinem Leben.

Kapitel 26:
Antisemitismus ohne Juden. Fremdenfeindlichkeit ohne Fremde

In der Zeit vor meinem Wechsel von Bonn nach Halle ereignete sich das Verbrechen in Hoyerswerda. Hoyerswerda ist eine kleine Stadt im Osten Deutschlands. Eine Arbeiterstadt in der Nähe der polnischen Grenze. Nach der Wiedervereinigung wurde dort ein Asylbewerberheim eingerichtet. Wenig später wurde das Heim von Rechtsradikalen angezündet. Passanten und Schaulustige versammelten sich um das brennende Haus, applaudierten und riefen ausländerfeindliche Parolen. Die Stadt, die im Osten nur wenige und im Westen kaum jemand kannte, wurde zum Synonym für «deutsche Ausländerfeindlichkeit». Viele Menschen in dieser Stadt schämten sich dafür. Ja, viele Ostdeutsche schämten sich dafür. Viele Westdeutsche aber zeigten mit erhobenem Finger auf diese Stadt und meinten den ganzen Osten.

Hoyerswerda war auch mir bis zu diesem Zeitpunkt ein völlig unbekannter Name.

Die Reaktionen vieler Westdeutscher waren die des Beobachters und des Kommentators. Für viele komplettierte sich inzwischen das Bild Ostdeutschlands: Ostdeutschland, das unbekannte Land. Viele sahen sich bestätigt in der Geringschätzung der östlichen Landsleute: «primitiv», «keine Erfahrung mit anderen Kulturen», «das macht das Reiseverbot, was die hatten», «eingeschränkt». Viele Westdeutsche sahen die Unterschiede zwischen der «Mentalität West» und «Mentalität Ost» bestätigt. Und sie vergaßen dabei einiges aus ihrer eigenen Vergangenheit und Gegenwart.

Der Ruf, «ausländerfeindlich» zu sein, wird Hoyerswerda nie zur Ruhe kommen lassen. Seitdem hat die Stadt viel gegen diese Ausländerfeindlichkeit zu tun versucht. Es wurden Projekttage, bilaterale Ferienfreizeit und Jugendbegegnungen organisiert. Diese Aktivitäten wollte der Bundestagspräsident Wolfgang Thierse durch seine Anwesenheit unterstützen und besuchte neun Jahre später, also im Jahre 2000, die Stadt. Er fragte Schüler der Stadt: «Wie viele Ausländer wohnen eigentlich heute in Hoyerswerda?» Zunächst begegnete ihm langes Schweigen.

«2000», meinten die einen. «Bestimmt 10 000», antworteten die anderen. Nein, wie falsch. Nein, in dieser Stadt wohnten im Jahre 2000 nur etwa 500 Ausländer. Also gerade mal 1 Prozent der Einwohner von Hoyerswerda haben einen ausländischen Pass. Andere deutsche Städte, vor allem westdeutsche Städte, westeuropäische Städte, haben einen Ausländeranteil von oftmals mehr als 10 Prozent.

Als die Meute in Halle die Vietnamesen verbrannte, als die ausländerfeindlichen Ausschreitungen in Sachsen-Anhalt ihren Lauf genommen hatten, betrug der Anteil von Ausländern in diesem Bundesland nur etwa 0,6 Prozent. Im Jahr 1999 1,6 Prozent.

Ein fast ausländerfreies Land. Also Ausländerfeindlichkeit ohne Ausländer. So wie Antisemitismus ohne Juden.

Was soll es denn dann für rationale Erklärungen für diese Phänomene geben?

Denken wir an die Primitivität, über die wir gesprochen haben. Denken wir an die Kriminalität. Denken wir an den Affen in uns.

Manche Städte und Kommunen tun einiges, manche tun viel gegen diese irrationale Fremdenfeindlichkeit. Manche Städte und Kommunen versuchen, das Image loszuwerden, das die Primitivität weniger ihnen eingebracht hat. Aber ist die rechtsradikale Kriminalität ein Phänomen von «sporadischen Fällen», von Einzelfällen geblieben?

Die Antwort gibt das Oberlandesgericht Sachsen-Anhalt. In einer «Allgemeinkundigkeitserklärung» wird unter anderem Folgendes bekundet, was ich hier auszugsweise wiedergeben möchte:

«Schlagzeilen zu gewaltsamen Übergriffen auf Ausländer sind fast täglich in den Medien zu finden. Innerhalb von acht Wochen wurde Folgendes berichtet:

– 22. Juni 2000: In Borna (Sachsen) wird ein schwer behinderter Ausländer überfallen. Der Pakistani wartete in seinem Rollstuhl an einer Kreuzung, wo ihn Unbekannte mutwillig anfuhren. Einer der Beifahrer des Autos stieg aus und schlug den Schwerbehinderten, der dadurch schwer verletzt wurde.

– 23. Juni 2000: Rechtsextremisten organisieren Krawalle auf dem Marktplatz von Wittenberg (Sachsen-Anhalt). Nur mit einem Aufgebot von zehn Streifenwagen kann die Polizei die Situation beherrschen.

– 27. Juni 2000: Auf das Gebetshaus einer islamischen Religionsgemeinschaft in Gera (Thüringen) wird ein Anschlag verübt. Vier Tatverdächtige wurden gefasst. Einer davon ist Führungskader einer NPD-nahen Kameradschaft.

- Juli 2000: Randalierende Rechte verletzten auf einem Volksfest in Malchow (Mecklenburg-Vorpommern) sechs Menschen. Die Täter grölen ausländerfeindliche Parolen und pöbeln Besucher an. Unter den Opfern sind zwei Iraker und ein Türke.
- 21. Juli 2000: Am Rande eines Volksfestes in Annaberg-Buchholz (Sachsen) wird ein 45-jähriger Vietnamese zusammengeschlagen.
- 21. Juli 2000: Rechtsgerichtete Jugendliche überfallen ein Ferienlager in Eisenhüttenstadt (Brandenburg) und pöbeln französische Gäste an. Ein Deutscher, der die Franzosen schützen will, wird verletzt.
- 22. Juli 2000: Eine Gruppe rechter Jugendlicher schlägt in Magdeburg (Sachsen-Anhalt) zwei Vietnamesen zusammen.
- 24. Juli 2000: An einer Badestelle in Otterie (Brandenburg) werden zwei 16-jährige Mädchen überfallen, rechtsgerichtete Jugendliche beschimpfen sie als «Zecken» (Linke) und treten mit Springerstiefeln auf sie ein.
- 25. Juli 2000: In Potsdam (Brandenburg) werden zwei afrikanische Kinder, 13 und 14 Jahre alt, in der Straßenbahn angegriffen, ein anderes afrikanisches Kind wird an einer Haltestelle aus der Straßenbahn gestoßen.
- 26. Juli 2000: In Köthen (Sachsen-Anhalt) überfallen Unbekannte einen Asylbewerber.
- 29. Juli 2000: Rechtsextremisten randalieren auf einem Volksfest in Thalbürgel (Thüringen).
- 29. Juli 2000: In Eisenach (Thüringen) hetzen Jugendliche zwei Afrikaner durch die Stadt.
- 29. Juli 2000: In Warnemünde (Mecklenburg-Vorpommern) verprügeln Rechte die Besatzung eines norwegischen Schiffes.
- 29. Juli 2000: Auf einem Zeltplatz in Hermersdorf Obersdorf (Brandenburg) bedrohen Jugendliche den Platzwart, der das Abspielen rechter Musik verboten hatte.
- 29. Juli 2000: Rechtsextreme werfen in Wittenberg (Sachsen-Anhalt) einen Molotowcocktail in ein China-Restaurant.
- 30. Juli 2000: In Potsdam (Brandenburg) attackieren drei rechte Jugendliche einen Ausländer.
- 30. Juli 2000: Auf dem Theaterplatz von Chemnitz (Sachsen) wird eine irakische Familie überfallen.

- 01. August 2000: In Döbeln (Sachsen) bedrohen drei «Rechte» deutsche Sinti und Roma mit einer Waffe.
- 02. August 2000: In einem Zug von Leipzig (Sachsen) nach Torgau schlagen fünf Jugendliche auf einen Inder ein und rufen rassistische Parolen.
- 02. August 2000: In Hartha (Sachsen) verprügelt eine Gruppe Rechter drei als «Linke» eingestufte Jugendliche.
- 06. August 2000: In Gera (Thüringen) attackieren fünf Rechtsextremisten zwei Pakistaner.
- 06. August 2000: In Rostock (Mecklenburg-Vorpommern) nimmt die Polizei 36 Jugendliche fest, die einen antifaschistischen Infostand angegriffen hatten.
- 06. August 2000: In Gotha (Thüringen) schlagen und treten drei Jugendliche auf einen 20-Jährigen ein. Die Polizei teilt mit, dass die Täter nach «Linken» Ausschau gehalten hätten.
- 08. August 2000: Jugendliche in Leipzig (Sachsen) attackieren einen japanischen Zeitungsverkäufer mit einem Baseballschläger und einem Messer.
- 09. August 2000: Nach einem Sprengstoffanschlag auf einen türkischen Imbiss in Eisenach (Thüringen) wird ein 19-jähriger NPD-Kader als Tatverdächtiger verhaftet.
- 11. August 2000: Bei einem fremdenfeindlichen Angriff auf einen Imbiss in Eberswalde (Brandenburg) werden zwei türkische Mitarbeiter verletzt.
- 12. August 2000: In Delitzsch (Sachsen) liefern sich rechte Jugendliche und russische Aussiedler eine Schlägerei. Zwei «Rechte» werden verletzt. Ein Aussiedler wird mit schweren Stichwunden ins Krankenhaus eingeliefert.

Im Jahr der Wiedervereinigung wurden 300 rechtsextremistisch motivierte Gewalttaten registriert. Ein Jahr später waren es bereits 1500.

Das Land Sachsen-Anhalt, mit einem Anteil von 1,6 Prozent Ausländern, hatte im Jahr 1999 die höchste Häufigkeit an Gewalttaten (3 rechtsextreme Gewalttaten pro 100 000 Einwohner). Das Land Hessen mit 12 Prozent (!) Ausländeranteil hatte dagegen nur 0,4 Prozent rechtsextreme Gewalttaten auf 100 000 Einwohner ...»

Rechtsextremismus, Antisemitismus, Rassismus, Fremdenfeindlichkeit – ein ostdeutsches Phänomen? Nein, mit Sicherheit nicht. Aber in Ostdeutschland ein besonderes Problem. Als Ende des Jahres 2000 die Bundesregierung mehr Geld zur Bekämpfung des Rechtsextremismus in Ostdeutschland zur Verfügung stellte, wurde das von vielen begrüßt. Manche Politiker – erfreulicherweise sehr wenige – kritisierten das jedoch. «Diskriminierung der Ostdeutschen», haben sie geschrien. «Die Ostdeutschen werden abgestempelt», riefen sie empört, dabei auf den Wahlzettel der Ostdeutschen schielend.

Das ist Pharisäertum. Auch Pharisäertum ist gefährlich. Wie jede Heuchelei.

Natürlich ist der Rechtsradikalismus ein gesamtdeutsches – ein europäisches, ein weltweites – Phänomen. Natürlich haben wir ihn auch mit voller Wucht in Westdeutschland erlebt. In Mölln und Solingen, in Düsseldorf und München. Diese Städte liegen alle in Westdeutschland. Aber die Brisanz des Rechtsextremismus in Ostdeutschland ist eine andere. Sie benötigt zusätzliche Aufmerksamkeit und zusätzliche Fürsorge von Seiten der Regierungen. Der Aufschrei dieser – erfreulicherweise wenigen – Politiker ist Heuchelei. Ist Pharisäertum. Ist Wahltaktik. Oder bestenfalls falsche Solidarität.

Wolfgang Thierse, der Bundestagspräsident, der zweite Mann im Staat, ist ein Ostdeutscher. Er ist ein aufrichtiger Mann. Er gehört zu den glaubwürdigsten Politikern in Sachen «Bekämpfung des Rechtsextremismus». Zu Recht hat er auch den «Ignatz-Bubis-Preis» für seinen Einsatz gegen Rechtsextremismus und Gewalt erhalten. In seiner Rede vor dem Deutschen Bundestag am 28. September 2000 («Von Toleranz und Menschlichkeit gegen Fremdenfeindlichkeit, Antisemitismus und Gewalt in Deutschland») sagte er unter anderem:

«Man konnte immer glauben, das sind die alten Herren, die ein paar junge Leute um sich versammeln, ein isolierbares Phänomen. Nein, jetzt müssen wir begreifen: Es hat sich etwas zum Schlimmen geändert. Ausländerfeindlichkeit ist eben bei nicht wenigen Menschen ein fast selbstverständlicher Teil des Alltagsbewusstseins geworden. Der Rechtsextremismus ist geradezu ein kulturelles Phänomen geworden. Er bedient sich unterschiedlicher kultureller Instrumente, um sich zu vermitteln. Er ist weniger parteipolitisch fassbar. Ich war in den vergangenen anderthalb Jahren viel unterwegs, besonders in Orten rechtsextremistischer Gewalttaten, in so genannten ‹rechten Hochburgen›. Ich habe mir vorher nicht vorstellen können, was man da erleben kann, das Ausmaß von Angst, das sich bereits verbreitet hat. Es war mir unvorstellbar, dass junge Leute nicht mehr wagen, in bestimmte Teile einer Stadt zu gehen, einen Jugendclub zu besuchen. Die Gespräche mit Opfern von Gewalt, mit von ihrer Angst gelähmten Jugendlichen haben mich nicht mehr losgelassen. Es gibt wirklich, was die Rechtsextremen großtönend ‹nationale befreite Zonen› nennen. Wir können es anders nennen: Stadtquartiere und Gegenden, in denen die rechten Schläger und die rechten Ideologen dominieren und die anderen nur unter Angst leben und existieren können. ... Ich sage ausdrücklich: Es handelt sich hier nicht vor allem und nicht nur um ein ostdeutsches Problem – damit wir uns nicht missverstehen. Ich sage ferner: Mir sind bei diesen Besuchen und den Erfahrungen, die ich gemacht habe, alle einfachen, alle monokausalen Erklärungen für den Rechtsextremismus und für Gewalt, etwa nach dem Muster, Arbeitslosigkeit und Ausbildungsplatznot bewirke rechtsextreme Einstellungen, vergangen. Wir wissen doch, dass viele von den rechtsextremen Ideologen und Schlägern nicht Arbeitslose sind und nicht ohne Ausbildung sind. Dies gilt auch für Behauptungen, die deutsche Einheit, die Delegitimierung der DDR und ihres Antifaschismus seien schuld. So etwas habe ich eher aus ihren Reihen gehört. Nein, so einfach dürfen wir es uns nicht machen. Es gibt ein ganzes Bündel von Ursachen. Reden wir von Überforderungsängsten und von Vereinfachungsbedürfnissen. Das bekommen wir doch mit. Wir sind inmitten eines rasanten Wandels, einer beschleunigten Entwicklung: ökonomisch, technologisch, in der Forschung, im sozialen Leben. Wir erleben die radikale Veränderung der Arbeitswelt. Dieser rasante Wandel erzeugt Verunsicherung und massive Ängste bei denjenigen, die nicht sicher sind, nicht sicher sein können, dass sie erfolgreich darin sein können. In Ostdeutschland ist das besonders deutlich zu sehen. Die Radikalität des Umbruchs in allen Lebensbereichen hat jeden betroffen. Die Komplexität, das scheinbar Überwältigende der Probleme erzeugt ein menschlich gewiss sehr verständliches Vereinfachungsbedürfnis, das Bedürfnis nach einfachen Antworten auf komplexe, überwältigende Fragen. Diese Bedürfnisse und diese flottierenden Ängste machen Menschen empfänglich für die Botschaften radikaler, bösartiger Vereinfachungen. Reden wir von der Ethnisierung sozialer Konflikte. Unsere Gesellschaft hat gewiss Integrationsprobleme. Sie sind sehr unterschiedlicher Art. Die Ängste aber vor Desintegration, davor, den Anschluss zu verlieren, nicht mithalten zu können, sind groß und ebenso das Bedürfnis nach Bindung, nach Beheimatung, nach sozialer Zugehörigkeit, nach Gruppen-zugehörigkeit. Auch daran knüpfen die rechtsextremen Ideologen an. Das Kernstück ihres Angebots ist die Ideologie der Ungleichwertigkeit. Raoul Hilberg, der Historiker des Holocaust, hat einmal gesagt: «Die Logik des völkermordenden Verbrechens beginnt mit der Definition des Fremden.» Wir sind also gewarnt. An dieser Stelle möchte ich doch einen Blick auf die spezifisch ostdeutsche Seite des Problems werfen. Ich wiederhole: Es geht nicht nur um ein ostdeutsches Problem; aber das Problem hat ein ostdeutsches Gesicht, das nicht nur und nicht an erster Stelle durch die Vereinigung und die Schwierigkeiten des Umwälzungs-prozesses hervorgerufen ist. Es gibt Umfragen aus den Jahren 1990 und 1991, die Beunruhigendes aussagen über das, was in den Köpfen und Herzen der Ostdeutschen vor sich ging. Ich erinnere mich an Untersu-chungen, die unser ehemaliger Kollege Konrad Weiß in der zweiten Hälfte der 80er-Jahre über die Skinheadszene, die Szene in der DDR angestellt hat. Diese durften nie veröffentlicht werden und waren nur als innerkirchliches Material verfügbar. Es gibt eine schlimme Tradition aus SED-Zeiten: eine Tradition des Rechtsextremismus, des Antisemi-tismus. Dies wurde immer unter den Teppich gekehrt, weil nicht sein konnte, was nicht sein durfte. Es konnte nicht bearbeitet werden, denn der Antifaschismus von oben war ja ideologische Staatsdoktrin. Erin-nern wir uns auch an eine andere Erbschaft der SED-Diktatur. Die DDR war eben ein eingesperrtes Land. Wie sollten Menschen selbstbe-stimmt, konfliktfähig werden, den Umgang mit Fremdem und Frem-den erlernen, das Aushalten von Differenzen einüben? Wie sollten sie Demokratieerfahrungen machen? Ich sage nur, dass unendlich viel an dieser Erbschaft zu bearbeiten ist. Ein weiterer Aspekt ist das ideologi-sche Denkmuster, das uns in einem verkommenen Marxismus-Leni-nismus eingebläut wurde: Schwarz – Weiß, Freund – Feind, der Klas-sengegner. So kam ein Klassenkampfmuster in die Köpfe, das immer nach einem einfachen Schema verlief. Ein letzter Aspekt, der vielleicht am schwierigsten zu besprechen ist: Die DDR hat unter den Werthal-tungen, die sie den Menschen aufgeprägt hat, wohl am folgereichsten die Vorstellung von Gleichheit und Gerechtigkeit geprägt. Ich will das nicht kritisieren; das Bedürfnis nach Gerechtigkeit ist ein sehr mensch-liches Grundbedürfnis. Aber jetzt wird sichtbar, dass die spezifische Aus-prägung der Gleichheitsvorstellung eine Rückseite hat: den Konformi-tätszwang; die Unfähigkeit, mit Differenzen umzugehen und soziale, kulturelle, weltanschauliche Differenzen auszuhalten. Ich hätte mir jedenfalls nicht vorstellen können, dass es eine neuerliche Kombination von Sozialismus und Nationalismus gibt. Ich sage trotzdem, indem ich dies so beschreibe, dass dies nicht ein ostdeutsches Problem ist. Aber da ist viel mehr aufzuarbeiten.»

# Kapitel 27:
## Oliver – ein «Grufti mit rechter Meinung»

Auch Oliver kommt aus zerrütteten Familienverhältnissen – eine offizielle Bezeichnung für kaputte Familien. Die Ehe der Eltern wurde geschieden, als Oliver ein Kleinkind war. Der leibliche Vater war Alkoholiker. Die Mutter hatte wohl ein relativ freizügiges sexuelles Leben geführt, was zur Scheidung führte. Sie wurde von Oliver nicht positiv erlebt und nur negativ beschrieben. Kurz nach der Scheidung kam ein Stiefvater in die Familie. Der Stiefvater wird als aggressiv und gewalttätig bezeichnet. Mit deutlichen dissozialen Zügen, also wenig Interesse an den Bedürfnissen anderer Menschen und geringer Fähigkeit, sich um andere zu kümmern. Oliver berichtete uns über brutale Szenen mit dem Stiefvater, von dem er als Kleinkind immer verprügelt wurde. Das war einer der Gründe, warum Oliver von einer Kinderpsychologin betreut werden musste. Er hasste seinen Stiefvater.

Zu Beginn der 90er-Jahre zogen Oliver und seine Eltern in den «Westen». Der Stiefvater misshandelte das Kind weiter auf brutalste Weise.

Bereits während seiner Kindergartenzeit galt Oliver als problematisches Kind. Er schlug die anderen Kinder, um deren Spielzeug zu bekommen. In der Schule hatte er große Leistungs- und Verhaltensschwierigkeiten. Die Eltern reagierten mit Druck und versuchten, den Jungen mit Gewalt zu besseren Leistungen zu zwingen. Die Verhaltenssauffälligkeiten in der Schule nahmen zu. Er schlug Mitschüler, würgte sie, bis sie blau angelaufen waren, trat nach den Lehrern. Wegen dieser Auffälligkeiten wurde er in ein Heim für schwer erziehbare Kinder eingewiesen. Wegen schlechter schulischer Leistungen wurde er in eine Sonderschule umgeschult. Auch im «Westen» besuchte er eine Sonderschule.

Dort begann er, Sympathie für die rechte Szene zu entwickeln. Als Grund dafür gab Oliver an, dass in dieser Sonderschule auch türkische Kinder gewesen seien, die ihn nicht gut behandelt hätten. Seitdem ist er nicht gut auf Ausländer zu sprechen. Nichtsdestotrotz hatte er eine türkische Freundin, die er «sehr geliebt» hat. In der Schule lernte er nur ein wenig Lesen und Schreiben.

Nachdem er die Sonderschule abgeschlossen hatte, begann er mit einem berufsvorbereitenden Jahr. Auch dort besuchten türkische Jugendliche mit ihm gemeinsam die Klasse. Mit ihnen gemeinsam wohnte er in einem Internat. Als er Probleme mit ihnen bekam, musste er das Internat verlassen. Auch aus einer Lehrstelle als Gärtner «flog er raus». Als Grund dafür gibt er an, dass die Stelle für einen Russlanddeutschen freigemacht werden musste. Seitdem rechnet er sich der rechten Szene zu. Er bezeichnet sich selbst als einen «Grufti mit rechter Meinung». Wir fragten Oliver: «Können Sie das erklären?»

«Ein Grufti mit rechter Meinung ist jemand», meinte Oliver, «der entweder ein Satanist ist oder ein christlicher Grufti, der den Tod zwar liebt, aber auch irgendwie vampirmäßig herumläuft.»

Er selbst sei so ein Grufti, der noch dazu gegen Ausländer sei.

«Gegen alle Ausländer?», wollten wir wissen.

«Nee, nur gegen die, die herumsitzen, während ich froh sein kann, wenn ich eine Lehrstelle bekomme und nicht rausfliege.»

Oliver kleidet sich mit Bomberjacke und Springerstiefeln. Mit weißen Schnürsenkeln, die also zeigen, dass er gewaltbereit ist. Und er hat eine Glatze. Nein, er wird von niemandem akzeptiert, weder von seinen Mitschülern noch von den anderen Auszubildenden. Er ist für sie ein Dummer. Oliver denkt, dass dies auch der Grund dafür ist, warum er so viel trinkt. Mit der rechten Szene ist auch alles nicht so klar, weshalb er versuchen will, sein «Grufti-Outfit» zu ändern. Er hofft, dass er dadurch von den anderen Auszubildenden besser akzeptiert wird.

Oliver war zum Tatzeitpunkt 18 Jahre alt.

Er war nicht wegen seiner rechtsradikalen Taten angeklagt und deshalb zu uns gekommen, sondern weil er ein Mädchen angegriffen und hinter ein Gebüsch gezogen hat. Dort versuchte er mit aller Kraft, sie zu vergewaltigen. Seine Erklärung dafür war: «Ich habe abends einen Sexfilm gesehen und war sexuell erregt.»

Irgendwann wird er wohl wegen einer rechtsextremistischen Straftat auffallen. Die Gewaltbereitschaft ist auch diesbezüglich da. Die weißen Schnürsenkel trägt er schon.

# Kapitel 28:
## Über Toleranz

Politiker halten gut gemeinte Reden. Kommentatoren schreiben kluge Kommentare. Diskutanten geben gut gemeinte Ratschläge. Und alle beschwören: «Toleranz gegenüber Andersfarbigen, Toleranz gegenüber Andersglaubenden, Toleranz gegenüber Andersdenkenden, Toleranz gegenüber Andersseienden. Toleranz für Schwarze, Toleranz für Ausländer, Toleranz für Juden, Toleranz für Homosexuelle, Toleranz für Behinderte, Toleranz … Toleranz.» Das ist gut gemeint, und doch stört mich das Wort «Toleranz».

*Toleranz* kommt vom lateinischen Verb *tolerare*. *Tolerare* heißt «ertragen». Von *tolerare* kommt *tolerantia*. *Tolerantia* wiederum bedeutet «das Ertragen«, «das Erdulden», «Geduld», «Duldsamkeit», «Duldung».

«Toleranz» ist also das Fremdwort für das deutsche Wort «Duldung», «Duldsamkeit» und «zulässige Abweichung von Maßen». Genau so beschreibt es das Lexikon.

Also sollen wir die Andersfarbigen, Andersglaubenden, Andersdenkenden, Andersseienden dulden? Nur dulden? Wollen *Sie* geduldet werden?

Ich nicht.

Ich will *akzeptiert* werden!

Und *respektiert* werden!

Ich will in meiner Individualität respektiert werden, in meiner Persönlichkeit. Ich möchte akzeptiert und respektiert werden, als Person. Ich habe einen Anspruch darauf. Jeder hat einen Anspruch darauf.

Akzeptanz und Respekt sind die richtigen Worte. Der Mensch jüdischen Glaubens, der in Deutschland lebt, hat einen Anspruch auf Akzeptanz und Respekt. Und nicht auf Toleranz. Wenn einem Juden, einem Ausländer, einem Menschen die Akzeptanz und der Respekt entzogen werden sollte, dann nur aufgrund seiner ganz persönlichen Verschuldung. Etwa wenn er Moral, Ethik und Gesetz anhaltend verletzt. So, wie auch dem Christen, dem Moslem, dem Schwarzen, dem Asiaten, dem Fremden, dem Deutschen, dem «eingeborenen» Deutschen, Akzeptanz und Respekt entzogen werden sollte, wenn er das tut. Wie jedem anderen Menschen, wie jedem anderen Bürger, der seine

Akzeptanz und seinen Respekt aus eigenem Verschulden verspielt. Aber nicht, weil er jüdischen, islamischen oder anderen Glaubens ist. Nicht, weil er anders spricht, anders aussieht.

Es ist uns wichtig, ausländische Studenten an unseren Universitäten zu haben. Es ist eine wichtige langfristige Investition für Deutschland. Wollen wir diese Studenten «dulden», also tolerieren? Wollen wir, wenn wir unsere Kinder in ausländische Schulen und Universitäten schicken, dass sie dort nur geduldet, also toleriert werden? Oder sollen sie stattdessen lieber akzeptiert und respektiert werden? Genau so wie die einheimischen Studenten? Ich akzeptiere und ich respektiere alle meine ausländischen Studenten, genau so wie meine einheimischen Studenten. Etwas anderes wäre mir unvorstellbar.

Toleranz kann manchmal auch Überheblichkeit bedeuten.

Wenn ich jemanden toleriere, dulde also, bedeutet das, dass ich jemanden aus einer Position der Stärke, einer Position der Macht oder Kompetenz, einer Position des Besitzstandes betrachte. Ich, der Stärkere, ich, der Besitzer, ich, der Kompetentere, dulde jemanden, der nicht so gut, nicht so stark, nicht so kompetent ist wie ich. Ich dulde jemanden in meinem Bereich. Gleichzeitig ist mir bewusst, wie überlegen ich bin.

Akzeptanz und Respekt bedeuten *Gleichwertigkeit*. Bedeuten «in gleicher Augenhöhe». Bedeuten «ich bin nicht wertvoller, stärker, kompetenter, berechtigter als du; ich bin gleich mit dir».

Als Heinz, mein Kollege, und ich diese Gedanken austauschten, erzählte ich ihm folgende Episode: Ich saß bei einem unserer gemeinsamen Abendessen in New York, einen Tag vor der Sitzung. Mit Rob, dem «waschechten» Amerikaner; George, dem Kopten; Nancy, der Jüdin; Bernard, dem Franzosen.

Meine Erzählung hatte dazu beigetragen, dass unser Essen lange dauerte. Inzwischen war das Restaurant ganz leer, und wir waren die letzten Gäste. Ich sagte: «Zum Schluss möchte ich euch etwas erzählen über die einwandfrei gefestigte demokratische Gesellschaft in Deutschland. So, wie es der Vorsitzende unserer Juden in Deutschland, Paul Spiegel, gesagt hat …»

Nancy schaute plötzlich auf. Sie unterbrach mich mit einer Handbewegung und fragte die anderen: «Habt ihr bemerkt, was Andreas eben gesagt hat?»

«Ja, dass er etwas über die gefestigte Demokratie in Deutschland erzählen möchte und darüber, was Paul Spiegel, der Vorsitzende ihrer Juden, gesagt hat.»

«Und habt ihr nichts Besonderes dabei bemerkt?

«Nein», antworteten alle.

Nancy, die Jüdin, sagte halb lächelnd, mit fast verklärter Stimme: «Aber ich habe etwas bemerkt. Er hat gesagt ‹unsere Juden in Deutschland›. ‹Unsere› hat er gesagt.

«Und warum ist das etwas Besonderes?», fragte Rob, der «waschechte» Amerikaner.

«Das ‹unsere›, das ‹unsere› ist das Besondere, wenn unser ‹German› das sagt», antwortete Nancy.

«Eigentlich ist das gar nichts Besonderes», sagte ich etwas verlegen. «Nicht das Geringste ist daran besonders, dass ich von ‹unseren Juden› sprach. Eigentlich sollte das immer und für alle so sein. Schade, es scheint noch immer nicht für alle selbstverständlich.» Unsere Juden, unsere Moslems, unsere Katholiken, unsere Protestanten, unsere Orthodoxen, unsere Atheisten und ich weiß nicht, wer noch. Die Gleichwertigen, Gleichberechtigten, Gleichakzeptierten, Gleichrespektierten.

«Trotzdem kann ich es nicht verstehen», wiederholte Rob. «Sie sind Juden, sie sind Moslems, sie sind Andersgläubige, aber sie sind deutsche Staatsbürger. Oder sie leben in Deutschland. Wo ist das Problem?»

Kein Problem. Überhaupt keins.

# Kapitel 29:
## Patrick – «Es ist ja nur ein Nigger»

Patrick ist seit seinem zehnten Lebensjahr überzeugter Neonazi, sagt er – mit sichtbarem Stolz. Er war 21 Jahre alt, als wir ihn sahen. Patrick erzählte uns, dass er seit dem zehnten Lebensjahr Kontakt zu rechtsradikalen Kreisen hatte. Er bezeichnete sich selbst als «Nationalsozialist», als «Neonazi». Schon früh in seinem Leben fühlte er sich von den Neonazis angezogen. Mit ihnen konnte er sich politisch identifizieren. In deren soziale Strukturen konnte er sich einfügen.

«Was heißt Nationalsozialist?», wollten wir von ihm wissen.

«Stolz, Treue, Vaterlandsliebe.»

Bereits zu DDR-Zeiten wurde er in die Neonaziszene eingeführt. Seit seinem zehnten Lebensjahr trägt er auch ein Hakenkreuz. Es wurden ihm viele Bilder von Nazigrößen gezeigt. Und es wurde ihm viel erzählt über die Nazizeit. Alles herrlich, alles groß. Damals. Das alles fand er faszinierend. Von Anfang an wurde er von denen, die ihm das alles erzählt hatten, zu Kameradschaftsabenden mitgenommen. Obwohl er noch ein Kind war. Dort lernte er auch andere Kameraden kennen. Damals war es noch eine recht kleine Gruppe, die Kameraden, und er verstand nicht viel davon. Mit 13 Jahren traf er die Entscheidung, für immer in der Neonaziszene zu bleiben. Noch heute ist er der Überzeugung, diese Entscheidung sei richtig gewesen. In der rechten Szene gibt es, wie er überblicken kann, zwei Gruppen: die Skinheads und die Nationalsozialisten.

Er selbst ist ein Nationalsozialist. Er ist kein Glatzkopf. Und das vor allem deshalb nicht, weil die Skinheads nur auf Saufen, Schlägereien und «Blablabla» aus seien. Ein Nationalsozialist ist auf das Wohl seines Landes und seiner Mitmenschen aus. Aber er selbst ist nicht politisch aktiv, weil er nicht die Geduld habe, sich oben hinzusetzen und zu diskutieren. Er sei sehr leicht reizbar und erregt und flippe schnell aus bei solchen Diskussionen. Wenn er eine Diskussion über Nationalsozialismus führe und die anderen etwas dagegen sagten, dann würde er sehr schnell handgreiflich. Er könne nichts durch Diskussionen schaffen. Er mache es mit Taten.

«Welche?»

«Diejenigen, die etwas dagegen haben, bekommen von mir eine auf die Schnauze.»

«Ist das richtig so?», war unsere kritische Frage.

«Das ist dann deren Problem, nicht meines.»

«War die Sache, die Sie mit John gemacht haben, richtig?», wollten wir von ihm wissen.

«Sie war nur deshalb nicht richtig, weil wir viel zu viele waren. Wären wir nur zwei oder drei Leute gewesen, wäre es richtiger gewesen. Der Typ ist nicht deutsch, nicht rein deutsch, nicht hier geboren. Und seine Kinder, die hier geboren wurden, sind auch nicht rein Deutsch. Ich als Nationalsozialist will ein reines Deutschland haben, für Deutsche. Da ein Neger kein Deutscher ist – es gibt keine schwarzen Deutschen, gab es nie und wird es auch nie geben –, muss er aus Deutschland verschwinden», gab Patrick zur Antwort.

«Würden Sie das auch durch Umbringen erreichen wollen?», fragten wir weiter.

«Man muss ihn ja nicht gleich umbringen. Zack links und rechts eine und dann war es das. Vielleicht geht er dann freiwillig.»

Nein, er bereut nichts. Auch nicht das, was er mit John gemacht hat. Er schämt sich für nichts. Er bleibt ein Nationalsozialist.

Was tat er mit John?

Dieser Nationalsozialist Patrick kam am Tattag gemeinsam mit vielen anderen in die Wohnung eines anderen Nationalsozialisten. Nachdem ein Brand bei den «Linken» gelegt worden war, wurden sie angeblich von linken Gruppen verdächtigt und befürchteten nun deren Rache. Viele Gestalten mit schwarzen Bundhosen, Koppeln, Bomberjacken und Springerstiefeln versammelten sich in der Wohnung eines Kameraden, um sich vorzubereiten. Auf einen Tisch legten alle Anwesenden ihre Waffen und hielten eine Waffenschau ab. So lagen auf dem Tisch mehrere Messer, ein Tonfa, mehrere Pistolen, ein abgebrochener Billardstock, Schreckschusspistolen, Gardinenstangen und so weiter.

Die so genannten Linken aber kamen nicht.

Als diese ausblieben, entschloss sich die Gruppe, zum Hauptbahnhof der Stadt zu fahren. Man hoffte, dort auf eine solche linke Gruppierung zu stoßen und sich mit denen tätlich auseinandersetzen zu können. Zu diesem Zweck nahmen sie auch ihre Waffen mit.

An einer Haltestelle stieg gerade John ein. John ist ein Schwarzafrikaner, der seit mehreren Jahren in Deutschland lebt, verheiratet ist und vier in Deutschland geborene Kinder hat. Er war seit mehreren Jahren als Facharbeiter in einem deutschen Betrieb tätig. Als die Meute den ahnungslosen John sah, begannen sie zu schreien: «Ein Nigger, ein Nigger. Den jagen wir, den hetzen wir.»

Einige in der Gruppe hatten Erfahrungen mit Hetzjagden auf anders Aussehende und anders Denkende. Einige Zeit vorher hatten sie einen arabisch aussehenden jungen Mann durch die Stadt gejagt und schwer verletzt.

John bemerkte die Meute und begann, um sein Leben zu rennen. Die Meute rannte ihm hinterher und so begann die Hetzjagd. Die Meute rief: «Nigger Bimbo, verpiss dich aus unserem Land. Wir machen dich platt.»

John lief um sein Leben durch die Straßen der Stadt und rief: «Was habe ich euch denn getan?», die Meute dicht auf den Fersen. Einer von ihnen holte John ein und versuchte, ihn an der Jacke festzuhalten. John gelang es, die Jacke und seinen Rucksack abzustreifen, und so entkam er zunächst diesem Angriff. Ein Teil der Gruppe beschäftigte sich mit dem Inhalt des Rucksacks, die andere Hälfte jagte John weiter hinterher mit ihren schrecklichen Schreien: «Du Nigger, wir machen dich platt, verpiss dich aus unserem Land.» John wurde erneut eingeholt und auf den Boden geworfen. Er wurde mehrfach mit Fäusten geschlagen und mit Springerstiefeln getreten. Mit einem Holzstuhl, den einer auf einem in der Nähe befindlichen Müllhaufen gefunden hatte, schlugen sie auf John ein, bis dieser regungslos dalag. Als es John gelang, wieder aufzustehen und weiterzurennen, verfolgte die Meute ihn weiter. Und wieder holten sie ihn ein und warfen ihn zu Boden. Einer schlug mit einer Holzleiste zu. Ein anderer stach mit einem Messer auf ihn ein.

Ein Messerstich schnitt tief in die linke Gesäßseite. Drei Messerstiche verletzten Johns Gesicht. Ein Messerstich öffnete Johns Augapfel.

In diesem Moment rief jemand aus der Meute: «Die Polizei kommt, Abzug.»

Eine fünfstündige Operation in der Universitätsklinik rettete John. Sein Auge jedoch konnten die Ärzte nicht retten. John konnte erst mehrere Monate nach dieser Tat wieder zur Arbeit gehen. Aufgrund des fehlenden Auges kann er nicht mehr als Facharbeiter tätig sein. Er wurde zum Hilfsarbeiter herabgestuft, wobei große Zweifel bestehen, ob er überhaupt weiterhin dauerhaft arbeitsfähig sein wird.

Weder Reue noch Scham noch Bedauern zeigte Patrick. Falsch sei es nicht gewesen, was sie John antaten. Richtiger wäre es wohl gewesen, wenn sie nur zu zweit oder zu dritt gewesen wären, meinte Patrick. Es wäre effizienter gewesen. Patrick, der Nationalsozialist. Der auf das Wohl seines Landes und seiner Mitmenschen aus ist.

Was heißt Reue? Scham? Bedauern? Es ist ja nur ein «Nigger», meinte Patrick.

# Kapitel 30:
## Von Scham und Schamlosigkeit

Scham und Erbarmen. Das sind die zwei wichtigsten Säulen der Humanität.

Und so begann die geschriebene Geschichte der Humanität vor 3000 Jahren in Homers *Ilias*:

Hektor, der Sohn des Priamos, des Königs von Troja, tötete im Kampf Patroklos, den besten Freund des göttlichen Achilles. Achilles schwor Rache. Er forderte Hektor zum Zweikampf heraus, besiegte ihn und tötete ihn. Er übergab aber Hektors Leichnam nicht dessen Vater. Aus Wut und Hass und um die Seele des Patroklos zu besänftigen, band er den Leichnam an seinen Kampfwagen und umrundete so den Hügel von Troja. Vor den Augen von Hektors Vater Priamos, seiner Mutter Ekabe, seiner Gattin Andromache und allen Trojanern. Dies tat Achilles viele Tage lang. Es ist ein Urbestandteil menschlicher Kultur, die Toten zu bestatten. Einen Leichnam nicht beerdigen zu lassen war auch damals, vor 3000 Jahren, eine unsagbare Schändung. Die Götter waren gespalten. Einige von ihnen befürworteten die Handlung des Achilles als angemessen für seinen Schmerz, angemessen angesichts der Verpflichtung gegenüber dem Gesetz, die Besänftigung des toten Freundes zu verlangen. Andere Götter waren aber dagegen.

Apollon, der Gott des Lichtes, verurteilte Achilles. Er sagte: «Achilles ist wie eine wilde Bestie geworden, weil er sein Erbarmen und seine Scham verloren hat.» Fehlendes Erbarmen und fehlende Scham: das macht die Bestie, den Unmenschen aus.

Der alte König Priamos konnte seinen Schmerz nicht mehr ertragen, und er erregte Mitleid und Erbarmen bei den Göttern. Erbarmen und Mitleid als göttliche Eigenschaft. So brachte der Gott Hermes Priamos heimlich und schützend in das Lager der Griechen, sodass er selbst versuchen konnte, das Herz des Achilles zu erweichen, um den Leichnam seines Sohnes zu bekommen. Als er Achilles traf, klagte Priamos über sein Leid, über seinen Schmerz, nicht nur wegen des verlorenen Sohnes, sondern auch wegen der Schändung des Leichnams. Achilles aber blieb unberührt. Seine Wut, sein Zorn, sein Hass waren noch immer zu stark, um von den Klagen des Alten erweicht zu werden. Da sagte Priamos:

«Stell dir vor, deinem Vater widerführe das Gleiche wie mir. Auch du hast einen alten Vater, der auf dich wartet. Stell dir vor, dass er dasselbe erlebt, dass auch er auf einem Hügel steht und seinen geliebten Sohn tot, geschändet und unbeerdigt sieht. Kannst du dir vorstellen, wie dein Vater leiden wird? Kannst du dir vorstellen, was das Herz *deines* Vaters leiden wird, wenn andere mit dir dasselbe tun, was du jetzt mit meinem Sohn tust? Wenn andere dasselbe mit deinem Vater machen, was du jetzt mit mir machst?»

Diese Vorstellung bewegte Achilles sehr. Er begann zu weinen, «tief sich erbarmend des weißen Hauptes und des weißen Kinns. Sprach ihn an und redete gleich die geflügelten Worte: Ärmster, was hast du doch alles erdulden müssen im Herzen.»

Und Achilles gab den Leichnam Hektors an Priamos zurück, damit er ihn beerdigen konnte. Und um Priamos die Möglichkeit zu geben, Hektor zu beweinen. Er versprach ihm Waffenruhe, solange die Zeremonien dauerten, und «legte seine Hand aus Mitleid auf das Handgelenk des Alten».

Er befahl den Dienerinnen, den Leichnam Hektors mit Essenzen und Ölen zu salben, und ihn in schöne Tücher zu hüllen, sodass der Vater die verwesende Leiche nicht sehe. Dann ging er aus dem Zelt, rief die Seele Patroklos' an, die sich im Reich der Toten befand, im Hades, und bat um Verzeihung und Verständnis für das, was er tat.

Erbarmen und Scham waren schließlich größer und wichtiger als die vermeintliche Pflicht zur Rache gegenüber dem Toten. Bedeutsamer als Hass, Zorn und Wut.

So begann die Geschichte der Humanität. Im Abendland. Zu dem wir alle gehören. Auch Deutschland.

Erbarmen und Scham fand ich bei Hitlers Urenkeln nicht. Bei keinem von ihnen.

Apollon, der Gott des Lichtes, hätte über Hitlers Urenkel, die Totschläger, die Gewalttäter, das Gleiche gesagt wie über Hitlers Schergen: «Sie sind wilde Bestien geworden, weil sie kein Erbarmen und keine Scham kennen.»

Was ist Scham?

«Scham ist ein negatives Spannungsgefühl, das entsteht, wenn durch eine schlechte Handlung oder durch eine unterlassene gute Handlung das Selbstkonzept, die Vorstellung, die wir von uns selbst haben, geschädigt wird.» So definiert man in der Psychiatrie und Psychologie den Begriff Scham. Wenn jemand etwas tut, was gegen das eigene Selbstkonzept verstößt, wird er von Schamgefühlen überfallen. Er reagiert mit Verzweiflung, mit Depressionen und möchte «in ein Mauseloch kriechen». Vom Erdboden verschwinden. Von niemandem angesprochen werden. Er schämt sich. Er schämt sich so, weil er sein eigenes Bild von sich selbst beschmutzt hat.

Aber: Das Selbstbild eines Menschen, sein Selbstkonzept hat zwar mit seinen eigenen Einstellungen, eigenen Prinzipien, eigenen Orientierungen zu tun. Es wird aber zu großen Teilen auch von außen bestimmt. In manchen Gesellschaften gelten manche Taten, die in anderen Gesellschaften große Scham auslösen, als harmlos oder gar heldenhaft. Und sie erzeugen dann auch keine Scham. Insofern sind Schamgefühle abhängig von den jeweiligen kulturellen Bedingungen und von Verstärkung und Akzeptanz, von Ablehnung und Ächtung durch eine Gesellschaft.

Nehmen wir als Beispiel einen Vergewaltiger oder einen Kinderschänder. Vergewaltigung und Sex mit Kindern werden von unserer Gesellschaft heute geächtet und verfolgt. Wir können bei der Mehrzahl der Vergewaltiger und Kinderschänder eine von zwei der folgenden Reaktionen beobachten:

Der eine Teil versucht, verschiedene Erklärungen für das eigene Verhalten zu finden. Versucht, Entlastungen zu finden. Diese Menschen versuchen, sich zu entlasten, sich zu ent-schuldigen. Aber niemals wird ein Vergewaltiger vor einem Publikum, vor dem Gutachter, vor dem Gericht, vor seiner Familie stehen und sagen: «Wie toll, was ich gemacht habe. Ich habe ein, zwei, drei Frauen vergewaltigt.» Nie wird ein Kinderschänder vor dem Gutachter, dem Gericht, seiner Familie, seinen Arbeitskollegen, auf dem Dorffest stehen und sich seiner Taten rühmen.

Diese Gruppe von Tätern hat nicht unbedingt eine innere Hemmung, so etwas Schlimmes zu tun. Die innere Zensur ist bei diesen Menschen schwach. Ist unterentwickelt. Sie begehen ihre Verbrechen aus verschiedenen Gründen. Entweder im Rahmen einer sexuellen Perversion oder aufgrund von dissozialen Persönlichkeitszügen oder anderen charakterlichen Merkmalen. Wenn sie ein Schamgefühl entwickeln, ist es nicht so stark, wie man es erwarten dürfte. Doch die eindeutige

Nichtakzeptanz und die eindeutige Ächtung von Seiten der Gesellschaft bilden einen ganz wichtigen Teil der Zensur, eine äußere Zensur. Die Tat wird nicht nur juristisch, sondern auch moralisch und gesellschaftlich getadelt. Der Täter wird moralisch und sozial stigmatisiert. Der Täter weiß, obwohl er nicht so viel Scham empfindet, dass das, was er getan hat, etwas Verurteilbares, etwas Geächtetes, etwas Schlimmes, etwas Inakzeptables ist. Und dies wird durch die Zensur, die Haltung der Gesellschaft bewirkt. Dieser Vergewaltiger und dieser Kinderschänder schämt sich zwar nicht oder kaum. Aber er rühmt sich auch nicht seiner Tat. Weil er weiß: Damit kann man keinen Ruhm ernten.

Die zweite Gruppe von Vergewaltigern und Kinderschändern empfindet die Tat, die unter bestimmten Umständen stattgefunden hat (zum Beispiel unter Einwirkung von Alkohol oder aus mangelnder Fähigkeit zur Selbstkontrolle in einer bestimmten Situation), nicht nur als gesellschaftlich geächtet, sondern auch als nicht vereinbar mit dem Selbstkonzept. Dadurch, dass er diese Tat verübte, hat dieser Mensch sein Selbstbild beschädigt oder es sogar zerstört. Darauf reagiert er mit Verzweiflung, Traurigkeit, Depression, kriecht tatsächlich in sein Mauseloch. Ein solcher Täter stellt sich manchmal selbst oder bestraft sich auf andere Weise.

Eine echte, tief greifende Schamreaktion habe ich bei rechtsradikalen Gewalttätern noch nie gesehen.

Im Gegenteil, ich erlebte häufig das offene Zurschaustellen der Tat.

Der rechtsradikale Gewalttäter ist schamlos.

Der rechtsradikale Gewalttäter kriecht nicht ins Mauseloch wegen seiner Taten.

Der rechtsradikale Gewalttäter stellt sich mitten auf den Marktplatz und rühmt sich seiner Taten.

Der einzige Täter in diesem Buch, der echte Scham empfand, war der neunte Mörder, Ilja. Er ist kein Rechtsextremist. Wie kommt es, dass es bei ihm anders ist? Dass er Scham empfand wegen seiner Tat?

Dies hat mit dem Erleben von Scham zu tun. Die Scham hat nämlich zwei Komponenten: Schambereitschaft und Schamentstehung.

Die Schambereitschaft ist eine Persönlichkeitseigenschaft und bezeichnet die Fähigkeit oder die Eigenschaft eines Menschen, mehr oder weniger ausgeprägt das Gefühl der Scham zu empfinden. Das gehört zu den Eigenschaften der Persönlichkeit, so wie Hilfsbereitschaft oder Selbstbezogenheit, Aggressivität oder Friedfertigkeit, Ehrgeiz oder Desinteresse.

175

Die Scham*entstehung* ist zwar geprägt und bestimmt von der Schambereitschaft des Menschen. Doch sie ist immer an die jeweilige Tat oder das jeweilige Verhalten gebunden. Sie wird durch die Einstellung des Betroffenen, aber auch durch die Einstellung und Haltung der Gesellschaft zu der Tat, zu dem Verhalten bestimmt. Bei kriminellen Persönlichkeiten ist die Schambereitschaft in der Regel sehr niedrig. Und rechtsradikale Gewalttäter sind Kriminelle. Gemeine Kriminelle.

Das heißt also, dass ihre Schambereitschaft in der Regel niedrig ist. Die geringe Schambereitschaft erschwert also die Schamentstehung. Natürlich «schämen» sich diese Täter für Versagen und Misserfolge. Aber das ist nicht Scham im eigentlichen Sinne, wie sie vorher definiert wurde. Die Tat, für die der rechtsextremistische Gewalttäter keine Scham empfindet, ist die Tötung, die Verletzung, die Demütigung, die Verbrennung von Menschen mit anderer Hautfarbe oder anderer Herkunft. Keine Scham für das Schänden von jüdischen Gräbern, die Brandstiftung an jüdischen Synagogen, das Beleidigen und Demütigen Andersdenkender oder Andersglaubender. Solche Handlungen sind nicht unvereinbar mit der Einstellung des Rechtsradikalen. Damit fehlt eine wichtige Voraussetzung für die Schamentstehung, nämlich eine Handlung, die als zerstörerisch für das Selbstkonzept erlebt wird. Schambereitschaft und persönliche Einstellungen, Prinzipien, Moral und Selbstkonzept stellen die wichtigsten Komponenten des Erlebens von Schamgefühlen dar.

Aber die Einstellung der Gesellschaft ist keineswegs von geringerer Bedeutung.

Die Einstellung der Gesellschaft dient, wie schon gesagt, als äußere Zensur. Als billigende oder missbilligende Instanz. Und gerade hier muss man einen der wichtigsten Gründe dafür suchen, warum rechtsradikale Gewalttäter schamlos sind. Warum sie sich sogar auf den Marktplatz stellen und sich mit ihren Handlungen brüsten.

Rechtsradikale Gewalttäter sind nicht nur schamlos wegen ihrer geringen Schambereitschaft, nicht nur wegen ihrer Einstellungen. Sondern auch deswegen, weil sie sich der Billigung der Gesellschaft sicher wähnen.

Sie wissen zwar, dass die ganz große Mehrheit der Deutschen ihre Taten nicht billigen kann und auch nicht billigen will. Durch einfache und vereinfachende Denkkombinationen aber wähnen sie sich der Billigung sicher. Diese vereinfachende Denkweise eines Rechtsradikalen sieht zum Beispiel folgendermaßen aus:

«Ein Teil der deutschen Bevölkerung ist mit dem, was wir Rechtsradikalen denken und tun, nicht einverstanden. Dieser Teil der Bevölkerung sind die ‹Linken›. Sie sind die Feinde. Von denen wird auch gar keine Zustimmung und Billigung erwartet. Sie sind ein Teil dessen, was es zu bekämpfen gilt.

Ein anderer Teil der Bevölkerung jedoch ist mit unserem Denken und Tun prinzipiell einverstanden. Dies sagt jener Teil der Bevölkerung aber nicht laut. Ja, manchmal wird von ihnen sogar das Gegenteil behauptet, um nicht aufzufallen oder aus anderen Gründen. Aber sie billigen unser Tun, mehr oder weniger heimlich.

Und dann gibt es einen kleinen Teil der Bevölkerung, der von uns sogar erwartet, dass wir diese Taten begehen. Das sind nicht nur die rechtsgerichteten Gruppen, die Parteien des rechten Spektrums und andere gesellschaftliche Gruppen, sondern auch eine große, große Zahl schweigender oder nicht schweigender Menschen. Es sind die Menschen, die zu uns kommen und sagen: ‹Gut gemacht Jungs, weiter so, richtig so.› Es sind die Menschen, die beim Anblick von brennenden Asylbewerberheimen applaudieren. Es sind die Menschen, die zeigen, wo sich die Wohnungen der vietnamesischen Familien befinden; es sind die Menschen, die uns rechtsradikale Schläger nicht hindern, durch die Städte zu marschieren und unsere verbotenen Lieder zu schreien und unsere Parolen zu grölen.»

So muss also der Rechtsradikale glauben, dass ihm offen oder heimlich Beifall gespendet wird, wenn er ein solches Verbrechen begeht. Offen durch applaudierende, ermunternde Sprüche wie: «Jungs, gut gemacht. Weiter so.» Heimlich durch Wegsehen. Durch Duldung. Durch Schweigen. Durch Nicht-Eingreifen. So wie bei den Brandstiftern in Hoyerswerda, so wie beim ausschreitenden Mob von Rostock-Lichtenhagen, so wie bei den Hetzjägern von John in Halle, die nur Beobachter sahen, aber keinen Hinderer und keinen, der John half.

Wozu also Scham? Im Gegenteil: Da lässt sich Stolz empfinden.

Im Gegenteil, das ist ja die Bestätigung. Im Gegenteil, dies ist die Anerkennung, die der Verlierer so dringend braucht. Die er nirgendwo anders finden kann.

So schrieb zum Beispiel Adrian an seine Kumpane, nachdem er Alberto Adriano getötet hatte: «Ihr werdet jetzt sagen, der hat einen Nigger getötet. Ein Nigger weniger. Geil!»

Obwohl der rechtsextremistische Gewalttäter nur eine kleine unmittelbar billigende und applaudierende Umgebung hat, wähnt er sich einer großen, zustimmenden und billigenden Menge sicher. Deshalb prahlt er mit seinen Taten. Deswegen zeigen jene Menschen, die wir in der Explorationssituation (vor Gericht und im Gefängnis) sehen, keinerlei Scham und Reue. Trotz der Angst, die sie vor der Strafe haben.

Erinnern wir uns noch einmal an unser Beispiel des Vergewaltigers oder Kinderschänders. Auch wenn seine Schambereitschaft gering ist, auch wenn seine Einstellung zu seinen Taten, zu Vergewaltigung oder Kindesmissbrauch nicht negativ ist, ist er doch der zensierenden, korrigierenden Meinung der Gesellschaft ausgesetzt. Die Gesellschaft sagt: «*Was du gemacht hast, ist schlimm. Das billigen wir nicht.*» Auch dann, wenn der Vergewaltiger und der Kinderschänder nur wenig Scham empfinden, werden sie versuchen ihre Tat zu verheimlichen. Sogar im Gefängnis, inmitten anderer Krimineller. Weil sie wissen, dass sogar dort Kinderschänder und Vergewaltiger geächtet werden. Im Gegensatz zu rechtsextremistischen Gewalttätern.

Vergewaltiger und Kinderschänder verhalten sich so, eben weil die Gesellschaft deutlich missbilligend und deutlich korrigierend wirkt.

Sollte das nicht auch bei den rechtsextremistischen Gewalttätern der Fall sein? Ich denke, ein solches Verhalten könnte viel versprechend sein, wenn es nur energisch und deutlich genug ist. Ich werde darauf später noch eingehen.

Der rechtsextremistische Gewalttäter ist also auch deswegen schamlos, weil er sich der Zustimmung der Gesellschaft sicher wähnt. Er fühlt sich als «Vorkämpfer des Deutschtums». Er ist der «Vorkämpfer», ja sogar bis zum Märtyrertum, für die «Reinheit Deutschlands». Er «kämpft für die Deutschen». Warum sollte er sich also dafür schämen?

Er hat nicht begriffen, dass er Deutschland und den Deutschen ungeheuer schadet. Dass er Deutschland schändet.

Schafft es die Gesellschaft durch ihr Zensur, durch ihre energische Missbilligung, Scham bei diesen Menschen zu erzeugen, dann hat sie viel für die Eindämmung der rechtsextremistischen Gewalttaten erreicht.

Darüber später mehr.

Außer Schamlosigkeit ist Angst eine weitere Eigenschaft der rechtsradikalen Gewalttäter. Sie haben keine Scham, aber sie haben Angst. Angst vor der Haftstrafe. Angst, nicht mehr die Gruppe hinter sich zu haben. Angst, allein zu sein. Dann zeigt der grölende und bellende Kampfhund sein wahres Ich, den Angsthasen. Diese Aussage wird vielleicht einige überraschen. Wenn man sie so auf der Straße sieht, in ihren Furcht erregenden Springerstiefeln mit den weißen Schnürsenkeln («Ich bin gewaltbereit»), mit den Bomberjacken, brutal grölend – sollen das die Leute sein, die Angst haben?

Ja, das sind die Leute, die Angst haben. Ich meine nicht nur die altbekannte Tatsache, dass dieses Outfit, dieses Verhalten, diese Parolen nichts anderes sind als die Kompensation einer tief verwurzelten Angst und Unsicherheit. Ich meine nicht nur die verstärkende und ausgleichende Gruppendynamik. Ich spreche auch von der handfesten, konkreten Angst vor den Konsequenzen: vor der Strafe. Vor der hohen Strafe, die ihren Taten folgt.

Fast alle, denen ich als psychiatrischer Gutachter begegnete, waren zitternde, furchtsame Leute. Wenn sie allein in der Zelle sitzen, wenn sie allein mit mir sprechen, zeigen sie Angst. Sie bereuen die Tat nicht, sie haben kein Mitgefühl mit ihren Opfern. Sie bekunden: «Nichts hat sich in unserer Einstellung geändert.» Aber sie vertuschen mit allen Mitteln. Sie versuchen, Schuld zu verschieben, Entlastungen zu finden. Und sie haben eine Riesenangst, einen Horror vor einer möglicherweise drohenden langjährigen Haft. Im Gerichtssaal zeigen manche wieder eine andere Haltung. Dort haben sie wieder ein Publikum, und auch die Kameraden sind da. Die Kameraden, die entweder auf der gleichen Anklagebank sitzen oder im Zuschauerraum. Kameraden, die jedes Wort belauschen, um vermeintliche Verräter oder Feiglinge auszumachen. Die Kameraden sind immer da, real oder imaginär. Denen muss man wieder zeigen, wie «cool» man ist. «Wie stark».

Ich habe «meine» Rechtsextremisten immer auch allein erlebt. Ich habe ihr wahres Gesicht gesehen. Und da war keine Scham. Aber Angst.

# Kapitel 31:
## Quentin und seine Vorstellung von Ästhetik

Im Haftbefehl gegen Quentin steht ganz nüchtern geschrieben:
«Quentin ist beschuldigt, gegen 14.15 Uhr im Kaufhaus K mit einem ca. 15 cm langen Bowiemesser auf den Geschädigten einmal in den Bereich der linken Nierengegend eingestochen zu haben. Der Angriff war durch den Beschuldigten gegenüber dem Geschädigten ohne jegliche Vorankündigung und Vorliegen eines Grundes erfolgt. Dieser Angriff war somit für den Geschädigten äußerst überraschend und heimtückisch erfolgt. Der von dem Beschuldigten ausgeübte Angriff hat eine Stichverletzung des Geschädigten in Form des Einstiches unterhalb der letzten Rippe des Geschädigten, linksseitig, mit Stichkanalverlauf in Richtung Milz und kurz oberhalb der linken Niere zur Folge gehabt.»

In der Anklageschrift steht hierzu ergänzend:
«Der Angriff ist von hinten unter bewusster Ausnutzung der auf der Arglosigkeit beruhenden Wehrlosigkeit des Opfers heimtückisch sowie aus niedrigen Beweggründen erfolgt. Der Angeschuldigte hat erklärt, dass er auf den Geschädigten eingestochen hat, da er diesen für einen Ausländer gehalten hat.

Er hat diesem einen ‹Denkzettel› verpassen wollen. Dabei hat er die Tötung des Opfers billigend in Kauf genommen. Durch den Stich drang die Messerklinge unterhalb des rechten Rippenbogens in die Rückseite des Opfers ein, sodass es zu einer randständigen Verletzung der linken Niere gekommen ist. Stichrichtung und -tiefe waren dazu geeignet, eine bedrohliche Nierenverletzung hervorzurufen; die Art und Weise der Stichführung sind potentiell lebensgefährlich.

Er hat aus niederen Beweggründen in Form erklärter Ausländerfeindlichkeit und Ausländerhasses sowie unbegründeter Wut und Aggression eine Tat begangen, welche nach Würdigung ihrer Umstände lebensbedrohliche Auswirkungen zur Folge haben kann.»

Als ich Quentin, den Täter, sah, war er 29 Jahre alt. Ich konnte, als man ihn zu uns brachte, sofort feststellen, dass er ein sehr auffälliger Mensch ist. Er kam aus zerrütteten familiären Verhältnissen. Schon bei seiner Einschulung hatten sich Auffälligkeiten bemerkbar gemacht. Nicht nur wegen der Lernschwierigkeiten, die er hatte, war er schwer in eine Gruppe integrierbar. Er prügelte sich mit seinen Mitschülern, stiftete Unruhe in der Klasse und störte den Unterricht. Bald wurde erkannt, dass dieses Kind nicht für die normale Schule geeignet war. Bereits sechs Monate nach der Einschulung musste er in eine Sonderschule für verhaltensgestörte Kinder umgeschult werden. Auch dort hatte er Schwierigkeiten mit dem Lernen. Noch viel problematischer waren aber seine Aggressionsausbrüche in der Schule. Mal waren sie gegen andere gerichtet, mal gegen sich selbst. So versuchte er zum Beispiel einmal mit einem Kartoffelschäler und ein anderes Mal mit einer Gabel seine Lehrerin zu verletzen. Dann wiederum versuchte er, aus dem dritten Stock zu springen. Buchstäblich in der letzten Minute wurde er zurückgehalten. Wenig später versuchte er, einen Mitschüler zu überzeugen, in der Schule Feuer zu legen – in der Hoffnung, dass auch er selbst durch die Rauchvergiftung sterben würde. Er schwänzte die Schule, rauchte und trank Alkohol, obwohl er noch ein Kind war. Wegen all dieser Verhaltensauffälligkeiten wurde er in der Kinderpsychiatrie behandelt, was leider ohne Erfolg blieb. Im Anschluss an die Sonderschule versuchte er, eine zweijährige Lehre zu absolvieren, brachte diese aber nicht zu Ende. Schon in seiner Kindheit begann er, Diebstähle und andere Eigentumsdelikte zu begehen.

Seit seinem 21. Lebensjahr ist Quentin alkoholabhängig. Mit 14 Jahren hatte er seinen ersten richtigen «Vollrausch». Und schon zu dieser Zeit begann er, «Brennspiritus» zu trinken. Der Alkoholkonsum steigerte sich. Er hatte noch nicht einmal das 30. Lebensjahr erreicht, als er bereits täglich 2 bis 3 große Flaschen Schnaps und 15 bis 20 Halbliter-Flaschen Bier brauchte.

Er hasste besonders Fremde, vor allem deshalb, «weil die Ausländer den Einheimischen die Arbeit wegnehmen». Die bekämen überall Arbeit, aber «wir als Deutsche stehen auf der Straße und gucken zu». Die Ausländer in Deutschland, meinte er, leben viel, viel besser als die Einheimischen. Die Deutschen würden ihre Wohnungen verlieren, da sie diese nicht bezahlen könnten, die Ausländer dagegen «machen sich einen Bunten bei uns». Dass er angeblich manchmal den Ausländern zubrülle: «Ihr nehmt uns unsere Frauen weg!», glaube er nicht ganz. So etwas sei ihm egal, da diese Frauen selbst wissen müssten, was sie tun. Für ihn sind «Frauen, die mit Ausländern losziehen, ‹Ausländerschlampen›». Diese Frauen haben nach seiner Ansicht kein Ehrgefühl: «Ich kann als deutsche Frau nicht mit einem Schwarzen ins Bett gehen. So etwas geht nicht. Es hat etwas mit der Hautfarbe zu tun.» Bei hellhäutigen Ausländern, wie etwa bei Franzosen, Italienern, Griechen oder Engländern, hat er prinzipiell nichts dagegen, dass deutsche Frauen mit ihnen eine sexuelle Beziehung haben, «da es nicht gleich so auffällt wie mit so einer ‹Kohle›». Solange die Betroffenen helle Ausländer seien, könne er es akzeptieren. Jedoch sollten sich seiner Meinung nach deutsche Frauen ohnehin nicht mit Ausländern einlassen. Dies gelte auch für Juden. Er könne das nicht erklären, aber er finde es «unästhetisch», mit Ausländern oder Juden ins Bett zu gehen. Das sei genauso unästhetisch, wie schwul oder lesbisch zu sein. Heute habe er aber angefangen zu denken, dass es mit Juden gerade noch ginge. Die seien ja auch Deutsche.

Ein anderer Grund, warum deutsche Frauen keine erotische Beziehung zu Ausländern haben sollten, sei, dass die Deutschen ja die schönsten Menschen seien. Die Ausländer allesamt seien keine schönen Menschen. (Auf meine Bemerkung, dass er vielleicht auch nicht gerade der Schönste ist, antwortete er: «Das liegt an der Untersuchungshaft.»)

Quentin war das Gegenstück ästhetischer Wohlgestalt. Sein unrasiertes Gesicht glich einer Mondlandschaft, seine gelben Zähne waren durch schwarze Lücken unterbrochen. Sein verklebtes Haar verriet lange Abstinenz von Shampoo und Wasser. Seine nikotingefärbten Finger erkundeten permanent die Narben seines Gesichtes. Und die Augen schweiften ins Leere.

Auf meine Frage: «Und wie ist das denn mit deutschen Männern, die mit ausländischen Frauen eine Beziehung haben?», antwortete er: «Auch ein deutscher Mann, der mit einer Ausländerin ins Bett geht, ist so etwas wie eine Ausländerschlampe. Auch das ist antiästhetisch.» Diese Männer könne er gar nicht verstehen. Es gebe so viele hübsche deutsche Frauen. «Was reizt die eigentlich an Ausländerinnen? Das kann ich wirklich nicht verstehen, es ist mir zu hoch. Diese Männer sind keine Deutschen mehr. Klipp und klar, jeder soll in seinem Land bleiben und kann dort treiben, was er will. Aber nicht im Ausland leben.»

Ich sagte bissig und unwahr: «Ich bin mit einer Deutschen verheiratet.»

«Ja, aber Sieee! Sie sind ja *kein* echter Ausländer! Heeer Profeeessor! Tsu, tsu, tsu … Herr Profeeessor! Sie doch nicht.»

182

Er selbst war noch nie in den westlichen Bundesländern und auch noch nie im westlichen Ausland gewesen. Seine einzige Reise ins Ausland war der Urlaub, den er einmal in Ungarn verlebt hatte. Er wisse, dass manche im Ausland etwas gegen Deutsche hätten, aber das sei nicht das Problem der Deutschen, sondern das Problem der anderen. Jeder solle in seinen vier Wänden bleiben, höchstens seinen Urlaub im Ausland verbringen. Niemand dürfe sich hier einnisten.

«Wollen Sie, dass Sie im Ausland von der dortigen Bevölkerung auch so behandelt werden?»

«Da habe ich Pech gehabt.»

An dem Tag, als er den ihm unbekannten jungen Mann Rolf lebensgefährlich mit dem Messer verletzte, war er ausnahmsweise zeitig aufgestanden. Er wollte zum Sozialamt gehen. Sofort nach dem Aufwachen, noch im Bett liegend, hatte er begonnen, Schnaps und Bier zu trinken. Das machte er immer so, «um erst einmal munter zu werden, das ist doch normal». Das Schnaps- und Biertrinken nach dem Aufwachen ist sein tägliches Frühstück. Nachdem er sich «munter» fühlte, zog er sich schnell an und «spritzte sich ein bisschen Wasser in die Fresse». Anschließend ging er los. Gemeinsam mit seiner Lebensgefährtin fuhr er zum Sozialamt, um Geld zu holen. Auch seine Lebensgefährtin ist Sozialhilfeempfängerin. Auf dem Sozialamt erhielten sie einen Schein, der sie berechtigte, auf Kosten des Sozialamtes persönliche Kleidung zu kaufen. Nachdem sie unterwegs in einer Gaststätte Bier und Schnaps getrunken hatten, kamen sie zum Kaufhaus, dem späteren Tatort. Vor dem Kaufhaus angekommen, blieb Quentin draußen, um weiter Bier zu trinken. Seine Lebensgefährtin ging allein hinein, um den Schein des Sozialamtes einzulösen. Dafür brauchte sie relativ lange. Quentin trank inzwischen draußen sein Bier. Es waren mindestens noch einmal vier Bier, die zu dem bereits getrunkenen Alkohol hinzukamen. Er wurde ungeduldig und wusste nicht, was seine Lebensgefährtin so lange im Kaufhaus trieb. So ging er hinein, um nach ihr zu sehen. Er fand sie nicht, entdeckte aber Rolf. Rolf sah, wie Quentin später erklärte, «wie ein Ausländer» aus.

«Wie sieht denn ein Ausländer aus?», wollte ich wissen. Quentin gab mir zur Antwort, dass er das nicht genau beschreiben könne.

So fragte ich weiter: «Sehen alle Ausländer gleich aus? Die Italiener wie die Schweden, die Griechen wie die Engländer, die Franzosen wie die Deutschen?»

«Nein», meinte er, «aber der war etwas dunkler und hatte schwarze Haare. Es gibt zwar viele Deutsche mit dunklen Haaren, aber vorwiegend haben Ausländer solche dunklen Haare.»

Rolf stand an einem Hemdenstand, da er sich ein Hemd kaufen wollte. Der angetrunkene Quentin dachte wieder an seine Sprüche. Daran, dass die Ausländer den Deutschen die Arbeit wegnehmen, an die Ausländer, die in ihren Ländern leben sollten und so weiter. So lief er also zu Rolf und begann in dem vollen Kaufhaus lautstark zu brüllen: «Du Ausländersau. Ihr nehmt unsere Arbeit weg. Verpiss dich. Zurück in dein Land.» Dabei zog er sein Messer, welches er immer griffbereit bei sich hatte, und stach zu.

«Warum?», wollte ich wissen. «Fühlten Sie sich bedroht?»

«Nein, der hat gar nicht auf meine Beschimpfungen geantwortet.»

«Fühlten Sie sich von ihm provoziert?»

«Nein, er hat mich nicht einmal angeguckt.»

«Warum haben Sie dann auf ihn eingestochen?», fragte ich verständnislos.

«Weil ich dachte, er sei ein Ausländer.»

Rolf ist kein Ausländer. Er ist ein Deutscher. Er ist ein deutscher Student.

Die Primitivität, die Kriminalität, die Eingeschränktheit, die Dissozialität, die Dummheit kann auf uns alle einstechen. Nicht nur auf Schwarze, auf Ausländer, auf Juden; nicht nur auf Schwache, nicht nur auf Wahldeutsche, nicht nur auf «eingeborene» Deutsche, sondern auf uns alle.

Zumindest, wenn jemand Menschen nach ihrem Äußeren einordnet. Und für minderwertig hält. So wie Quentin.

Kapitel 32:
Rechtsradikale Gewalttäter wie Ronny, Samuel, Tobias, Urs, Valerian, Willi, Xaver und Yves. Die Reihe von A bis Z schließt sich allmählich. Doch nur eine Selektion?


Mein Kollege Heinz fragte, ob die rechtsradikalen Gewalttäter, über die ich berichte, nur deshalb so ein verheerendes lebensgeschichtliches Bild abgeben, weil bereits eine Selektion vorab stattfinde? Weil vielleicht nur die psychiatrisch begutachtet werden, die eine problematische Vorgeschichte haben?

Nein, so ist es nicht. Die negative Figur, die die rechtsradikalen Gewalttäter auf allen Ebenen machen, ist ein generelles Phänomen. Ich habe Prozesse gegen rechtsradikale Gewalttäter miterlebt, bei denen sowohl begutachtete als auch nicht begutachtete Straftäter auf der Anklagebank saßen. Dies ist vor allem darauf zurückzuführen, dass manche der Gewalttäter entweder tatsächlich zum Tatzeitpunkt alkoholisiert waren oder angaben, alkoholisiert gewesen zu sein. Alkoholkonsum und die damit verbundene Frage nach der Schuldfähigkeit ist der häufigste Grund dafür, dass vom Gericht oder von der Staatsanwaltschaft ein psychiatrisches Gutachten in Auftrag gegeben wird. Bei Straftätern, bei denen sich diese Frage der Alkoholisierung zum Tatzeitpunkt nicht stellt, ist das nicht der Fall. Und doch: Es gibt kaum Unterschiede zwischen begutachteten und nicht begutachteten rechtsradikalen Gewalttätern. Genauso wenig, wie das auch zwischen anderen begutachteten und nicht begutachteten Gewalttätern und Kriminellen der Fall ist. Dies konnten wir durch unsere Forschung belegen. Natürlich gibt es Ausnahmen, wie bei jeder Regel. Doch generell ist festzustellen, dass rechtsradikale Gewalttäter insgesamt fast immer zu den Verlierern, zu den Unterprivilegierten, zu den Randständigen, zu den Schwachen, zu den wenig Intelligenten, zu den Erfolglosen gehören. Psychiatrisch begutachtete ebenso wie psychiatrisch nicht begutachtete.

Doch um es noch einmal klarzustellen: Ich spreche von rechtsradikalen Gewalttätern. Ich spreche nicht von den rechtsextremistischen Schreibtischtätern, von den Funktionären, von den Lenkern der rechten Szene. Auch nicht von den Profilierungsneurotikern, die eine Bühne suchen. Das ist eine andere Sorte. Deren Motive sind teilweise anders abzuleiten als die der Totschläger auf der Straße. Die Psychologie und Psychopathologie der Funktionäre und Rädelsführer der rechten Szene ist sicher eine andere als die des Haufen Elends von der Straße. Anders als die der rechtsradikalen Gewalttäter, die sich nur in der Gruppe stark wähnen. Die von Angsthasen zu Kampfhunden mutieren. Die rechtsradikalen Gewalttäter, die die Schmutzarbeit der Szene erledigen, ähneln sich hingegen alle.

Nehmen wir als Beispiel den großen Prozess wegen des Brandanschlags auf die Vietnamesen. Die Anklagebank war lang, und es saßen viele Angeklagte darauf. Deshalb musste der Prozess nach verschiedenen Gruppen getrennt durchgeführt werden. Dort auf der Anklagebank saßen nicht nur Konny und Lorenzo, sondern auch Ronny, Samuel, Tobias, Urs, Valerian, Willi, Xaver und Yves.

Es ist besonders interessant, dass viele rechtsradikale Angeklagte nicht einmal deutsche Namen haben. Weder Vor- noch Nachnamen. So sind ihre Vornamen Alexander und Andreas, Tobias und David, Mario und Matthias, Peter und Enrico. Also griechische, italienische, jüdische und andere Namen, nur selten *urdeutsche* Vornamen. Sie haben Nachnamen, die ungarischen, tschechischen, polnischen, französischen oder sonstigen ausländischen Ursprung verraten.

Manchmal beginne ich die Exploration rechtsradikaler Gewalttäter, die beispielsweise Klaus oder Hans heißen – man denkt, ein «urdeutscher» Name –, mit der Frage nach dessen Herkunft. Mit gespielter Überraschung sage ich mitunter zu dem, der keine fremde Kultur respektieren kann: «Ach, Klaus ist Ihr Vorname? Sie haben also einen schönen griechischen Namen.» Der wie vom Blitz getroffene Neonazi fragt perplex: «Wieso griechischen Namen?» – «Ja», antworte ich dann, «Klaus ist eine Abkürzung für Nikolaus. Und Nikolaus ist ein urgriechischer, Jahrtausende alter Name und bedeutet ‹der Sieg des Volkes›». Und dann erzähle ich die Geschichte des griechischen Bischofs Nikolaus, die die ganze Welt eroberte und ein Bestandteil der Basiskultur aller Nationen geworden ist. Nicht der «Leitkultur» einer Nation. Danach füge ich manchmal hinzu: «Na, wollen Sie jetzt Ihren Namen ändern? Es ist ein ausländischer Name. Sollen wir die Geschichte von Nikolaus abschaffen? Sollen wir die Bräuche, die damit verbunden und viele Jahrhunderte alt sind, auch abschaffen? Verdanken wir nicht all das dem Ausland, den Ausländern?»

Oder ich frage den Neonazi mit dem nach seiner Meinung urgermanischen Namen Hans: «Ach, Sie heißen Hans mit Vornamen? Ein schöner jüdischer Name.» Und ich erzähle ihm von Johannes, von den vielen Johannes', die dort im östlichen Mittelmeer die Kultur vieler Nationen prägten. Und so ist es auch mit David und Mario, Matthias und Tobias, Andreas und Alexander und so weiter. Und manchmal erzähle ich etwas von der Basiskultur der westlichen Zivilisation, die an der Küste der Ägäis und des Ionischen Meeres, in Palästina und Kleinasien geboren wurde.

Manchmal entlarve ich auch das Unwissen dieser Leute. Wenn sie mir verklärt von Hitler und Rudolf Heß erzählen, frage ich sie:

«Jaja, der Hitler und der Rudolf Heß. Wissen Sie eigentlich, wer sich als ‹Licht der Arier› bezeichnete?»

Fragender Blick, leise, unsichere Stimme: «Hitler?»

«Nein, der nicht.»

«Rudolf Heß?»

«Um Gottes willen!»

«Dann weiß ich nicht …»

«Ja», antworte ich, «als ‹Licht der Arier› bezeichnete sich der Schah von Persien. Es war der Titel des Schahs von Persien.»

«Was hat der denn damit zu tun?»

«Wussten Sie nicht, dass die Perser und die Inder, die Afghanen und die Pakistani und viele andere asiatische Völker genauso Arier sind wie die meisten Europäer? Die gehören alle der so genannten indoeuropäischen oder, wie sie manche nennen, indogermanischen Rasse an. Wenn überhaupt eine solche Trennung der Rassen möglich ist. Wussten Sie nicht, dass auch all diese Völker Arier sind?»

Betretenes Schweigen, dann: «Nee, nee, wusste ich nicht.»

«Können Sie mir denn jetzt sagen, wieso ein Pakistani besser ist als ein Israeli? Wieso ein Afghane besser ist als ein Araber?»

«Nee.»

«Wissen Sie, warum ich die Araber erwähnt habe?», frage ich weiter.

«Nee.»

«Wussten Sie nicht, dass auch die Araber Semiten sind, genau wie die Juden?»

«Nee.»

«Wollen Sie jetzt, wo Sie das wissen, als Antisemit auch grölen: ‹Araber verrecke!›?»

«Nee.»

«Warum brüllen Sie dann: ‹Juda verrecke!›?»

«Hm …»

«Warum soll ein Mensch überhaupt verrecken!?»

«Hm …»

Aber noch einmal zurück zu dem Thema, ob Unterschiede zwischen psychiatrisch begutachteten und psychiatrisch nicht begutachteten rechtsradikalen Gewalttätern bestehen. Nein, es gibt keine Unterschiede.

Sehen wir uns einmal Ronnys Geschichte an. Ronny, ein nicht begutachteter Rechtsradikaler. Ronny war einer der Mitangeklagten von Konny und Lorenzo. Ich lernte ihn vor Gericht kennen. Er hatte mitgeholfen, den Anschlag auf die Vietnamesen durchzuführen. Wer ist er?

Ronny war zum Tatzeitpunkt 21 Jahre alt. Er ist ein uneheliches Kind. Die Eltern leben getrennt in zwei verschiedenen Städten Deutschlands. Die Mutter im Osten, der Vater im Westen. Zum Vater hatte er nur sporadischen Kontakt. Die Schule schloss er mit der 10. Klasse ab, doch dann begann eine große Instabilität in seinem beruflichen Leben. Er lebte mal in Ostdeutschland, mal in Westdeutschland und wurde in beiden Teilen straffällig. Im Westen und im Osten war er mehrere Male wegen Diebstählen, Urkundenfälschung, versuchten Betruges, gemeinschaftlichen Raubes und ähnlichen Delikten angeklagt. Es war das fünfte Mal, dass er vor Gericht stand. Aber das erste Mal wegen rechtsradikaler Gewalttaten.

Dann gab es da noch Samuel. Auch er war bei dem Anschlag dabei gewesen. Samuel hat selbst einen ausländischen Vater. Der Vater ist alkoholabhängig. Die Eltern wurden geschieden, als Samuel die 3. Klasse besuchte. Nach der Scheidung zerbrach die Beziehung zu seinem Vater vollständig. Die Schule konnte er wegen Leistungsschwierigkeiten nicht abschließen. Er begann ein berufsvorbereitendes Jahr. Zum Tatzeitpunkt war er 16 Jahre alt. Trotz seines jungen Alters stand er schon zum dritten Mal vor Gericht. Auch bei ihm war es das erste Mal wegen eines rechtsradikal motivierten Deliktes.

Tobias, ein weiterer Angeklagter, kommt aus einfachen familiären Verhältnissen, die äußerlich intakt waren. Er hat die Schule zwar nicht mit überdurchschnittlichen Noten, aber doch erfolgreich abgeschlossen. Auch eine Lehre hatte er begonnen und sogar abgeschlossen. Zum Tatzeitpunkt war er 20 Jahre alt. Vor diesem Prozess war er bereits straffällig geworden, wobei es sich um Diebstähle gehandelt hatte.

Ähnlich ist die Biographie von Urs, der zwar keine besonderen Auffälligkeiten in seiner frühen Sozialisation zeigte, aber ebenfalls schon vorher straffällig geworden war. Er war zum Tatzeitpunkt 18 Jahre alt.

Valerian war 16 Jahre alt. Er kommt aus zerrütteten familiären Verhältnissen. Die Ehe der Eltern war geschieden, die Beziehung zu seinem Vater sehr gespannt. Mit seiner Mutter verstand er sich auch nicht, sodass er schon vorzeitig aus der mütterlichen Wohnung ausgezogen war. Die Schule konnte er zwar mit unterdurchschnittlichen Noten, aber doch erfolgreich abschließen. Mit der Lehre klappte es jedoch nicht so gut. Er hatte zum Tatzeitpunkt bereits zwei abgebrochene Lehren hinter sich.

Und auch Willi, ebenfalls 16 Jahre alt, kommt aus einer zerrütteten Familie. Die Ehe der Eltern wurde geschieden, als er die 2. Schulklasse besuchte. Er zeigte sehr unterdurchschnittliche Leistungen und verließ deshalb nach der 8. Klasse die Schule. Er absolvierte ein berufsvorbereitendes Jahr. Da er jedoch dabei erhebliche Schwierigkeiten hatte, wurde er schon lange vor dem Straffall ständig von einer Sozialarbeiterin betreut. Seine Beteiligung an der Tat konnte dadurch aber nicht verhindert werden.

Xaver war zum Tatzeitpunkt 19 Jahre alt. Er hat seinen Vater nie kennen gelernt. Obwohl er die Schule abschließen konnte und sich bei Begehung der Tat in einer Ausbildung befand, wurde er bis zum Tatzeitpunkt mehrmals durch rechtsradikale gesetzwidrige Aktivitäten auffällig.

Yves schließlich war 18 Jahre alt. Er war lernbehindert und musste aufgrund dessen eine Sonderschule für Lernbehinderte besuchen. Beruflich konnte er danach kaum Fuß fassen. Er wechselte trotz seines jungen Lebens mehrfach die Arbeitsstellen und Arbeitsformen, war zwischendurch arbeitslos oder in ABM-Maßnahmen beschäftigt. Er hatte bereits vor diesem Geschehen mehrere Begegnungen mit der Staatsanwaltschaft, allerdings immer wegen so genannter «Bagatell-Delikte».

Alle, die ich hier erwähnt habe, applaudierten und riefen «Bravo!», als die junge Vietnamesin brennend und in Todesangst umherrannte und schrie.

Mit dem Alphabet sind wir nun fast am Ende. Allen «meinen» rechtsradikalen Totschlägern gab ich einen Namen von A bis Z. Die Zahl der Buchstaben des Alphabets ist zu Ende. Die Zahl der rechtsradikalen Totschläger nimmt weiter zu. Ähnliche Taten. Ähnliches Elend. Ähnliche Bilder. Immer und immer wieder.

Ich konnte auch in vielen anderen Prozessen Rechtsradikale beobachten. Ich habe sie dabei studiert, auch wenn sie nicht zu den Begutachteten gehörten. Das Muster, was sich dabei abzeichnete, ist durchgängig. Nur unterbrochen von wenigen Ausnahmen. Ich denke, das ist deutlich genug geworden.

Unterscheiden sich rechtsradikale Gewalttäter von anderen Gewalttätern, von anderen Kriminellen? Meine Antwort an Heinz war deutlich. Vor allem deshalb, weil wir durch zwei große Studien an Straftätern, die wir bereits abgeschlossen haben, bestätigen konnten: Rechtsradikale Gewalttäter sind gemeine Kriminelle. Nichts unterscheidet sie von anderen Kriminellen.

Aber rechtsradikale Gewalttäter unterscheiden sich deutlich von der durchschnittlichen allgemeinen deutschen Bevölkerung. Wie auch alle anderen Straftäter. Ob mit rechter Gesinnung oder ohne. Die rechte Gesinnung ist bei den rechtsradikalen Gewalttätern ein Vehikel ihrer Kriminalität.

Die Fakten bestätigten es: Kriminelle unterscheiden sich von der durchschnittlichen deutschen Bevölkerung durch eine ungleich höhere Häufigkeit von Persönlichkeitsstörungen, Alkoholismus, Aufwachsen in zerrütteten familiären Verhältnissen, niedrigem Ausbildungsniveau und damit verbundener niedrigerer sozialer Struktur. Und durch häufigeres Zusammentreffen verschiedener dieser Faktoren.

Das statistische Durchschnittsbild der gemeinen Kriminellen ist das statistische Durchschnittsbild der rechtsradikalen Kriminellen. Und umgekehrt.

# Kapitel 33:
## Drei Waffen gegen rechtsradikale Gewalttäter

Ich spreche hier nicht von wirksamen Waffen gegen den Rechtsextremismus an sich, gegen nationalsozialistisches Gedankengut. Das würde meine Kompetenz überschreiten. Dass das Phänomen multifaktoriell ist, dass das Phänomen tief in einer Gesellschaft verwurzelt ist, dass es trotz mancher gemeinsamer Wurzeln in West und Ost besondere Bedingungen und besondere Erscheinungsformen im Osten Deutschlands hat, wurde von vielen Studien, von vielen Soziologen und Politikern beschrieben. Aber ich habe mir aufgrund meiner eigenen Erfahrungen mit den rechtsradikalen Gewalttätern, nach den vielen Stunden, die ich mit ihnen in ihren Gefängniszellen, in Untersuchungszimmern und im Gerichtssaal verbracht habe, Gedanken gemacht, aufgrund der wissenschaftlichen Erkenntnisse, die wir dank verschiedener Untersuchungen gewonnen haben. Ich habe nach Instrumenten gesucht, mit denen man den Bazillus der rechtsextremistischen Gewalttätigkeit bekämpfen kann. Mit denen man Leben und Würde des Menschen schützen kann. Namen und Würde der Deutschen schützen kann. Denn mehr als alles andere verzerrt die rechtsextremistische Gewalttätigkeit das Gesicht Deutschlands und verfälscht das Image Deutschlands in der Welt. Jener Bazillus, der Mrs. Sarah Whiteberger zu ihrem furchtbaren Verdacht und ihren Befürchtungen bringt. Nämlich zu denken, dass «die Deutschen es jederzeit wieder tun werden». Der Bazillus, der das Ausland argwöhnisch macht.

Dieser Bazillus gedeiht nur auf für ihn günstigem Boden. Auf dem Boden sozialer Gegebenheiten. Aber auch in den Köpfen der Menschen. Die Trockenlegung dieses Bodens ist eine politische und gesamtgesellschaftliche Aufgabe. Die Geschichte der Menschheit lehrt uns, dass es immer und überall Leute geben wird, die fremdenfeindlich sind.

Welche Waffen haben wir dagegen?

Die gründlichen Analysen der Persönlichkeit und Verhaltensmuster, das Studium der Biographien «meiner» rechtsextremistischen Gewalttäter und meine lange Reise durch die Literatur halfen mir dabei, drei wirksame Waffen gegen rechtsradikale Gewalttätigkeit zu identifizieren. Gewiss gibt es mehr. Aber die drei boten mir die Neonazi-Gewalttäter in ihren Gefängniszellen selbst. Drei Waffen gegen rechtsextremistische Gewalttäter, nicht gegen den Rechtsextremismus.

Die erste Waffe ist das Image.

Die zweite Waffe ist die Scham.

Die dritte Waffe ist die Angst.

Die Kombination dieser drei Waffen kann vielen Image suchenden, schamlosen, angstvoll verneinenden und jungen rechtsextremistischen Gewalttätern den Baseballschläger, den Molotowcocktail oder das Messer aus der Hand nehmen. Die Springerstiefel und die Bomberjacke ausziehen.

Diese Waffen nützen nicht gegen den Rechtsextremismus im Allgemeinen, nicht gegen die Schreibtischtäter, nicht gegen die Theoretiker und Drahtzieher. Nicht gegen die Finanzierer und ultrarechte Medien. Sie können aber wirksam sein gegen die Totschläger und Gewalttäter. Gegen die Neonazis auf der Straße.

*Die erste Waffe: das Image*

Alle rechtsradikalen Gewalttäter suchen ein Image. Suchen ein Image, das mit Stärke, mit Macht, mit Anerkennung zu tun hat. Ja sogar mit allgemeiner Akzeptanz: «Ich kämpfe für Deutschland, für ganz Deutschland. Ich kämpfe für die Deutschen, für alle Deutschen. Ich kämpfe für das Deutschtum. Also applaudiert mir. Zeigt mir eure Anerkennung.»

Offensiv, rigoros und überall, in den Schulen, in den Medien, bei jedem diesbezüglichen Vorfall, muss hart, eindeutig und unmissverständlich klar gemacht werden: Rechtsextremistische Cliquen, rechtsextremistische Banden, rechtsextremistische Gewalttäter gehören zu den Verlierern der Gesellschaft. Sie sind die Schwachen, die wenig Intelligenten, die wenig Gebildeten, die Verachteten.

Willst du etwa dazugehören? Ein Verachteter sein?

Neonazischläger, Skinheads und rechtsextremistische Gewalttäter sind fast immer in problematischen familiären Verhältnissen aufgewachsen. Sie sind die Gehänselten und die Schikanierten. Sie sind die Schwachen. Die Springerstiefel und die Bomberjacken, die primitiven Parolen und das Grölen von Ekel erregenden Liedern sind Zeichen der Schwäche, Zeichen der Unterlegenheit. Es sind die Zeichen der «Loser», der Verlierer. Das müssen sie verstehen. Es muss ihnen verständlich gemacht werden, dass es nicht «cool» und nicht «geil» ist, ein Rechtsextremist zu sein.

Es ist nur erbärmlich.

Es ist schwierig, solchen Leuten, wie ich sie hier beschrieben habe, zu erklären, warum sie mit ihren Parolen, mit ihrer Haltung, mit ihren Taten den Deutschen schaden. Nicht nur in moralischer und ethischer Hinsicht, auch in ganz konkreter materieller Form. Es ist schwierig, diesen Leuten klar zu machen, dass sie damit Deutschland schänden.

Es ist aber möglich, diesen Leuten zu verstehen zu geben, wie die anständigen Deutschen ihr Land lieben und sich gegen dieses negative Image wehren. Verständlich zu machen, dass diese Deutschen nichts mit Rechtsradikalismus zu tun haben wollen. Zu verdeutlichen, dass sie sich vielmehr offensiv und mit aller Entschiedenheit gegen diese Schänder, gegen die verschwindende Minderheit von Verachteten wehren.

Es muss nur laut genug gesagt werden. In einer deutlichen Sprache. Einer Sprache, die auch Hitlers Urenkel verstehen können.

Die rechtsradikalen Gewalttäter, die ich kennen lernte, sind junge Menschen, die ein Image suchen. Und sie greifen – so wie ein Ertrinkender – nach dem primitiven, verführerischen Image des Rechtsextremismus. Es muss ihnen klar gemacht werden, dass ihr bisher errungenes Image ein negatives Image ist. Ein erbärmliches Image. Nicht der Schwarzafrikaner ist der «Affe». Du bist der «Affe». Und was für ein hässlicher. Was für ein Feigling bist du. Was für ein Schwächling. Was für ein Minderbemittelter. Was für ein Primitiver. Was für ein Verlierer. Daran ist nichts cool, nichts geil!

Es muss allen klar gemacht werden: Rechtsextremistische Gewalttäter sind Kriminelle wie jeder andere Kriminelle auch. Gemeine Kriminelle. Sie unterscheiden sich nicht im Geringsten von den Mördern des behinderten Herrn Gerol, die keine Rechtsradikalen waren. Sie unterscheiden sich nicht im Geringsten von ihrem glühenden Gesinnungsgenossen Zölestin – von ihm wird später noch die Rede sein –, der auf dem Friedhof ein Mädchen vergewaltigte und dann ermordete. Aus primitiven sexuellen Machtgelüsten heraus. Jede rechtsextremistische Gewalttat ist eine abscheuliche kriminelle Gewalttat. Wie jedes andere Verbrechen.

## Die zweite Waffe: die Scham

Über Scham habe ich bereits gesprochen. Auch über die Schamlosigkeit der rechtsextremistischen Gewalttäter. Ich habe auch die Komponenten der Scham, die Schambereitschaft und die Schamentstehung, erwähnt. In diesem Zusammenhang die zensierende Wirkung der öffentlichen Meinung.

Die «Umkehrung des Images» zeigt eine enge Verbundenheit mit dem Erleben der Scham. Wenn in dem Moment, wo der Image suchende Jugendliche in die rechtsextremistischen Fänge läuft, ihm sofort von uns allen klar gemacht wird, was für ein miserables Image er damit bekommt, kann die korrigierende Wirkung von Scham noch am effizientesten genutzt werden. Trotz der möglicherweise geringen Schambereitschaft des Einzelnen. Hier möchte ich noch einmal besonders betonen, dass die Gesellschaft, die öffentliche Meinung und die Medien eine zentrale Rolle spielen. Die Billigung einer Tat hat zwar sehr viel mit den Einstellungen und Prinzipien, mit dem Charakter, der Bildung und der Moral des Betroffenen zu tun. Aber es ist fast noch entscheidender, wie billigend oder missbilligend eine Gesellschaft der Tat gegenübersteht und wie deutlich sie das macht.

Wir haben schon über den Vergewaltiger, den Kinderschänder und dessen Scham gesprochen. Und über die Macht der Öffentlichkeit.

Und es muss uns klar sein: Schweigende Mehrheiten sind in diesem Fall mitwirkende Mehrheiten. Schweigende Mehrheiten sind Mitverursacher, selbst wenn sie das nicht wollen. Schweigende Mehrheiten werden als billigende Mehrheiten erlebt, auch wenn sie das nicht wollen.

Schweigende Mehrheiten werden als unterstützende Mehrheiten angenommen, auch wenn sie das nicht wollen.

Schweigende Mehrheiten werden von den kritischen Augen der Weltöffentlichkeit als Mittäter betrachtet. Auch wenn das nicht der Fall ist.

Auch wenn der rechtsradikale Gewalttäter sich eigentlich nicht für seine Taten schämt, so muss doch die äußere Zensur, die missbilligende Gesellschaft dafür sorgen, dass er sich wenigstens «äußerlich» schämt – so wie der Vergewaltiger, so wie die Kinderschänder. Dass er sich wenigstens nicht traut, sich auf den Marktplatz stellen und sich seiner Taten zu rühmen.

Nur die scharfe, deutliche, unmissverständliche und energische Missbilligung der Taten und Motive rechtsextremistischer Gewalttäter rechtfertigt den Anspruch einer Gesellschaft, als missbilligend bezeichnet zu werden. Und nicht als Mittäter. Und nicht als Anstifter.

Wie Recht hatte Homer, als er vor 3000 Jahren seinen unerschrockenen Krieger Ajax ausrufen ließ: «Da, wo Männer sich schämen, werden mehr gerettet als getötet.»

Und nur die scharfe, deutliche, unmissverständliche, energische Missbilligung durch die Gesamtgesellschaft trägt zur Entstehung von Scham bei. Auch bei Leuten mit niedriger Schambereitschaft. Auch bei rechtsextremistischen Gewalttätern.

## Die dritte Waffe: die Angst

Diese dritte Waffe haben nur der Staat und die Justiz in der Hand. Und es ist die Pflicht des Staates, und vor allem der Justiz, diese Waffe effizient zu nutzen.

Alle, ausnahmslos alle rechtsextremistischen Gewalttäter, die ich gesehen habe, zeigten als gemeinsames Merkmal die Angst. Sowohl in ihren Äußerungen als auch in unseren speziellen Untersuchungen zeigten sie Angst, Angst und nochmals Angst. Angst vor den Konsequenzen, die sie zu tragen haben, vor dem Gefängnis, in dem sie vielleicht für lange Zeit bleiben müssen. Sie haben Angst, zu vielen Jahren Haft verurteilt zu werden. Und sie sind bereit, alles zu tun, um diese Konsequenzen zu vermeiden oder zu vermindern. Und um die Härte des Gesetzes zu mildern, sind sie bereit, zu leugnen, Schuld zu verschieben, ihren Tatanteil zu reduzieren, die Tat zu bagatellisieren. Sie haben höllische Angst. Auch dann, wenn sie das Gegenteil behaupten. Auch dann, wenn sie das Gegenteil grölen. Auch dann, wenn sie sich vor Gericht, auf der «Gerichtsbühne», anders zeigen.

Ich muss das hier eindeutig und klar und unmissverständlich sagen:

Strafe auf Bewährung wird von rechtsradikalen Gewalttätern als Freispruch verstanden.

Strafe auf Bewährung wird als Sieg gefeiert.

Strafe auf Bewährung kann manchmal als eine Anstiftung zu neuen Straftaten verstanden werden.

Im brandenburgischen Guben wurde durch den rechtsextremistischen Mob ein algerischer Asylbewerber durch die Stadt gejagt. Der Gejagte sprang in panischer Angst durch eine Glastür. Er verletzte sich selbst und starb an Verblutung. Einer der rechtsextremistischen Hetzjäger war A. Er wurde nur zum «Ableisten von gemeinnütziger Arbeit» verurteilt. Wenige Monate später, am zweiten Weihnachtsfeiertag 2000, jagte er zusammen mit anderen Rechtsextremisten ein Messer in den

Rücken eines jungen Deutschen. Sie versetzten dem jungen Mann mehrere Stiche in den Rücken, ein Stich drang 13 Zentimeter tief ein. Das Motiv der Tat: «Der junge Mann sah ausländisch aus.»

Ich stelle nicht die guten Absichten des Richters in Abrede, wenn er zu der Entscheidung kommt, eine Strafe auf Bewährung auszusetzen. Vor allem bei den 15-, 16- und 17-Jährigen. Aufgrund meiner Erfahrungen im Umgang mit Rechtsradikalen und aufgrund unserer Untersuchungsergebnisse muss ich jedoch feststellen, dass eine milde Strafe auf Bewährung die gegenteilige Wirkung haben kann. Nicht Abschreckung vor weiteren Taten, sondern Ermutigung dazu. Gerade mit der Bewährungsstrafe wird die Waffe, die dritte Waffe, die Waffe der Angst, nicht richtig eingesetzt. Denn gerade die Angst der Rechtsradikalen, ihre Angst vor der Haftstrafe, ihre Angst vor den Konsequenzen ihres Handelns, die sie in sich zu verschließen versuchen, muss genutzt werden. Es ist kein Verständnis dafür aufzubringen, wenn die Justiz diese Waffe nicht, wann immer nur möglich, einsetzt.

Verwarnung oder Verurteilung zu «gemeinnütziger Arbeit», soziale Maßnahmen, Reha-Maßnahmen – was immer auch als Alternative zu Haftstrafen denkbar ist –, all dies wurde bei den meisten hier erwähnten rechtsextremistischen Gewalttätern schon vorher eingesetzt. Die Biographien zeigen aber: mit wenig oder keinem Erfolg.

Rechtsextremistische Gewalttätigkeit ist schwere Kriminalität, die bestraft werden muss. Und gerade da, wo Rückfälligkeit bereits erwiesen ist, muss die Repression von Seiten des Staates, von Seiten der Justiz Gewicht haben. Glaubwürdig sein.

Nur harte Strafen beeindrucken rechtsextremistische Gewalttäter.

Um kein Missverständnis aufkommen zu lassen: Ich plädiere nicht für schärfere Gesetze. Nicht für restriktivere Gesetze. Die brauchen wir nicht. Zumindest nicht im Moment. Sondern ich plädiere für die vollständige Ausschöpfung der Möglichkeiten, die das Gesetz schon jetzt vorgibt. Oder, um es mit den Worten des Vorsitzenden der Gewerkschaft der Polizei, Konrad Freiberg, auszudrücken:

«Rechtsextremisten müssen konsequent einer ständigen Verfolgung ausgesetzt werden. Rechtsextremistische Gewalttäter müssen sogar nachts von der Polizei träumen.» Und deshalb verlangt er auch eine personelle Verstärkung der Polizei.

Vor kurzem wurde in der Presse über einen konsequenten Amtsrichter in Mecklenburg-Vorpommern berichtet, der das Gesetz nicht nur folgerichtig, sondern auch kreativ anwendet. Dieser Richter sagte: «Es ist unbestreitbar, dass Menschen, die in Deutschland leben, die aber Ausländer (vor allem Ausländer mit einer anderen Hautfarbe), Juden, Behinderte oder auch anders Denkende sind, offensichtlich Angst um ihr Leben, um ihre Gesundheit, um ihre Würde haben. Nur weil sie schwarz, gelb, Juden, Ausländer, Behinderte sind. Es ist meine Pflicht als Richter, diesen Menschen Sicherheit zu geben und etwas gegen Unsicherheit zu tun.»

Die rechtsextremistischen Straftäter bekommen von ihm nicht nur ihre gerechte Strafe, sondern Auflagen, die in deren Mikrokosmos eine hohe Bedeutung haben. Wie etwa, dass sie keine Springerstiefel oder keine Bomberjacken mehr tragen und sich nicht an bestimmten Orten versammeln dürfen. Und diese Auflagen waren bisher sehr effizient. Jenem Richter warf man aber vor, dass er in das Persönlichkeitsrecht der rechtsextremistischen Straftäter eingreife! Doch darauf hatte er die geeigneten Antworten. Und dass dieser Richter mit seiner Arbeit erfolgreich ist, das bestätigt die Statistik. Das bestätigen auch die aufgescheuchten rechtsextremistischen Jugendlichen, die Angst bekommen haben. Und die so eines Stücks ihres «Mäntelchens» beraubt werden. Der Insignien ihrer vermeintlichen Macht. Die so das von ihnen so dringend gesuchte Image verlieren. Keine Bomberjacken mehr, um ihre zitternde Schwäche zu verstecken, keine Springerstiefel mehr für ihre Gummibeine!

Eine Justiz, die die dritte Waffe gegen die rechtsextremistischen Gewalttäter, die Angst vor Strafe, nicht konsequent genug einsetzt, macht sich verdachtig.

## Kapitel 34:
## Zölestin, sein Hitler und ein Sexualmord. Und ein zweitägiges Martyrium

Das A unterscheidet sich in unserem Fall nicht vom Z. In diesem Buch unterscheidet sich Adrian nicht von Zölestin. Trotz anderer Taten, trotz anderer Motive. Die Basis ist bei A und Z die gleiche: Die Verachtung menschlichen Lebens. Die Verachtung menschlicher Würde.

Ich habe Zölestin im Hochsicherheitstrakt des Wuppertaler Gefängnisses kennen gelernt. Damals war er 22 Jahre alt. Auch im Gefängnis trug er militärische Hose und Hemd, Springerstiefel und kurz geschorenes Haar, fast eine Glatze. Die getroffenen Sicherheitsmaßnahmen waren immens. Ich habe viele Gespräche mit ihm geführt, fast alle in diesem Hochsicherheitstrakt. Einmal musste er jedoch zu mir in die Klinik nach Bonn kommen. Dort mussten wir einige Untersuchungen durchführen, die nur in der Klinik möglich waren. Eine Eskorte von Justizbeamten brachte Zölestin in die Klinik, die Arme in Handschellen, beide Beine mit einer Kette um die Knöchel verbunden und der ganze Zölestin auf einen Rollstuhl gefesselt. Als ich ihn so sah, empfand ich Mitleid mit ihm. Ich übernahm die Verantwortung für eine Lockerung seiner Fesseln.

Als wir uns zum ersten, zweiten, dritten und vierten Mal in Wuppertal trafen, fiel mir auf, dass Zölestin während seiner Berichte, vor allem wenn er über sein Leben und über seine Ansichten erzählte, in kaum zu stoppende Monologe verfiel. Ich versuchte nur selten, diese Monologe zu unterbrechen. Ich bremste Zölestin nur dann, wenn ich ein bisschen Struktur erreichen wollte.

Hitler ist Zölestins Idol.

Während unserer Gespräche geriet er in einen verklärten Monolog über den Führer, die Nazis, die damalige Gesellschaft und seine Beziehung dazu. Zum ersten Mal begann er mitten in der Erhebung seiner sexuellen Vorgeschichte darüber zu reden. Ich habe ihn dabei nicht unterbrochen. So erzählte er mir:

«Dieser Mann, der Führer, ist einer gewesen, der sein Leben im Griff hatte, der vielen Menschen Gutes antun wollte. Damals in der Zeit des Führers hat man die Tür auflassen können, es hat sozusagen keinen

Diebstahl gegeben. Ich finde diese Zeit menschlicher. In dieser Zeit hätte niemand gewagt, mich zu schlagen, so wie meine Tante das getan hat. Das ist die Zeit von 1933 bis 1945 gewesen. Meine ganzen Kumpel und ich sind der Meinung, dass dieser Mann einen so faszinieren kann. Der hatte alles im Griff, hat allen nur Gutes gewollt. Aber Scheiße, was ist geworden aus unserem Staat. Wenn mir nun jemand erzählt, der habe das gemacht und das gemacht und wie grausam er gewesen sei, dann kann ich darüber hinweggehen. Ich komme im Knast ja mit allen klar, ob mit Ausländern oder anderen. Wenn ich Bilder sehe, was da alles mit Frauen und Kindern passiert ist, in den Lagern, kann ich das nicht billigen, daher denke ich, die können doch nicht unschuldig da sein. Die müssen doch was getan haben. Der würde die doch niemals einsperren, wenn die nichts getan hätten. Das kann doch nicht sein. Ich habe ein Erlebnis mit einem Türken im Haus gehabt, als ich bei meiner Tante gewohnt habe, der hat mich ertränken wollen. Von dem Tag an stehe ich voll hinter dem Mann, dem Führer. Ich sehe die Bilder über das, was da passiert ist, aber das kann mich nicht bewegen. In den Minuten, als der Türke mich ersäufen wollte, da habe ich ihn von hinten ins Kreuz getreten, der ist die Treppe hinuntergefallen, hat sich die Nase aufgeschlagen. Dann habe ich den geschlagen und habe dann versucht, ihn in so einem Wasserfass zu ersäufen. In dem Moment habe ich keine Orientierung dazu gehabt. Dann wiederum gehe ich auf der Straße, helfe einem Kind, das gefallen ist, bezahle für ein Kind in der Pommesbude, weil es nicht genug Geld bei sich hat, all solche Sachen. Ich habe auch andere Sachen für Kinder oder Erwachsene getan, die in Not waren, oder ich habe Ausländern in Not geholfen. Das ist mir tausendmal passiert. Dann habe ich wieder so eine Phase, ich weiß nicht … Aber irgendwo bin ich dann wieder menschlich, habe menschliche Gefühle. Irgendwie haben die von den rechtsextremistischen Kreisen mich rübergezogen. Die liefen alle so rum, die Haare abrasiert, da ist nichts gegen Ausländer gegangen, sondern rein gegeneinander, immer die Deutschen untereinander. Wenn der Führer noch da gewesen wäre, wäre das nicht passiert; der hätte meine Tante an die Wand gestellt, abknallen lassen und fertig.

Mein Opa hat mir zum Beispiel gesagt: Früher hätte es gar nicht gegeben, dass wir hier sitzen und uns unterhalten. Da wären dann zwei Soldaten auf dem Fahrrad vorbeigekommen oder die Gestapo, die hätten dir die Tür eingetreten, hätten dich rausgeholt und hätten dich draußen vor die Hauswand gestellt und dich erschossen.

[...]

Wenn Hitler gewesen wäre, hätte ich ein anderes Leben gehabt. Es hat mich ja nie jemand verteidigt. Ich habe von der HJ gehört, was die alles früher gemacht haben, die haben nicht nur früh Politik gelehrt bekommen, die haben auch andere Sachen unternommen. In der Zeit ist alles schöner gewesen, das Pflichtjahr. Auch was meine Oma mir erzählt hat. Ich habe *Mein Kampf* gelesen. Alle, meine ganzen Kumpels, sind der Meinung gewesen, dass das der richtige Weg ist. Natürlich auch Erwachsene, die noch die Parolen unterstützt haben. Dann ist die Sache gekommen, als man mich ertränken wollte. Die Schläge von meiner Tante, obwohl das früher gewesen ist, sind mir gut in Erinnerung geblieben. Dann ist auch die Sache gekommen, dass ich angefangen habe, meine Lehrer zu hassen. Es sind da auch Ungerechtigkeiten mit der Polizei gewesen, das habe ich alles gespürt und habe angefangen, den Staat zu hassen, und habe gemerkt, dass alles unter dieser Regierung nichts taugt, in keiner Weise irgendetwas. Das ist nichts. Die Regierung und das, was die einem geboten haben, das ist was gewesen. Es sind strengere Sitten gewesen, man hat sich keinerlei Stückchen erlaubt, so wie hier: ‹Jugendliche randalieren auf der Straße›, nur aus Larifari, die hätten schon was ganz anderes mit denen gemacht als heutzutage, was ja viel humaner ist. Die Zeit damals, wie die Menschen da gelebt haben, das ist noch eine ruhigere Zeit gewesen. Dieser Mann, der Führer, der hat was gekonnt, der hat alles im Griff gehabt, der hat versucht, für uns Gutes zu tun und das Böse abzuwenden. Wenn damals eine Mutter ihr Kind umgebracht hat, die ist erschossen worden. Heute legt man ein Kind an den Wegrand oder steckt es, wenn es geboren wird, in eine Raststätte oder in einen Mülleimer. Das hätte es damals gar nicht gegeben. Auch viele Sachen, die sich andere Leute herausnehmen, die auch ihn betreffen, hätte sich früher keiner erlaubt. Da ist alles viel korrekter gewesen. Bis hierhin, keinen Schritt weiter und dann ist Feierabend. Heute hat man ja nichts. Rufen Sie doch mal die Polizei, wenn Sie was haben. Das ist doch ein Witz. Erstens, das, was jeden Tag ist an Durchgreifen, das ist ein Witz, da lache ich drüber. Wenn ich dann sehe, wenn ich zum Verhör komme und alles, was ich sage, umgeschrieben wird, dass der Text nachher gar nicht mehr so ist, mein Recht nicht mehr verlesen wird, ich noch nicht einmal einen Rechtsanwalt bekomme, keinen Anruf tätigen kann, nichts machen kann und ich mir das dumme Gelaber von dem anhören kann. Wenn ich die Typen sehe, die kommen mir so billig und so primitiv vor. Ich denke dann, ‹was ihr für arme Objekte oder Subjekte seid›, die sind doch gar nichts, die wären doch früher ins KZ gekommen.

Mit 17 Jahren habe ich mich beim Bundesgrenzschutz beworben. Ich habe ein Vorstellungsgespräch gehabt, aber als ich deren Hefte gesehen und gehört habe, was der mir erzählt hat, habe ich mir das notieren lassen und bin da rausgegangen. Ich kann mich damit nicht identifizieren. Ich kann mich mit diesem Staat nicht identifizieren. Die damalige Zeit ist zwar härter gewesen, aber irgendwo hat man sich da geborgener fühlen können. Es hat weniger Probleme gegeben.

[…]

Die jetzige Regierung, ja, das ist für die ein Job. Früher ist das für die kein Job gewesen. Wenn früher zum Beispiel ein General oder ein … das ist für die kein Job gewesen, sondern eine Lebensaufgabe, das sind Fanatiker gewesen. Da zählte das Wort eines Menschen noch, also, der Führer hat sich auf die Menschen hundertprozentig verlassen können. Er hat die Menschen so erzogen, dass er den Menschen, die er in seine Reihen gelassen hat, auch hundertprozentig den Rücken zuwenden konnte. Die sind so gedrillt gewesen, da hat es Verlass gegeben, der hat sich drauf verlassen können. Attentate hat es nicht gegeben, ja, das eine Attentat, das es gegeben hat, als ob es die Menschen … Wenn er die ganzen Menschen nicht vergast hätte, wenn er das weggelassen hätte, dann wäre es das genialste Rezept gewesen, auf der ganzen Welt, zum Regieren. Aber das ist ein Fehler gewesen, das hätte er nicht tun dürfen, die Menschen zu vergasen. Er hätte die Juden, oder was es war, so behandeln müssen wie die Deutschen auch, und wenn die über die Stränge schlagen, dann gleich behandeln wie die anderen auch. Dann wäre das weg gewesen. Adios. Ich nehme an, dass der Führer irgendwann in seiner Kindheit ein Erlebnis gehabt hat mit irgendwelchen Juden. Auf jeden Fall hat er einen Hass darauf gekriegt, und das hat er mit seiner Machtposition eben so ausgenutzt. Pack die mal … und weg damit. Das ist sein Fehler gewesen. Aber ansonsten, also wenn man das weglässt, muss man doch wirklich nur Gutes an ihm lassen.

[…]

Es ist in der Hitlerzeit irgendwie ganz anders gewesen. Wenn ich jemandem ein Wort gebe, dann halte ich das auch. Dann tue ich das, da kann man sich drauf verlassen. Auch wenn ich Leute kenne oder Freunde habe, auf die kein Verlass ist, da kann ich nicht gegen an, die dummes Zeug labern, zu spät kommen und so weiter. Zum Beispiel M., auf den ist Verlass. Wenn wir uns verabredet haben, ist der immer pünktlich gewesen, ist da gewesen. M. hat auch manchmal eine Stunde auf mich gewartet, weil ich einfach nicht weggekonnt habe.

[...]

Das ist auch die einzigste Regierung, die Regierung des Führers, die mir einfällt, die wirklich durchgreift und in der alles nach Vorschrift geht. Nicht so wie hier, diese voll gefressenen Dingens da im Bundestag. Und wenn ich sehe, dass das nur ein Job für die ist, und wenn ich dann die Grünen da sehe, die ihre Einwände da machen, was es nicht alles ist, und ich das dumme Zeug von denen höre, und der eine tut sich die Diäten rein und nix läuft, das ist doch alles ein Witz. Keine Wohnungen, man hat nichts. Man kommt in den Knast rein, da ist es jetzt besser als früher, das ist ganz klar und ist auch was Gutes dran, aber ansonsten ...

[...]

Ich kenne viele, die Sozialhilfe bekommen, meine Mutter hat zum Beispiel auch davon gelebt. Wenn ich mir ansehe, was diese Leute kriegen, da kann ich nur sagen, dass das ein Witz ist. Es gibt natürlich auch welche, die nebenbei arbeiten gehen, das ausnutzen, um sich daran zu bereichern. Aber wie viele Leute sind wirklich in Not. Wenn ich irgendwo geliefert habe, bin ich auch zu alten Leuten gekommen, also so etwas von Leid, gute Menschen, die sind vom Staat einfach so im Stich gelassen worden. Die haben gerade noch ein paar Mark gehabt und haben sich nicht helfen können. Das hat mir dann sehr wehgetan. Das hat mir so Leid getan. Und die fetten Schweine, die sitzen da und tun sich alles rein, und die anderen kriegen nur 423 DM. Man sollte den Fall der Notdürftigkeit besser überprüfen und das Dreifache bezahlen. Die lassen das eigene Volk allein, die lassen einen leiden, wie früher die Leute im KZ. Wie Fälle dann rauskommen, Bestechung, und dafür was und da ist dieses und da ist jenes, es ist geschmiert worden. Es wird Leuten das Dach über dem Kopf weggenommen, weil die 10 Zentimeter zu nahe mit dem Haus an der Straße stehen, dann wird das Haus abgerissen. Lambsdorff hinterzieht Steuern und sitzt noch immer in seinem Dingens. Und diese Überheblichkeit von den Leuten.

[...]

Der Schönhuber, der ist ein patenter Kerl. Der macht aber auch viel Show, das hat der richtig trainiert, um die Leute zu begeistern. Aber der

Mann kann faszinieren, der redet und gibt sich anders, natürlich kassiert der auch die Kohle ab. Aber wenn sie alle zusammen sind, alle untereinander, da ist der ganze Halt, das Miteinanderumgehen viel menschlicher. Obwohl man sagt, die prügeln sich da um dieses und jenes, aber es ist menschlicher in jeder Hinsicht. Da gibt es auch Situationen, wo einer die Freundin verliert, der eine weint, der andere tröstet den, und der andere ist für den da.

[…]

Der ganze Sinn der Skinheads besteht im Prinzip darin, im Ersten im Zusammengehörigkeitsgefühl. Also man gehört zusammen, man steht zueinander, genauso wie früher der Führer mit seinem Heß und seinem Goebbels. Man hat Freunde, die wirklich 100-prozentig zu einem stehen, über das Maß der Dinge hinausgehend. Ein Normaler würde zum Beispiel nach so einer Sache wie Hildes Tod jetzt eine Panik kriegen, wenn er das erzählt. Dann ist er kein Freund mehr, ich habe es erlebt, die schreiben dann nicht mehr und nichts. Weg, alles weg. Nun hat man aber Freunde, die einen verstehen, die sind nicht krank, aber die verstehen das irgendwie, die gehen über die Gesetze hinaus, die helfen einem. Das tut nicht jeder. Ich habe Freunde, auf die ich mich verlassen kann, ich stehe für die ein, die für mich. Sonst schafft man das nicht. Es gibt natürlich auch Idioten unter denen, aber der harte Kern ist für ihn so, da hat man Freude dran. Es ist ja unnormal, Saufen, Drogen, Feten-Feiern, aber man kann so lange Drogen, Saufen und Fete-Feiern, wie man will, solange nichts passiert und solange ich meine eigene Bude auseinander nehme. Man will Spaß haben, will sich amüsieren, solange keiner zu Schaden kommt. Ansonsten taten wir doch nichts. So gibt es vieles: die einen hören Musik, die haben Kutten an mit Aufklebern, die anderen haben eben kurze Haare und beten die Zeit vor 50 Jahren an, die anderen beten die 60er-Jahre an oder Rock'n'Roll oder was anderes, so hat jeder eben seinen Spleen. Man kann nicht alle über einen Kamm scheren. Meine Anlaufstelle, mein Zuhause: Trinken, Drogen und meine Kumpels. Das ist alles, und das ist bis heute so geblieben.»

Über seine Kindheit berichtete Zölestin Folgendes:

«Bis zum Kindergarten weiß ich noch, dass ich bei meiner Mutter und meinem Vater gewesen bin. Es hat viel Ärger gegeben. Einmal hat mein Vater versucht, meine Mutter aus dem fahrenden Auto zu werfen. Die hat ja nur gequalmt, gesoffen und gefressen. Was anderes hat sie nicht gekannt. Eine richtige Schlampe ist das gewesen. Wir sind unterwegs gewesen und mein Vater hat zur Mutter gesagt, sie soll aufhören, so viele Pralinen zu fressen, sie hat sich eine ganze Hand voll in den Mund gesteckt. Sie ist mir sehr fremd vorgekommen, als ob ich an einer Bushaltestelle gestanden hätte und sie gesehen hätte, als ob ich sie nie gekannt hätte, so gar keine Gefühle. Ich bin eigentlich gar nicht beteiligt gewesen. Ich habe mich geschockt gefühlt, habe nicht gewusst, was ich fühlen sollte. Auch wenn mein Vater meine Mutter geschlagen hat oder meine Mutter mit dem Brotmesser auf meinen Vater losgegangen ist, dann habe ich nicht gewusst, was ich denken soll. Ich habe zwar meine Mutter gehasst, aber wenn mein Vater auf sie losgegangen ist, dann habe ich doch Mitleid gehabt, so in dem Sinne, dass sie doch nur eine erbärmliche Kreatur ist, warum muss sie so viel leiden. Ich habe dabei nicht gemeint, dass das meine Mutter ist, sondern eben nur ein Mensch. Für jeden anderen Menschen hätte ich auch so empfunden. Dann habe ich meinen Vater wieder gehasst, auch wenn der mit meiner Mutter im Bett geschlafen hat, hätte ich ihn umbringen können, erschießen oder erschlagen. Wenn die hier hereinkäme, würde ich sie zwar nicht rausschmeißen, um mich vor dem Wärter nicht zu blamieren, würde sie sitzen lassen und würde mir vielleicht anhören, was die so zu erzählen hätte, über den Vater, den Opa. Ihre Mutter, also meine Großmutter, ist genauso. Wenn Sie mit der eine Stunde sprechen würden, würden Sie Selbstmord begehen. Diese Frau ist mit allen falschen Wassern gewaschen. So hinterhältig … Die hat auch damals meinen Vater und meine Mutter zur Heirat gebracht. Ich bin gar nicht geplant gewesen, meine Mutter hat mich meinem Vater eigentlich so angedreht. Der Vater hat Schluss machen wollen, meine Oma ist dahinter gekommen, meine Mutter ist schwanger geworden. Mein Vater hat aber meine Mutter trotzdem nicht heiraten wollen. Meine Oma ist dann mit ihrer Tochter hingefahren, hat meine Mutter vor meinem Vater heiß gemacht, die hat dann meinen Vater vermöbelt und hat gesagt, ‹wenn du *die* nicht heiratest, dann schmeiße ich dich raus und enterbe dich›. Sie hat dann erst einmal bei meiner Oma wohnen müssen. Als sie dann umgezogen sind, da ist mein Vater seine eigenen Wege gegangen. Voll mit Frauen, Autos, Saufen.

Nachdem ich von meiner Mutter weggegangen bin, habe ich bei meiner Tante, der Schwester von meinem Vater, gewohnt. Meine Tante wohnte ca. 5 oder 6 Kilometer von meinem Vater entfernt. Mein Vater ist damals immer nur vorbeigekommen und hat Geld gebracht und ist wieder gegangen. Meiner Mutter hat er nach dem Leben getrachtet. Mit 16 hat meine Tante mich rausgeschmissen. Eigentlich hat meine Tante mich nur misshandelt, und meine Kumpel haben gesagt, ich soll mich wehren oder ins Heim gehen. Aber ich habe alles über mich ergehen lassen, um nicht wegzumüssen von meinen Freunden. Denn ich habe mich eigentlich dort wohl gefühlt, nur eben mit der Tante ist das nicht so gut gewesen. Meine Tante ist an dem Tag hinter mir hergelaufen, hat wohl vor ihrer Freundin etwas demonstrieren wollen und hat mich zusammengemöbelt. Ich bin die Treppe hinuntergelaufen, sie ist hinterher gekommen und hat mich mit dem Kopf gegen die Wand gehauen. Ich habe mich die ganzen Jahre nicht gewehrt, aber in dem Moment habe ich, als ob er ganz dicht neben mir stünde, die Stimme von meinem Kumpel gehört, wie der gesagt hat: «Wehr dich mal, schlag zu!» Und da habe ich meiner Tante eins auf den Kehlkopf gegeben, und sie ist rückwärts die Kellertreppe hinuntergefallen. Da musste ich ausziehen. Da ist aber auch das Maß voll gewesen. Ich bin zu meinem Vater gekommen und bin für ihn gefahren, ich bin Tag und Nacht nur im Einsatz gewesen. Zuerst bin ich mit meinem Vater gefahren, dann habe ich den Führerschein gemacht, bin mit einem Fahrer gefahren und habe später die Touren allein gemacht. Ich bin am Tag 2000 Kilometer gefahren. Mit Schlafen ist da nichts mehr gewesen. Nach kurzer Zeit bin ich so weit gewesen, dass der Arzt mich in eine Klinik einweisen wollte. Ich habe einfach nicht mehr gekonnt, der Arzt meinte, ich bekomme es am Magen, ein anderer hat gesagt, ich bekomme noch einen Herzschlag und werde höchstens 24 Jahre alt.

Ich bin mit 18 ausgezogen, habe mir ein eigenes Haus gemietet, das ist eine Einliegersiedlung. 15 Häuser und 3 Baggerlöcher, da sind immer viel Leute, Holländer und so. Dann nur Feten, arbeiten gegangen, Feten, arbeiten gegangen und so weiter. Es ist eigentlich ganz gut gelaufen. Aber dann ist der Punkt gekommen, da ist nichts mehr gegangen. Es ist eben zu viel gewesen, ich habe immer mehr Stoff genommen, um mir Ruhe zu verschaffen. Auch mit der Arbeit ist es schlechter geworden. Dann hat die Fabrik einen Stillstand gehabt, ich konnte nicht ausliefern. Ich habe etwas Zeit gehabt, bin ein paar Tage am Stück zu Hause gewesen, habe mich auch zugezogen, dann ist auch mal 'ne Fete gewesen. Da habe ich einen ganzen Monat frei gehabt und da ist es jeden Abend zur Sache gegangen. Ich habe praktisch 24 Stunden am Tag in der Disko gesessen, schon morgens. Das ist natürlich teuer gewesen, denn der Stoff musste ja bezahlt werden. Ich habe deswegen verschiedene Dinge gemacht, habe Leibwächter gespielt und bei jemandem auf die Tochter aufgepasst, dadurch habe ich wieder richtig in Geld geschwommen. Irgendwie hat sich das alles … Ich habe ja noch meine Freundin gehabt, die sollte natürlich nicht merken, dass ich Drogen nehme. Einmal hat sie etwas gefunden und hat mich gefragt. Ein anderes Mal hat sie mich gefragt, warum ich so komisch bin, so merkwürdig. Aber ich konnte ihr das nicht erklären und habe gesagt, dass es mir nicht gut gehe. Dann habe ich wieder mit meinem Vater Ärger gehabt, die Vermieter haben ihm im Nacken gesessen, er musste ausziehen, weil die Wohnung gebraucht würde, und er hat nun ohne Wohnung dagesessen. Der hat nur eine Kündigungsfrist von vier Wochen gehabt. Er hat zwar noch ein anderes Haus gemietet gehabt, wo er auch gewohnt hat, aber da konnte er nicht mehr hin, weil die Bullen auch vor der Tür standen. Er musste erst einmal abwarten und dann ist es … ich bin hier.»

Zölestin musste eine Sonderschule besuchen. Die Zeit dort verlief sehr turbulent. Sowohl seine Leistungen als auch sein Verhalten waren katastrophal. Er war gefährlich für andere Kinder. Einmal hätte er bei einer Auseinandersetzung beinahe ein Kind getötet. Nicht einmal die Sonderschule konnte er abschließen. Später wollte er Fernfahrer werden. Er fuhr ohne Führerschein. Direkt nachdem er mit 14 Jahren strafmündig wurde, stand er vor Gericht. Bis zu seinem 18. Lebensjahr insgesamt viermal, vorwiegend wegen Eigentumsdelikten oder Körperverletzungen.

In seiner Jugend quälte er Tiere. So drang er beispielsweise in einen benachbarten Bauernhof ein, schlug den Hühnern den Kopf ab oder erstach sie mit einer Heugabel. Anschließend nahm er das Blut der Hühner und beschmierte damit die Wände umliegender Häuser.

Zölestin saß nun im Sicherheitstrakt des Wuppertaler Gefängnisses: Nicht wegen seiner Naziaktivitäten, nicht wegen rechtsextremistisch motivierter Taten, sondern wegen eines grausamen Sexualmordes.

Zölestin und sein Mittäter Sven erzählten mir lange, blumig und widersprüchlich über das Drama und die Dramaturgie. Sven bewunderte Zölestin sehr, der wiederum Hitler bewunderte. Hier werde ich, um die

Grausamkeit der Schilderung doch etwas zu mildern, nicht ihre Berichte über den Ablauf der Tat wiedergeben, sondern die nüchterne Sprache des Gerichtsurteils. So heißt es im Gerichtsurteil:

«Zölestin und Sven verbrachten den Abend zusammen und tranken Kaffee und sahen sich einen Videofilm an. Im Laufe des Abends sprachen beide – wie schon am Nachmittag – über die Möglichkeit, den Geschlechtsverkehr mit einer Frau gewaltsam zu erzwingen. Ihre Überlegungen mündeten in dem Ausspruch des Angeklagten Zölestin: ‹Ich könnte jetzt ’ne Olle vergewaltigen.› Der Angeklagte Zölestin war durch die Erklärung seiner Freundin, Schluss machen zu wollen, frustriert und bereit, seine Wut und Enttäuschung durch eine Vergewaltigung abzureagieren. Der Angeklagte Sven erkannte die Motivationslage seines Freundes. Ihn reizte der Gedanke, selbst eine Frau zum Geschlechtsverkehr zu zwingen, um etwas Außergewöhnliches zu erleben. Gemeinsam verließen Zölestin und Sven gegen 22.00 Uhr die Wohnung, um in der Innenstadt nach einem geeigneten Opfer Ausschau zu halten. Zur Überwindung des erwarteten Widerstandes führte der Angeklagte Zölestin einen ca. 50 Zentimeter langen, abgesägten Holzstiel und der Angeklagte Sven ein so genanntes ‹Überlebensmesser› mit sich. Das Messer verfügte über eine 15 Zentimeter lange und 3 Zentimeter breite, spitz zulaufende Klinge.

Die Angeklagten begaben sich zunächst zum Friedhofsgelände. Vor dem Haupteingangstor beratschlagten beide die weitere Vorgehensweise. Unter Hinweis auf die schwer einsehbare, tiefe Umbauung des Friedhofstores schlug Zölestin vor: ‹Stell dich da rein, ich lock eine zu dir hin.› Der Angeklagte Sven erklärte sich damit einverstanden und wartete am Friedhofstor, während Zölestin die nähere Umgebung nach einem möglichen Opfer absuchte. Nach etwa 10 Minuten kehrte Zölestin mit den Worten: ‹Scheiße, ich habe keine gefunden› zum Friedhofstor und dem dort wartenden Sven zurück. In der Hoffnung, vielleicht doch noch ein Opfer zu finden, begaben sich beide nun auf den Weg in das nahe gelegene Stadtzentrum. Am Marktplatz trafen sie zunächst den ihnen bekannten Zeugen B., mit dem sie einige Worte wechselten. Auf ihrem weiteren Weg begegneten sie der damals 20-jährigen Hilde, Mutter eines 1½-jährigen Sohnes, die sich auf dem Rückweg von einem Kneipenbummel befand. Der Angeklagte Zölestin kannte Hilde flüchtig und äußerte gegenüber Sven, nachdem die Frau an beiden vorbeigegangen war: ‹Die kenn ich, die heißt Hilde.› Der Angeklagte Sven meinte, ‹dass die Alte ja gut aussähe›, und fragte Zölestin: ‹Ob denn da nichts läuft?› Beiden Angeklagten war nun klar, dass sie ein geeignetes Opfer für ihren Vergewaltigungsplan gefunden hatten, und folgten Hilde in einiger Entfernung. Nachdem sie ihr Opfer vorübergehend aus den Augen verloren hatten, liefen beide über den nahe gelegenen Parkplatz des Friedhofes auf das Friedhofsgelände, um ihrem Opfer gegebenenfalls den Weg abschneiden zu können. In der unmittelbaren Nähe des Friedhofstores trafen sie Hilde wieder, die – aus nicht feststellbaren Gründen – das Friedhofsgelände betreten hatte. Beide Angeklagten packten ihr Opfer und zerrten es an einen etwas abseits gelegenen Ort. Der Angeklagte Zölestin hielt dabei seinen Knüppel in Händen. Auf dem schmalen Rasenstück zwischen einer Gräberreihe und dichtem Buschwerk warfen sie ihr Opfer zu Boden. Beide Angeklagten wollten nun ihren Plan, den Geschlechtsverkehr mit einer Frau gewaltsam auszuüben, in die Tat umsetzen. Zölestin war immer noch wütend über die Beendigung seiner Beziehung zu seiner Freundin und wollte sich durch die beabsichtigte Vergewaltigung an irgendeiner Frau rächen. Der Angeklagte Sven hatte keine derartigen Rachegefühle, sondern wollte durch die beabsichtigte Tat etwas Außergewöhnliches und Abenteuerliches erleben. Mit Bemerkungen wie: ‹Mensch Leute, das bringt nichts – ihr macht euch nur unglücklich› versuchte Hilde die Angeklagten zum Aufhören zu bewegen. Die Angeklagten setzten jedoch ihr Tun fort: Nachdem der Angeklagte Zölestin dem Angeklagten Sven seinen Knüppel gegeben hatte, zog er der auf dem Boden liegenden Hilde nacheinander die Jacke, Stiefel und Hose aus und forderte sodann vom Angeklagten Sven: ‹Gib mir das Messer.› Mit dem von Sven erhaltenen Messer zerschnitt Zölestin den Slip seines Opfers. Er reichte das Messer sodann an Sven zurück, öffnete seine Hose und setzte zum Vollzug des Geschlechtsverkehres mit dem auf dem Rücken liegenden Opfer an. Während der Angeklagte Sven der Frau die Schnittseite seines Messers fest an den Hals drückte, drang der Angeklagte Zölestin mit seinem Glied in die Scheide der Hilde ein und vollzog den Geschlechtsverkehr bis zum Samenerguss. Der Angeklagte Zölestin übernahm sodann das Messer vom Angeklagten Sven und kniete neben dem Kopf der Hilde nieder. Hier drückte er seinerseits das Messer mit der Schnittseite fest gegen den Hals seines Opfers. Währenddessen vollzog der Angeklagte Sven den Geschlechtsverkehr mit der jungen Frau, die weiterhin auf dem Rücken lag. Ob es auch bei dem Angeklagten Sven zum Samenerguss gekommen ist, ließ sich nicht mit Sicherheit feststellen. Nicht sicher festzustellen vermochte die Kammer auch, ob die Angeklagten auch den Analverkehr mit ihrem Opfer ausführten oder dies versuchten.

Nachdem der Angeklagte Sven von ihr abließ, hockte sich die nur noch mit einem T-Shirt bekleidete Hilde mit angezogenen Beinen auf ihre Schuhe und verschränkte die Arme vor ihren Beinen. Sie fror und ängstigte sich vor den neben ihr stehenden Angeklagten. Diesen wurde nun in den folgenden Minuten bewusst, dass sie im Falle des Entdecktwerdens mit strafrechtlichen Konsequenzen rechnen müssen. Dies vor allem angesichts des – auch dem Angeklagten Sven bekannten – Umstandes, dass Hilde den Zölestin kannte. Beide Angeklagten gingen daher von der Möglichkeit aus, dass Hilde den Angeklagten Zölestin identifizieren könnte. Beide Angeklagten kamen – zunächst unabhängig voneinander – zu der Erkenntnis, dass sie nur bei einem Tod von Hilde einer Strafanzeige und einer anschließenden strafrechtlichen Verfolgung entgehen konnten. Nach einer mehrminütigen, wortlosen Pause fragte der Angeklagte Zölestin den Angeklagten Sven: ‹Hast du Kraft?› Hiermit wollte Zölestin gegenüber Sven zu erkennen geben, dass er nun die Tötung der Hilde beschlossen habe, um zu verhindern, dass er von ihr als Täter identifiziert werden könnte. Dem Angeklagten Sven war die Intention der Frage klar. Auch er war zu dem Entschluss gekommen, Hilde zu töten. Er wusste, dass Zölestin das Opfer kannte, und rechnete damit, dass Zölestin identifiziert werden wird, wenn ihr Opfer die Vergewaltigung anzeigte. Dann aber war nach Auffassung Svens auch zu erwarten, dass er selbst ermittelt werde. Nachdem er dem Angeklagten Zölestin zu erkennen gegeben hatte, dass er mit dessen Absicht einverstanden war, Hilde zu töten, flüsterte Zölestin seinem Freund zu, dass er nun dem Opfer das T-Shirt über den Kopf ziehen werde, während Sven die Arme festhalten solle. Zölestin wollte Hilde sodann erwürgen. Der Angeklagte Sven erkannte dies und war damit einverstanden. Das über den Kopf gezogene T-Shirt sollte verhindern, dass – nach Ansicht des Angeklagten Zölestin – die beim Würgen heraushängende Zunge des Opfers sichtbar werde. Dies empfand der Angeklagte Zölestin als unangenehm.

Nachdem der Angeklagte Zölestin seinem Opfer das T-Shirt über den Kopf gezogen hatte und Sven die Arme der Frau festhielt, umfasste Zölestin den Hals von Hilde mit beiden Händen und drückte fest zu, um die Frau zu töten. Während des anschließenden mehrminütigen Todeskampfes wehrte sich Hilde nach Kräften. Schließlich gelang es ihr, die Hände freizubekommen und sich aus dem Griff des Angeklagten Zölestin zu befreien. Überrascht von der Wehrhaftigkeit der 20-Jährigen fragte Zölestin: ‹Was jetzt?› Der Angeklagte Sven antwortete kurz: ‹Das Messer› und gab damit zu erkennen, dass er nun den Tod von Hilde mittels seines Messers herbeiführen wollte. Der Angeklagte Zölestin erkannte dies, war einverstanden und nahm das von Sven angereichte Messer an sich. Der jungen Frau befahl der Angeklagte Zölestin sodann: ‹Hock dich hin und geh mit dem Kopf zwischen die Beine von dem da!› Die weiterhin Todesangst erleidende Hilde folgte der Weisung zögerlich. Ihr Kopf wurde nun von Sven mit dem Gesicht zum Boden fest auf den Rasen gedrückt. Währenddessen führte Zölestin mit Tötungsvorsatz sieben wuchtige Stiche auf den Rücken des Opfers, mit dem Ziel, diesem tödliche Stichverletzungen zuzufügen. Drei der sieben Stiche trafen das Opfer im Bereich der Schulterblätter rechts neben der Wirbelsäule. Vier Stiche trafen den oberen Rückenbereich links neben der Wirbelsäule. Alle sieben Stiche führten lediglich zu Verletzungen des Unterhautfettgewebes und der Muskulatur. Lebenswichtige Organe wurden nicht getroffen. Die Verletzungen im Rückenbereich waren nicht geeignet, sofort den Tod herbeizuführen. Wieder gelang es Hilde, sich loszureißen, indem sie sich – für die Angeklagten überraschend – mit den Händen vom Boden abdrückte. Im Todeskampf und unter den Schmerzen der vorangegangenen Messerhiebe äußerte sie noch: ‹Ihr Schweine›, um anschließend wieder zusammenzusacken. Während sich die Frau vor Schmerzen auf dem Boden wand, forderte Zölestin seinen Freund mit den Worten: ‹Mach du weiter› auf, die Tötungshandlung fortzusetzen. Der Angeklagte Sven übernahm das von Zölestin angereichte Messer, legte die inzwischen kraftlose Frau mit ihrem Oberkörper gegen sein Knie und stach fünfmal wuchtig und in Tötungsabsicht auf den Oberkörper des Opfers ein. Vier der Stiche trafen die linke Brustseite, ein Einstich traf das Opfer in die rechte Brust. Drei der fünf Stiche drangen ca. 9 Zentimeter in den Körper ein und führten zu nicht lebensgefährlichen Weichteilverletzungen. Die zwei weiteren Stiche mit einer Stichkanallänge von ebenfalls 9 Zentimeter trafen die linke Lunge, wobei ein Stich den Herzbeutel etwa 3 Zentimeter tief eröffnete.

Die Angeklagten vernahmen noch ein gurgelndes, schweres Atemgeräusch bei Hilde, das durch die verletzte Lunge verursacht wurde. Mit den Worten: ‹Mach ein Ende!› forderte Sven den Angeklagten Zölestin auf, endlich den Tod des Opfers herbeizuführen. Ohne weitere Gewalteinwirkung verstarb Hilde jedoch in den nächsten Minuten an den Folgen der beiden in Lunge und Herz geführten Stiche des Angeklagten Sven. Die Angeklagten bemerkten den Tod der Frau durch die Beendigung der Atemtätigkeit. Sie überlegten nun, wie sie die Leiche verstecken könnten. Ein vom Angeklagten Zölestin erwogenes Vergraben des Opfers wurde alsbald verworfen. Schließlich kam man überein, die Leiche unter das angrenzende Buschwerk zu ziehen und die Kleider der Hilde mitzunehmen. Gemeinsam zogen die Angeklagten dann die Leiche derart unter das neben dem Rasenstück gelegene Strauchwerk, dass nur noch der entblößte Unterkörper sichtbar blieb. Einer der beiden Angeklagten – wer, konnte in der Hauptverhandlung nicht geklärt werden – platzierte eine Grableuchte unmittelbar vor die Scheide der toten Frau. Die Angeklagten rafften die Kleidungsstücke der Toten zusammen und begaben sich im Laufschritt auf den Weg zur Wohnung von Zölestin. Unterwegs warfen sie die Stiefel des Opfers in einen Teich, zerschnitten die Kleidungsstücke mit dem Tatmesser und warfen die Fetzen in ein Gebüsch, nachdem sie das blutige Messer an den Textilien abgewischt hatten. Die Angeklagten wollten so erreichen, dass eine Identifizierung des Opfers erschwert wird. Aus der Jackentasche des Opfers hatten sie zuvor das Portemonnaie und eine angebrochene Zigarettenschachtel entnommen. Auf einer Holzbrücke hielten sie kurz an, überprüften den Inhalt des Portemonnaies und teilten den Inhalt von etwa 30,00 DM untereinander auf. Kaum beeindruckt von der vorangegangenen Tat rauchten die Angeklagten dann jeweils eine Zigarette der Getöteten. Gemeinsam begaben sie sich dann auf das Zimmer von Zölestin und wuschen sich kurz im Bad des Hauses. Sodann sahen sie sich gemeinsam das Ende des Videofilms an, dessen Beginn sie bereits vor dem Verlassen des Hauses angesehen hatten. Sie schliefen dann ein, ohne noch einmal über die Tat zu sprechen.

Lediglich am nächsten Morgen fragte Sven den Zölestin: ‹Ist das gestern Abend wirklich passiert oder war das ein Traum?› Zölestin antwortete kurz, dass es wirklich passiert ist, und gab dem Angeklagten Sven einen Jogginganzug als Ersatz für seine mit Erdanhaftungen und Blut verschmutzte Kleidung vom Vorabend. Sven fuhr sodann am nächsten Morgen nach Hause und verbrachte den Tag mit Arbeiten im elterlichen Garten. Auch in den nächsten Tagen verhielten sich die Angeklagten unauffällig und gingen ihren gewohnten Tätigkeiten nach. Während Zölestin seine Auslieferungsfahrten durchführte, ging auch der Angeklagte Sven seiner Arbeit nach und besuchte seine Freundin, die am Angeklagten Sven keine Veränderungen feststellen konnte.»

Nein, dieser grausame Mord hat die beiden nicht erschüttert. Im Gegenteil, es ging weiter – so das Urteil:

«Gemeinsam entschlossen sich die beiden Angeklagten zur Flucht. Da ihnen der mitgeführte Lieferwagen zu langsam schien, wollten sie einen Pkw mieten. Sie fuhren in eine benachbarte Stadt und mieteten dort einen Pkw Mercedes 190. Während der Angeklagte Sven den Mercedes steuerte, fuhr der Angeklagte Zölestin im Lieferwagen seines Vaters. Zunächst reisten sie zu Zölestins Freundin, wo er ihr erklärte, dass er verschwinden müsse, da man ihm einen Mord anhängen wolle, mit dem er nichts zu tun habe. Mit einem Freund wolle er nach Frankreich, um möglichen Strafverfolgungsmaßnahmen zu entgehen. Anschließend brachten die Angeklagten den Lieferwagen auf das Betriebsgelände der Spedition in Zölestins Heimatstadt zurück. Gemeinsam fuhr man dann in dem gemieteten Fahrzeug zum Haus der Großmutter des Angeklagten Zölestin. Aus seinem Zimmer holte dieser einige Sachen, die er auf der Flucht zu benötigen glaubte. Von dort aus fuhren die Angeklagten zu Sven nach Hause, um auch für Sven einige Sachen für die bevorstehende Flucht zu holen. Sodann begaben sie sich zu einem gemeinsamen Freund, der als Schlachter tätig war. Ihm gegenüber hatte der Angeklagte Zölestin von der Tötung der Hilde und der vorangegangenen Vergewaltigung berichtet. Auf den Hinweis des Freundes, dass er mit Mord nichts zu tun haben wolle, entgegnete Zölestin, dass er doch auf dem Schlachthof arbeite und dort Tiere absteche, das sei ja wohl nichts anderes.

Der Angeklagte Zölestin erklärte dem Freund, dass sie nun flüchten wollten, und fragte, ob er sie nicht begleiten wolle. Dieser willigte ein und fuhr mit beiden Angeklagten zunächst zur Freundin von Sven, nachdem dieser sein Kommen kurz zuvor telefonisch angekündigt hatte. Gegen 22.00 Uhr erschien Sven gemeinsam mit Zölestin und ihrem gemeinsamen Freund am Haus der Pflegeeltern der Freundin Svens. Während Zölestin und dessen Freund im Auto warteten, verabschiedete sich Sven von seiner Freundin und gestand ihr: ‹Ich habe jemanden umgebracht.› Kurz erklärte er, dass er eine 20-Jährige vergewaltigt und anschließend umgebracht habe, da diese ihn sonst erkannt hätte. Aus diesem Grund müsse er nun flüchten. Er wolle ins Ausland, werde aber eines Tages als reicher Mann zurückkommen. Nachdem er sich von seiner Freundin verabschiedet hatte, benachrichtigte diese die Polizei. Die Angeklagten begaben sich dann mit ihrem Freund auf die Fahrt in Richtung Süden. Sie sprachen davon, nach Frankreich zu reisen, um sich dort bei der Fremdenlegion zu verpflichten. Ihnen war klar, dass sie zur weiteren Flucht Geld benötigten, da sie zusammen nur über geringe Barmittel verfügten.

Am nächsten Morgen erreichten die Angeklagten eine Stadt in der Nähe der französischen Grenze. In einem von Zölestin mitgeführten Pornomagazin entdeckten sie eine Anzeige.

Diese Anzeige stammte von der damals 27-jährigen Gerda, die zum damaligen Zeitpunkt als Prostituierte arbeitete und in insgesamt 12 Zeitschriften und Wochenzeitungen inseriert hatte.

Im Hinblick auf ihren bestehenden Geldbedarf äußerte Zölestin, dass bei Nutten immer was zu holen ist und man sie bei dieser Gelegenheit auch gleich vergewaltigen könne. Der Angeklagte Sven verstand diese Äußerung zutreffend dahingehend, dass Zölestin eine Prostituierte überfallen, vorhandenes Geld unter Gewaltanwendung an sich nehmen und die Frau anschließend vergewaltigen wollte. Sven erklärte sich mit einem Raubüberfall einverstanden. Eine neuerliche Vergewaltigung wollte er selbst nicht ausführen. Unter Einbeziehung ihres Freundes entwickelten die Angeklagten folgenden Plan: Ihr Freund sollte sich zunächst unter der angegebenen Telefonnummer als Freier ankündigen und die genaue Adresse erfragen. Sodann wollte Sven die Frau aufsuchen und mit ihr – gegen Bezahlung – den Geschlechtsverkehr ausführen. Abschließend wollte Sven den vor der Tür wartenden Zölestin in die Wohnung lassen und gemeinsam mit diesem den Raub ausführen. Aufgrund der vorangegangenen Äußerung des Zölestin ging Sven auch davon aus, dass Zölestin beabsichtige, mit der Frau gewaltsam zu verkehren. Nachdem ihr Freund vergeblich versucht hatte, mit der Prostituierten unter der angegebenen Rufnummer Kontakt aufzunehmen, gelang es dem Angeklagten Sven, sie gegen 14.00 Uhr zu erreichen. Unter dem Namen ‹Michael Becker› vereinbarte er ein sofortiges Treffen und ließ sich den Weg zur Wohnung von Gerda beschreiben. Etwa um 14.30 Uhr erreichten die Angeklagten in dem gemieteten Pkw die Wohnung von Gerda. Nachdem Sven mehrfach vergebens geschellt hatte, wurde ihm um 16.30 Uhr geöffnet. Während er nun die Wohnung betrat, warteten die beiden anderen vor dem Haus. Sven führte im Hinblick auf den geplanten Überfall sein Überlebensmesser – mit dem schon Hilde getötet worden war – im Hosenbund mit sich. Nachdem ihm Einlass gewährt wurde, vereinbarte Sven mit der Prostituierten ein Entgelt von 150,00 DM für ‹normalen Geschlechtsverkehr und Französisch›. Der Angeklagte Sven zahlte die vereinbarte Summe und begab sich mit Gerda in ein ‹Arbeitszimmer›, das mit einem Doppelbett ausgestattet war. Hier übten beide den Vaginal- und Oralverkehr aus.

Während eines kurzen Gespräches erwähnte Sven beiläufig, dass er aus der Pfalz käme und gerade eine Deutschlandtour mache. Als sich Gerda ins Bad begab, kleidete sich der Angeklagte Sven an und nahm sein Messer in die Hand, das er zuvor heimlich unter einem Kissen deponiert hatte. Im Hinblick auf das bevorstehende Erscheinen des Zölestin zum Zwecke des Überfalls wollte er sein Opfer bereits fesseln, um dann mit Zölestin gemeinsam die Wohnung nach mitnehmenswerten Dingen durchsuchen zu können. Angesichts des gezogenen Messers erklärte Gerda zum Schein, dass gleich ihr Mann mit seinem Hund komme und Sven das doch lassen solle. Zunächst verunsichert folgte der Angeklagte Sven dieser Bitte und steckte das Messer weg. In diesem Moment klingelte der Angeklagte Zölestin an der Wohnungstür. In der Erwartung, Hilfe zu erhalten, öffnete Gerda ihre Wohnungstür und wurde sofort von Zölestin angesprungen und festgehalten. Auch das bisher ruhig wirkende Verhalten des Angeklagten Sven änderte sich schlagartig. Gemeinsam mit Zölestin ergriff er das Opfer und hielt ihm Mund und Nase zu, würgte die Frau und schleifte sie ins Wohnzimmer. Der Angeklagte Sven hatte nämlich beobachtet, dass diese dort das von ihm erhaltene Geld deponiert hatte, ohne den genauen Ort festgestellt zu haben. Im Wohnzimmer hielt Sven seinem Opfer das inzwischen wieder gezogene Messer an den Hals und schrie: ‹Wo ist Geld?› Nachdem Zölestin kurz seinen Griff am Hals des Opfers lockerte, antwortete dieses in Todesangst: ‹In der Schublade.› Dort fand Sven dann einen kleineren Geldbetrag, drehte sich um und schrie Gerda mit gezogenem Messer an: ‹Das ist nicht alles, wo ist der Rest?› Als Gerda ihre Hand ausstreckte, um auf eine Mappe in der Schublade zu weisen, schrie Sven: ‹Fass nichts an – sag nur wo.› Auf ihre Antwort: ‹In der roten Mappe› entnahm Sven dieser Mappe einen weiteren Geldbetrag, während Zölestin das Opfer weiter festhielt. Insgesamt erbeuteten die Angeklagten einen Bargeldbetrag von ca. 600,00 DM. An Sven gerichtet, fragte Zölestin nun: ‹Wohin mit ihr?› Sven antwortete: ‹Ins Schlafzimmer›, woraufhin Zölestin Gerda in das Arbeitszimmer zerrte. Der Angeklagte Sven folgte ihnen und schnitt mit seinem Messer ein Stromkabel von der Nachttischlampe ab, um Gerda damit fesseln zu können. In diesem Moment gelang es Gerda, sich kurz loszureißen und ans Fenster zu gelangen. Sie öffnete einen Fensterflügel und schrie um Hilfe. Sofort wurde sie jedoch von Zölestin und Sven ergriffen und zurückgerissen. Beide hielten ihrem Opfer Mund und Nase zu. Nachdem Sven die Hände der Frau vor dem Oberkörper gefesselt hatte, übergab er Zölestin – auf dessen Forderung – sein Messer. Dem Angeklagten Sven war klar, dass Zölestin nun – entsprechend dem vorgefassten Plan – gewaltsam mit der Frau verkehren wollte. Um dies zu gewährleisten und auf eventuelle Besucher der Wohnung zu achten, begab sich Sven mit einem 50 Zentimeter langen Knüppel zum Flur der Wohnung, um von dort auch die Wohnungstür beobachten zu können. Den Knüppel, den Zölestin bereits anlässlich der ersten Tat mitführte, hatte dieser in die Wohnung gebracht, ohne ihn bislang einzusetzen.

Während Sven den Eingangsbereich der Wohnung sicherte, zog Zölestin seine Hose herunter und forderte von der vor ihm auf der Bettkante sitzenden Gerda, sein Geschlechtsteil in den Mund zu nehmen. Hierbei hielt er ihr das Messer mit den Worten an den Hals: ‹Wenn du zubeißt, stech ich dich ab.› Völlig verängstigt kam Gerda dem Verlangen des Angeklagten Zölestin nach. Anschließend warf Zölestin sie zurück, sodass die immer noch an den Händen gefesselte Gerda mit dem Rücken auf dem Bett lag. Gegen den Willen der Frau drang er sodann mit seinem Glied in ihre Scheide ein und verkehrte mit ihr – ohne Verwendung eines Kondoms – bis zum Samenerguss. Der Angeklagte Zölestin wusste während seines Tuns, dass der Angeklagte Sven sichernd in der Nähe der Eingangstür stand und ihn gewarnt hätte, wenn Besucher die Wohnung betreten hätten. Dies empfand der Angeklagte Zölestin als nützlich. Anschließend zerrte Sven das um sein Leben flehende Opfer ins Bad und stieß Gerda auf den Toilettendeckel. Die Angeklagten berieten nun längere Zeit vor der Badezimmertür die weitere Vorgehensweise. Nach einigen Minuten betrat Sven das Bad, schnitt das Stromkabel eines dort liegenden Föhns ab, fesselte das Opfer an die Heizung und knebelte es mit einem Handtuch. Anschließend verließen beide die Wohnung.

Durch die Tat der Angeklagten änderte sich das Leben von Gerda schlagartig: Sie verlor ihren Freund und gab ihre Arbeit als Prostituierte auf. Sie traute sich nicht mehr in ihre Wohnung, hockte stundenlang zitternd im Flur und ängstigte sich bei jedem Geräusch. Schließlich gab sie ihre Wohnung auf und verzog in eine andere Stadt. Gerda befindet sich bis zum heutigen Tag in ärztlicher Behandlung und leidet unter Depressionen und Angstgefühlen.

Die Angeklagten stießen nach der Tat wieder auf ihren Freund und verließen mit ihrem Pkw das Stadtgebiet. An der schweizerisch-deutschen Grenze wurden sie von Zollbeamten kontrolliert. Während der Angeklagte Sven am nächsten Tag gegen 7.30 Uhr festgenommen wurde, gelang Zölestin und seinem Freund die Flucht. Sie entwendeten einen Lieferwagen und fuhren zurück zum Niederrhein. Während der Fahrt entwickelten sie bereits wieder einen Plan für einen Überfall auf eine Spielhalle. Schließlich konnten beide wenige Tage später gegen 19.00 Uhr festgenommen werden.»

Was sagte Zölestin? Warum war er von Hitler so fasziniert? Warum sah er in der Naziideologie ein Allheilmittel? Was erzählte er über die Nazis? Hat er nicht von Ordnung und Gesetzestreue, von Anständigkeit und Solidarität, von Sauberkeit und Akriminalität in der Nazizeit geschwärmt?

Gemeine Gewalt und rechtsradikale Gewalt – wie bereits gesagt – sind eineiige Zwillinge.

Beide sind grausam und menschenverachtend. Ohne Mitleid, ohne Scham, ohne Anstand. Der Rechtsradikalismus verleiht der Kriminalität ein mögliches Gesicht. Aber die kriminelle Persönlichkeit hat viele Gesichter. Ihre kriminelle Energie kann viele treffen. Juden und Schwarze, Ausländer und Linke, Schwache und Behinderte. Männer und Frauen. Dich und mich.

Wenn man Zölestin so zuhört, könnte man denken, dass sich Hilde gerade in seiner Nähe hätte sicher fühlen können. Dass er sie vor anderen beschützt hätte. Für Recht und Ordnung und Sauberkeit gesorgt hätte. Stattdessen vergewaltigte er sie kaltblütig und schlachtete sie wie ein Vieh ab. Ohne Reue, ohne Scham. Er wollte ja so gerne eine «Olle vergewaltigen». So auch mit Gerda. Es war ein Zufall, dass sie überlebte, nachdem sie so schwer gedemütigt worden war.

Was sind die Sprüche von Zölestin wert? Die Sprüche von Recht und

Ordnung? Nichts! Was sind die Sprüche der Rechtsradikalen, der Neonazis, der Nationalsozialisten wert? Die Sprüche von Recht und Ordnung? Nichts! Rechtsradikal motivierte Gewalt und nicht «politisch»
motivierte Gewalttaten der Rechtsradikalen haben gemeinsame Wurzeln: die Verachtung menschlichen Lebens. Die Verachtung menschlicher Würde … von Schwarzen und Juden, von Frauen und Männern,
von dir und mir.

So wie der Fall der drei jungen Neonazis, die mich jetzt gerade beschäftigen: Die drei 16-, 17- und 18-jährigen Neonazis schlossen einen
arbeitslosen Alkoholiker in seiner Wohnung ein und folterten ihn zwei
Tage lang. Zuerst begannen sie, mit Fäusten und Tritten Kopf und Brust
des Opfers zu traktieren, dann nahmen sie das Metallrohr des Staubsau-
gers, um den Mann weiter zu schlagen. Sie stießen ihm ein Messer zwischen die Rippen und fügten ihm mehrere andere Schnittwunden auf
dem Rücken zu, übergossen ihn mit Chemikalien (Waschpulver, Spül-
mittel, Möbelpolitur und anderes) und zündeten ihn an mindestens sieben Körperstellen an. Sie verbrannten ihm danach seine Haare und
schnitten sie ab. Weiterhin zwangen sie ihn, unter der «höllisch heißen»
Dusche zu stehen, und erst zwei Minuten später hörten sie auf sein ver-
zweifeltes Schreien und reduzierten die Temperatur des Wassers ein bisschen. Es folgten viele andere Quälereien, bis die Täter müde wurden,
sich gegen 02.00 Uhr morgens in der Wohnung des Geschädigten hin-
legten und schliefen. Mindestens sieben Stunden lang dauerte das Martyrium des Opfers am ersten Tag. Während dieser sieben Stunden klang
Musik aus dem Stereorecorder; «rechte Musik», «verbotene Musik», wie
sie die drei bezeichnen, «na so gegen Ausländer, gegen Juden, für Hitler,
für die Nazis und so».

Nachdem sie am nächsten Tag wach wurden, begann das Martyrium des Opfers von neuem: wieder mit Tritten und Schlägen. Der eine
der drei Neonazis, der in der Wohnung seine Springerstiefel nicht an-
hatte, nahm einen, den rechten, und zog ihn an, während der linke
Fuß unbeschuht blieb, und trat damit das Opfer, um ihm noch mehr
wehzutun, um die Tritte effizienter zu machen. Dafür brauchte er nicht
beide Springerstiefel, erzählte er mir. Dem auf dem Boden liegenden
Opfer wurde von demselben Neonazi zuerst das Kleinfingergelenk ge-
brochen. Nachdem ihm aber sein 18-jähriger Kumpan zurief, er solle
auch für die anderen noch ein paar Finger übrig lassen, brach er das
Handgelenk des Opfers mit seinen beiden Händen. Die «rechte Mu-

sik», die «verbotene Musik», die Nazi- und Neonazilieder begleiteten das Geschehen.

So ging es den ganzen Mittag und Nachmittag des zweiten Tages weiter; das Opfer lebte noch. In den Abendstunden wurde eine «höllisch heiße» Badewanne zubereitet. Badezusatz: Salz, Pfeffer und Paprika. Dort hinein wurde das blutende und mit mehreren Brandwunden übersäte Opfer gestellt. Die Schreie des inzwischen entkräfteten Opfers halfen nicht. Die drei entschlossen sich, dem entkräfteten Opfer etwas zu essen zu geben. Aus dem Müll holten sie ein rohes Hähnchen und zwangen das Opfer, es zu essen. Der Mann wehrte sich. Also nahmen sie zwei grosse Metallwerkzeuge und schlugen damit auf seinen Kopf und sein Gesicht, um ihn dazu zu zwingen. Inzwischen näherte sich der zweite Tag des Martyriums seinem Ende. Es war fast 22.00 Uhr, als die beiden Töchter des Opfers in die Wohnung kamen und den Vater fanden. Die drei Täter waren noch immer in der Wohnung. Die Polizei wurde alarmiert und kam. Die «rechte Musik» gegen Ausländer, gegen Juden, für Nazis und Neonazis spielte weiter.

Das Opfer starb später im Krankenhaus. Der hart gesottene Rechtsmediziner, der das Opfer obduzierte und in seinem Leben viel gesehen hat, erzählte mir, dass er so etwas Schlimmes selten gesehen habe. Die drei Täter erzählten mir im Detail von ihrem Werk – Scham zeigten sie keine dabei. Der Grund für ihre Taten? Sie haben den Verdacht gehabt, dass ihnen das Opfer eine Büchse Bier gestohlen haben könnte.

Die Biographien der drei Neonazis? Kaum Unterschiede zu der von Zölestin.

Kapitel 35:
«Ich versichere Ihnen, Mrs Sarah Whiteberger:
die Deutschen ...»


Das *International Safety Advisory Board* hatte sein voraussichtlich letztes Treffen. Dieses Mal in Washington. Dennis, der Vorsitzende, hatte einen Lehrstuhl am *National Institute of Health* in der Nähe von Washington übernommen. Deshalb wollten wir uns diesmal dort treffen. Die Datenerhebung für die Studien ist fast abgeschlossen, die Auswertung der Daten hat weit gehend stattgefunden. Auch das gemeinsame Essen vorgestern Abend – mit Rob, dem waschechten Amerikaner; mit Nancy, der Jüdin aus Seattle; George, dem Kopten, und Bernard, dem Franzosen – war voraussichtlich in diesem Rahmen unser letztes gemeinsames Essen. Gestern Abend haben wir auch zum letzten Mal über rechtsradikale Gewalt in Deutschland gesprochen.

Jetzt steige ich auf dem Dulles-Airport von Washington ins Flugzeug. Ich fliege nach Hause. Nach Deutschland. Die Maschine fliegt über die Stadt und bringt mir sehr wohl bekannte Gebäude und Denkmäler wieder vor Augen. Ich erkenne das Kapitol, das Weiße Haus, das Washington Memorial, Lincoln Memorial und Jefferson Memorial. Und da unten, ja, da unten ist das Holocaust-Museum!

In einer fremden Stadt, tausende Kilometer von Deutschland entfernt, steht ein Museum über einen Abschnitt deutscher Geschichte. Goethe und Schiller, Kant und Beethoven haben keinen Zugang zu diesem Museum. Die Deutschen des «Tausendjährigen Reiches» haben ihnen den Zugang versperrt. Die Deutschen des «Tausendjährigen Reiches» haben dicht, sehr dicht, neben Weimar Buchenwald gebaut. Es ist ein Museum deutscher Gräueltaten.

In der Bibliothek des Kapitols von Washington, an prominentester Stelle, direkt am Eingang, ist die Bibel des Johannes Gutenberg ausgestellt. Einige Meter weiter im Holocaust-Museum die Gaskammern der Nazis. So weit haben es die Deutschen von damals gebracht. Nicht nur die Nazis. Sondern auch die Mitläufer und die, die schwiegen.

So weit haben sie es gebracht, dass sogar die Worte ihre einstige Bedeutung verloren hätten und nun das Gegenteil ausdrücken: «holocaust» ist die englische Übersetzung des griechischen Wortes *holokauto-*

*ma*. Als «holokautoma» wurde die höchstmögliche Opfergabe an Gott bezeichnet, die von Priestern mit tiefer Innerlichkeit und hingebungsvollem Gebet auf dem Altar verbrannt wurde. Aus diesem wunderbaren griechischen Wort «holokautoma» wurde das Entsetzen erregende Wort «Holocaust».

Heute werden die Lager des Horrors als «Holocaust» bezeichnet. Nicht mehr die Altare des Gebets.

Nicht mehr die Tempel. Sondern Auschwitz.

Für den Nichtkenner ist das Holocaust-Museum von hier oben aus nicht erkennbar, auch wenn das Flugzeug in geringer Höhe die Stadt überfliegt. Aber ich kenne diesen Ort. Und wenig später, über dem Atlantik, beschloss ich, folgenden Brief an Mrs. Sarah Whiteberger zu schreiben:

| | |
|---|---|
| Mrs | Über dem Atlantik |
| Sarah Whiteberger | zwischen Neuer und |
| Albuquerque | Alter Welt |
| New Mexico, USA | Frühjahr 2001 |

Sehr verehrte Mrs Sarah Whiteberger,

seitdem der Sohn einer befreundeten Familie über Ihr Auftreten in einer amerikanischen Highschool erzählte, denke ich häufig an Sie. Ich denke vor allem an das Martyrium, das Sie hinter sich haben. Ich denke an das, was Sie als Kind erleben mussten. Sie haben gedacht, so wie es auch Ihre Eltern und Großeltern gedacht und Ihnen weitergegeben haben, Sie seien eine Deutsche jüdischen Glaubens. So wie andere Deutsche katholischen Glaubens, andere Deutsche protestantischen Glaubens und andere deutsche Agnostiker, Atheisten und so weiter sind. Sie haben nie geglaubt, dass im Land der Dichter, der Denker, der Wissenschaftler, im Land der Humanisten, der Zivilisierten, im Land der Leute, die so stolz gerade auf diese Eigenschaften sind, plötzlich Menschen zu Minderwertigkeitsware erklärt werden. Und vernichtet werden würden.

Sie konnten es nicht glauben, dass der freundliche Nachbar plötzlich zum Feind und Peiniger wurde. Zu Ihrem Feind, zu Ihrem Peiniger. Dass der bis dahin dankbare Patient seinen Arzt den Henkern ausliefern könnte. Dass Studenten, die ihren Professor verehrten und bewunderten, ihn plötzlich nach Auschwitz transportieren würden. Ich weiß, Sie können das nicht vergessen. Die Demütigungen, die Entwürdigungen, die Abstempelung und dann die schrecklichen, unbeschreibbaren Erlebnisse in den Konzentrationslagern. Die Gaskammern, die Krematorien, die Massenerschießungen und dieser Geruch von brennendem menschlichem Fleisch, der den ganzen Himmel Deutschlands verdunkelte. Dieser Geruch, der noch so hartnäckig haftet und nicht weggehen will. Dieser Geruch, der wahrscheinlich 1000 Jahre braucht, um zu verschwinden.

Ich denke, es ist fast eine Anmaßung zu sagen, wie gut ich Sie verstehe, wie stark ich mit Ihnen empfinde. Wie kann man das, wenn man das Unvorstellbare nur aus Erzählungen, Lektüren und Filmen kennt? Wenn ich mein Mitgefühl äußere, bedenken Sie bitte, dass dies der sprachliche Ausdruck ist, den der Mensch dafür zur Verfügung hat. Die Möglichkeiten des Menschen sind ja begrenzt.

Ich kann verstehen, wenn Sie die Befürchtung äußern, dass diese unvorstellbaren Verbrechen der Nazizeit noch einmal begangen werden könnten. Es sind Ängste, die verständlich sind, nachdem diese Ängste schon einmal zur Realität wurden.

Wenn ich Bilder und Filmmaterial von der Befreiung der Konzentrationslager sehe, fallen mir sofort die Worte des amerikanischen, später berühmt gewordenen Regisseurs William Whyler ein, der bei der Dokumentation des Grauens sagte: «Wie ist es möglich, dass ein menschliches Wesen einem anderen menschlichen Wesen so etwas antun kann?» Whyler hat es gesehen und dokumentiert. Sie, Mrs Sarah Whiteberger, haben es erlebt und überlebt. Deswegen verstehe ich Ihre Ängste.

Ich verstehe Sie, aber ich möchte Ihnen widersprechen.

Sie irren sich, Mrs Whiteberger.

Sie irren sich, eben weil die neuen Deutschen nicht die Deutschen des «Tausendjährigen Reiches» sind, das nur zwölf lange, lange Jahre überdauerte. Sie sind eben nicht die Menschen, die *das* gemacht haben.

Ich verstehe Sie, dass Sie Angst haben, wenn Sie hören, wenn Sie lesen, wenn Sie sehen, dass Hakenkreuze, SS-Symbole und Reichsfahnen von jungen Leuten getragen und verehrt werden. Dass Sie Angst haben, dass dieses Hakenkreuz, einst Symbol der Griechen für Apollon, Symbol für das Licht und die Sonne, aber von den Nazis zum Symbol der Finsternis geschändet, wieder über Deutschland wehen könnte. Dass der deutsche Himmel wieder verfinstert werden könnte.

Ich verstehe Sie, doch ich widerspreche Ihnen.

Sie sollten nicht aus einem Bruchteil des Ganzen Schlüsse über das Ganze, über die große Mehrheit der Deutschen ziehen.

Doch obwohl ich Ihrer Meinung über die neuen Deutschen im neuen Deutschland widerspreche, möchte ich doch eines klarstellen: Die neuen Deutschen müssen, ja sind verpflichtet zu zeigen, dass es einen Punkt gibt, wo sie nicht tolerant sind. Wo sie nicht tolerant sein können. Wo sie nicht tolerant sein dürfen. Wo sie verpflichtet sind, intolerant zu sein. Dies schulden die Deutschen Ihnen und den anderen Märtyrern:

Intolerant zu sein gegen jegliche rechtsextremistische Gewalt.

Rechtsextremistisches Gedankengut kann nicht vollständig ausgerottet werden. Aber es kann begrenzt werden. Kann kanalisiert werden. Kann neutralisiert werden. Die Verantwortung dafür tragen allein die neuen Deutschen. Im neuen Deutschland. Die Schreibtischtäter, die hinter den Kulissen agierenden Theoretiker, die intelligenten und reichen Rädelsführer, die Prediger rechtsradikalen Gedankengutes müssen mit dem Argument und dem Dialog, aber auch mit dem Gesetz bekämpft werden.

Die rechtsextremistischen Gewalttäter jedoch mit der ganzen Härte der Instanzen.

Rechtsradikale Gewalttäter müssen wegen der Polizei und der Gefängnisse Albträume haben. Und sie müssen bekämpft werden mit der energischen Verachtung der Gesellschaft.

Ich spreche von denen, die die Unterschiedlichkeit von Menschen zur Unterwertigkeit von manchem Menschen gemacht haben.

Ich spreche von denen, die die Würde des Menschen für antastbar erklärt haben.

Ich spreche von denen, die Menschen auf der Straße demütigen, beschimpfen, schlagen, töten, verbrennen. Ich spreche von denen, die den Staat ignorieren und «national befreite Zonen» deklarieren. Zonen, in denen die Dummheit, das Böse, das Krankhafte, das Primitive regieren.

Gewiss: Die Entstehung der rechtsextremen Gewaltbereitschaft kann nicht mit Härte allein bekämpft werden. Es braucht soziale Programme, das Angebot von Lebensperspektiven im Rahmen der Erziehung, Schule, der Gesamtgesellschaft. Es braucht einen Boden und eine Luft, in der kein Bazillus der Gewalt gedeihen kann. Aber der rechtsradikale Gewalttäter selbst soll die Schwere seines Verbrechens in der Härte seiner Strafe wieder erkennen.

Ja, Mrs Sarah Whiteberger. Rechtsradikale Gewalt muss verfolgt werden.

Mit allen Mitteln und ohne Nachsicht. Mit deutlicher Sprache. Mit deutlicher Einstellung. Mit deutlichen Taten.

Vor allem jene müssen hart bestraft werden, die aus den grundsätzlich richtigen Programmen zur Vorbeugung, aus den grundsätzlich richtigen Programmen zur Wiedereingliederung nichts gelernt haben.

Ich versichere Ihnen, diese rechtsradikalen Gewalttäter, die ich gut kennen gelernt habe, sind die Verlierer und Verlorenen, die Primitiven, die Feiglinge und die Erfolglosen. Die Randständigen der deutschen Gesellschaft. Sind Kriminelle. Aber sie sind nicht *die* deutsche Gesellschaft. Ja, ich weiß, das entschuldigt nichts, aber es mag uns einiges klarer machen.

Ich versichere Ihnen, Mrs Whiteberger, dass die ganz große Mehrzahl der neuen Deutschen im neuen Deutschland so denkt wie ich.

Ich versichere Ihnen, dass die ganz große Mehrzahl der Deutschen Scham empfindet bei dem, was Ihrer Mutter, Ihrem Vater, Ihrer Schwester, Ihrem Bruder, Ihnen und Millionen von Mitmenschen durch Deutsche im Namen Deutschlands angetan wurde.

Ich versichere Ihnen, Mrs Sarah Whiteberger, dass das Deutschland von heute nicht das Deutschland ist, das Sie glücklicherweise verlassen konnten, nachdem Sie Auschwitz überlebt haben.

Nein, dieses Deutschland ist ein anderes Deutschland als das «Tausendjährige Reich».

Es ist das Deutschland der gefestigten Demokratie.

Es ist das Deutschland des Grundsatzes: «Die Würde des Menschen ist unantastbar.»

Ich, der Wahldeutsche hellenischer Herkunft, der ganz bewusst die Entscheidung traf, Deutscher zu werden, und der dabei stolz seine hellenische Herkunft und Erbschaft bewahrt, sage das ganz bewusst.

Ja, ich sage das ganz bewusst. Ich sage es trotz allem, was ich meinen Freunden berichten musste, ganz bewusst. Dieses Deutschland, in dem wir leben, dieses Deutschland, das ich als Heimat gewählt habe, ist das Deutschland mit dem Grundsatz: «Die Würde des Menschen ist unantastbar.»

Nein, Madame, der Tod von Alberto Adriano, die verbrannten Kinder von Mölln und Solingen, der Anschlag auf die Vietnamesenfamilien und die Hetzjagd gegen John können mich trotz aller Bestialität, trotz aller Abscheulichkeit nicht dazu bringen zu sagen, dass dieses Deutschland, in dem wir leben, schon wieder zu dem Deutschland geworden ist, in dem die Würde des Menschen antastbar ist.

Nein, ich versichere Ihnen als Wahldeutscher: Das heutige Deutschland ist ein Land der unantastbaren Menschenwürde. Dass das so bleibt, liegt natürlich allein in den Händen der neuen Deutschen.

Ich verstehe Sie, verehrte Mrs Sarah Whiteberger. Ich verbeuge mich vor Ihrem Martyrium. Aber ich widerspreche Ihren Befürchtungen.

Mit hohem Respekt

Andreas Marneros,
ein Wahldeutscher